論語と算盤と私

朝倉祐介

これからの経営と
悔いを残さない
個人の生き方について

ダイヤモンド社

Twenty years from now you will be more disappointed by the things that you didn't do than by the ones you did do.

So throw off the bowlines.
Sail away from the safe harbor.
Catch the trade winds in your sails.

Explore. Dream.
Discover.

Mark Twain

はじめに

みなさんにとって、「会社」とはどのような存在でしょうか。

個々人の立ち位置によって、会社が持つ意味は異なることでしょう。

ある人にとってそれは、生活の糧を得るために人生の大半を過ごす場です。一方で、ある人にとっては、実現したい事業を成し遂げる手段ということもあるでしょう。またある人にとっては、殖財のための投資対象かもしれません。

改めて「会社」とは一体どのような概念なのでしょうか。そして、その意味を考えることは、私たちにとってどのような意義を持つのでしょうか。

そもそも日本に「会社」という概念を持ち込んだのは、1万円札でおなじみの福沢諭吉であったといわれています。1866年、著書『西洋事情』のなかで福沢は、近代的な会社の概念を次のように紹介しています。

「西洋の風俗にて大商売を為すに、一商人の力に及ばざれば、五人或は十人、仲間を結て其事を共にす。之を商人会社と名づく」

それから150年以上経った今、「会社」という概念はすっかりわれわれの日常生活に浸透した存在となりました。特に就業者の9割近くが被雇用者である現代においては、会社は単に事業を営むためのひとつのビークルである以上に、永続的なコミュニティとして認識されることが多いのではないでしょうか。そうした認識が広まるにつれて、われわれは会社があたかも実体を持った存在であるかのように感じてしまいます。

多数の国で事業を展開する大企業が法人税の納付をめぐって各国税務当局と激しく対立する様を見るにつけ、時に会社は、国家をも超える枠組みとして現代社会に君臨しているようにも感じられます。人によっては、国家以上に企業のほうが所属の基盤としてより重要な意味を持つのかもしれません。

しかし、かつてベネディクト・アンダーソンが「国民は一つの共同体として想像される」と指摘し、国民国家とは「想像の共同体」であると喝破したのと同様に、企業もまた、現実には実体のないひとつのフィクションにすぎない、と捉えるべきではないでしょうか。誰も「社会契約」などという契約を結んだ覚えがないように、「法人」という手足の生えた人物が通りを歩いているのを見たことがある人もいないはずです。福沢諭吉も言うように、会社とは本来、「大商売を為す」ために「事を共にす」ることなのですから。

会社というものを考えるにあたっては、まずもってこうした多義性とフィクション性を認識する必要があるのだと思います。

ところで、福沢諭吉は海外での見聞を広めた後、1872年にまとめた『学問のすすめ』のなかで、「一身独立して一国独立す」とも述べています。人間が努力するかしないかによってその後の人生が変わるのと同様、かつて豊かで強かった国が貧弱になることもある。その逆もまた然り。まずは一身の独立を目指し、それによって一国を豊かに強くすることを目指すべきである、と主張したのです。

帝国主義下の時代に欧米列強に抗するためには、国民としてのアイデンティティを強固にしたうえで国家に権限を集約化し、富国強兵に励む必要に迫られていたのでしょう。そのためにも、一人ひとりが学問を修め、独立の気概を持たねばならない、と説いたのです。

同様のことが、会社と個人の関係にも当てはまるのではないでしょうか。自由な市場経済のなかで会社が競争力を保ち、生存し理想を実現するためには、過去と同じことを同じやり方で続けていればいいわけではありません。現状維持とは、すなわち衰退です。移りゆく環境の変化に対応し、常に自己を変革し続けなければ、会社の維持・成長はかないません。そしてそのように会社を独立たらしめる礎となるものは、組織を構成する独立した個々人にほかならないのです。

また会社のフィクション性を鑑みるに、会社というものはいつ何時傾いても不思議ではありません。そのことをあらかじめ認識し、個人は会社を飛び越えてたくましく渡り歩いていく必要があります。

つまり、会社も個人も、それぞれが独立し自力で歩み続ける気概を持ち続けなければなりません。好むと好まざるとにかかわらず、資本主義の世界で生きる以上、その枠内でいかに世の中を良くするか、また個人としての自由と尊厳を得るかを考えていく必要があります。

そのうえで、現代に生きるわれわれが独立自尊を保ち、多義的でフィクショナルな会社と向き合っていくためには、独自に「経営観」とでも呼ぶべき視座を培っていかなければならないように思うのです。それは会社のあるべき姿や会社が独立を保つための所作に関する洞察であり、周囲の「空気」に流されることなく自力で思考するための信念であり、そしてまた個々人が独立して生き続けるための処世術でもあります。

そうした思いから、企業活動や企業を取り巻く環境、そして企業に携わる一個人がどうあるべきかについて、自分なりの考えをまとめたのが本書です。

ここで、本書をまとめるにあたっての思考のベースとなった私の経験と生い立ちを、簡単に述べておきます。

私は１９８２年に大阪で生まれ、兵庫県西宮市で育ちました。近所に阪神競馬場があった影響もあって騎手に憧れ、中学を卒業すると同時にオーストラリアに渡りました。オーストラリアでは騎手養成学校で馬の生態や扱い方を学ぶ傍《かたわ》ら、現地の調教師の下で研修生活を送り、競走馬の世話と調教を手がけておりました。

騎手候補生というのは体重をだいたい40キロ台に抑えなくてはいけないのですが、10代半ばの育ち盛りだったこともあり、気がつけば身長が170センチ超まで伸びてしまいました。苦心して減量に励んだものの、体脂肪率は1桁前半まで落ち、それ以上の減量が難しくなったこともあって、あえなく騎手の道を断念。日本に帰国し、北海道の競走馬育成牧場で調教助手を務めました。

その後、進路を転換して東京大学法学部に入学。卒業後はマッキンゼー・アンド・カンパニーという外資系の経営コンサルティングファームに入社し、3年ほどを過ごしました。国立研究機関、製薬、小売り、金融、製造などのプロジェクトに従事した後、アメリカのビジネススクールに留学しようとしていた矢先、学生時代に仲間たちと立ち上げた会社に復帰するよう誘われました。ネイキッドテクノロジーという会社です。

同社は2006年当時、ソーシャルネットワーキングサービスの草創期に独立行政法人である情報処理推進機構からの支援を受け、ソーシャルグラフを活用したマーケティングエンジンやコマースの研究を行っていたメンバーが母体となって立ち上げた会社です。私が復帰した当時は、いわゆる「ガラケー」向けのアプリケーション開発のためのミドルウェアなどを提供していました。復帰後、私は代表に就任し、同社を株式会社ミクシィに売却しました。それをきっかけに、ミクシィに入社したのです。

当時は「Twitter」や「Facebook」が急速にユーザー数を伸ばし、「LINE」が世に出た頃です。時を同じくして、ガラケーからスマートフォンへの急速なデバイスシフトも進行しており、同社を取り巻く外部環境が急激に変化していた時期でもあります。

その後、ミクシィの代表取締役に就任し、同社の再生に取り組んできました。新規事業の成功もあり、業績、株価の急回復を受けて代表の任を終え、本書執筆中の2016年時点においては、スタンフォード大学の客員研究員として活動しています。またその傍ら、スタンフォード大学内のスタートアップインキュベーション機関である「StartX」でのメンター活動、日本国内の若手起業経験者で構成するTokyo Founders Fundを通じたベンチャー投資、その他非公開企業の社外取締役などを務め、新興企業の経営に携わっています。

本書では、20代後半から30代前半にかけて、零細スタートアップと上場企業という異なるステージの会社の舵取りを担う機会に恵まれた経験をベースに、各章のテーマに則して私なりの考えを述べています。

経営者として事業や組織の運営に臨むにあたって考えていたこと、経営活動の最中に感じたこと、会社を離れた後に振り返って気づいたことなどをまとめました。理屈だけでなく、新米経営者として四苦八苦した身体経験を通じて得た学びと考察を文章化しようと試みたものです。

もっとも、私のように経験の浅い人間が大上段で「経営」を語るというのは、なんともおこがましいことだとも感じます。読者諸賢のなかには、「経験といっても、社会人経験も乏しい小僧じゃないか」とお叱りの向きもあるでしょう。浅学非才の身であることは、ほかならぬ自分自身が一番よく理解しています。とりたてて確信めいた理論を、自分自身のなかで構築できているわけでもありません。

とはいえ考えてみれば、現在の自分の年までは坂本龍馬も吉田松陰も高杉晋作も生きながらえてはいませんでした。前職の任に就いた際にも年齢のことを散々言われたものですが、約140年前、渋沢栄一は30代前半で第一国立銀行を設立しています。

先人の偉業を思うと、いつまでも経験不足を口実に口ごもるのもまた浅薄な気がしますし、何かにつけて年齢や経験を取り沙汰するメンタリティが、日本全体の潜在的な競争力を阻害しているようにも感じます。拙《つたな》いなりにも自分の考えを棚卸しして、読者のみなさんにご披露することにも、幾ばくかの意味を見出すことができるのではないかと思う次第です。

読み進めていただくとお気づきになるかと思いますが、私の言動は必ずしも首尾一貫しておりません。多分にいい加減な性格であるのもさることながら、従業員・経営者、コンサルティングファーム・事業会社、スタートアップ・上場企業、売却側・買収側、調達側・投資側と、異なる立ち位置を経たこともあって、企業を取り巻く事象について語るべき切り口が定まらないことが大いに影響しているように感じます。基本的には経営者としての視点を軸にして考えを述べるよう試みてはおりますが、ところどころ、「誰の目線で物を言っているのだ」とお感じになる点もあることでしょう。なんだか随分といい加減な物言いにお感じになるかもしれませんが、そんなものだと思って話半分にお付き合いください。

一方で立ち位置の定まらない異邦人であったことは、私が仕事に携わるなかで大いにプラスに働いたとも感じています。それぞれの世界では当たり前に受け止められている出来事であっても、アウトサイダーである私には風変わりな奇習に映り、批判的に観察することができたからです。

また本書では、事業の成否を決する要素について、外部要因のみならず内部要因の側面に触れることを意識して執筆にあたりました。その時々の需給関係、競争環境、技術革新といった業界動向に関する描写は、主に外部要因について説明したものであり、当事者ではない外部の人間からでもある程度は客観的に観察可能な対象です。事実と論理によって記述できるという意味において、語りやすい企業活動の側面であると言えるでしょう。

一方で、会社には生身の人間が携わっています。自身の会社での活動を改めて振り返ってみると、外部要因以上に内部要因の調整や解決に、より心血を注いできたように感じます。必要とされたのは時に論理以上に情理であり、経済合理性では説明できない、心理面にまで踏み込んだ洞察が求められる局面が多々ありました。この類いの話はなかなか外部からは窺い知ることができませんし、どうしても主観的な内容になってしまいます。また、それぞれの会社が置かれた特殊な状況によって採るべき打ち手も変わってくるため、普遍化して体系立てた説明がしにくい領域であるとも思います。

しかしながら、外部の人間から見ると打ち手が明確で、「この会社はこうすればいいのに」と感じられる焦《じ》れったい状況であっても、内部にはそうした打ち手を実現できないことにはできないなりの理由があるものです。理屈で「あらまほしき世界」を考えたうえで、その実現を阻む内部的な理由を一つひとつつぶしていき、現実を可能な限り理想に近づけていくこと。これが、事業をうまく回す勘所ではないかと思うのです。これが本書であえて、主観的な内部要因にまつわる話を盛り込みたかった理由です。

多くの会社に当てはまるものかは甚だ心許ないところではありますが、なるべく私自身が経営の現場で見えた景色を一般化してお伝えするよう、心がけたつもりです。

本書は言うなれば、私なりに培っていくべき「経営観」に関する中間レポートという位置づけです。まだまだ生煮えの考察ではありますが、読者のみなさんが個々人の「経営観」を築かれるうえで、多少なりとも参考、あるいは叩き台、踏み石になるのであれば、私にとってこれに勝る喜びはありません。

第2章 集団・企業が陥る自己矛盾

第3章 起業・スタートアップの環境変化

第4章

成熟・衰退期を迎えた企業の処方箋

第5章 既存企業のイノベーションに対する渇望

第6章 資本市場に翻弄されないために

第7章

個として独立するための原則と心意気

第1章

職業としての経営者とリーダーシップ

われわれは多衆がわれわれについていうことをあまり気にせずに、ただ正と不正との専門家が、あの「一人」だけが、そうしてまた真理そのものが、いうことを顧慮しなければならない。

――ソクラテス

「一頭のライオンに率いられた羊の群れは、一匹の羊に率いられたライオンの群れに勝る」。ナポレオン・ボナパルトの言葉だそうですが、ことほどさようにトップの意思、力量といったものは、会社を含めたあらゆる組織の命運を大いに左右するものです。「経営観」について考えていくにあたり、まずは経営者のあり方、リーダーシップといった、少々暑苦しい話題から始めたいと思います。トップの姿勢について語らずして、「経営観」なるものを培うことができるとは、私には到底思えないからです。

経営者には3類型がある

まず、「経営者」と聞いて、みなさんはどんな人物像を思い浮かべるでしょうか。

多くの方は、松下幸之助や本田宗一郎、井深大といった創業経営者を想起するのではないかと思います。海外であれば、スティーブ・ジョブズやビル・ゲイツ氏、マーク・ザッカーバーグ氏といったあたりかもしれません。

経営において、トップたる経営者は組織の盛衰のカギを握る重要な存在であることは間違いないでしょう。しかし、ひと言で「経営者」と言っても、そのありようはさまざまで

図表1-1　事業の立ち上げで直面するキャッシュの枯渇

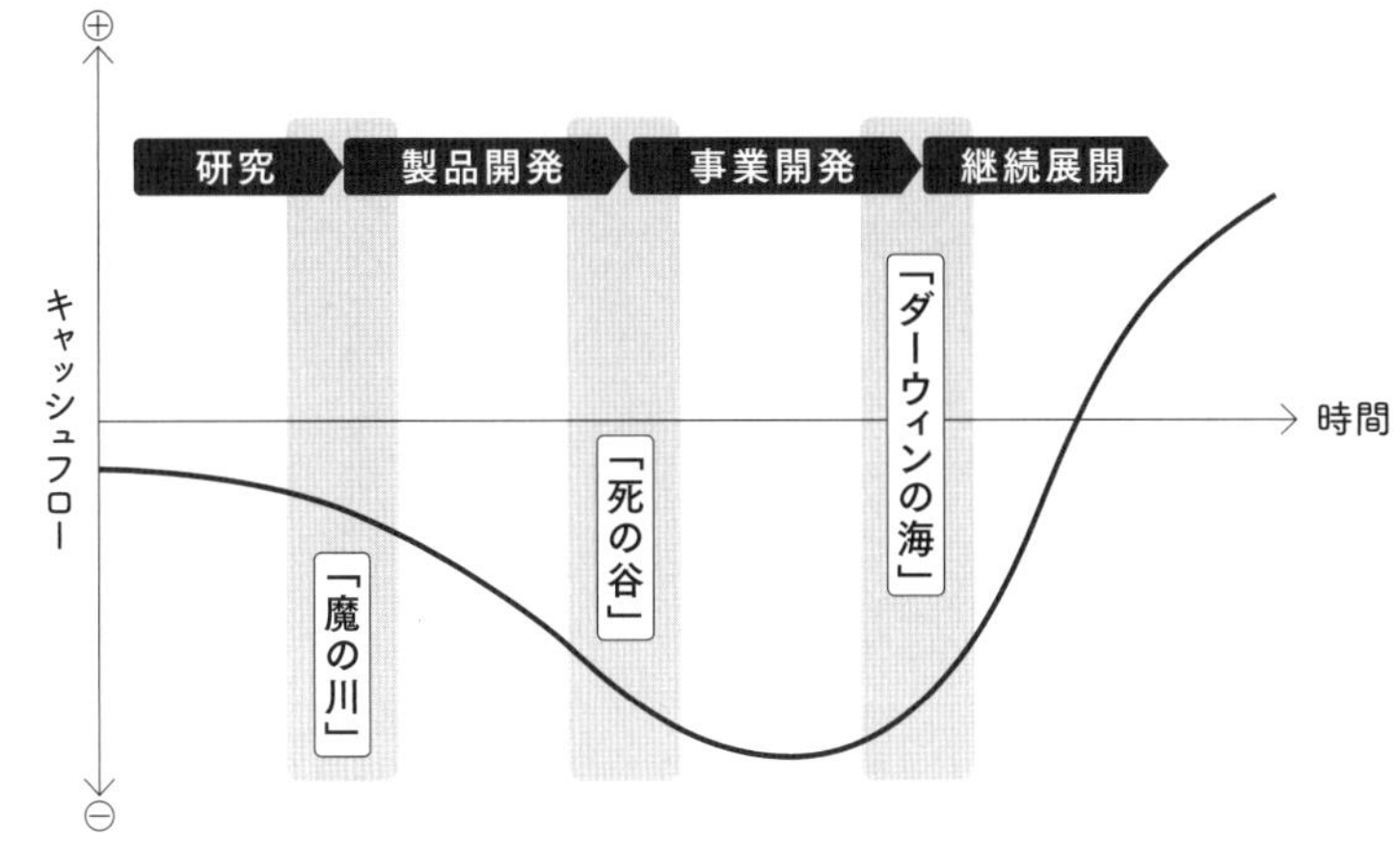

す。先ほど挙げた人々は一代で大企業を育て上げた創業経営者であり、個性も強く、非常にイメージがしやすい経営者像であるに違いありません。一方で、こうしたステレオタイプな経営者像をすべての会社に当てはめて考えるのは、少々的外れではないかとも思います。企業の置かれた局面によって、経営者に求められる資質もまた異なるからです。

同じ「経営者」という呼称であっても、先発登板するのと、途中から救援リリーフするのとでは、まったく異なるアートです。片や創業経営者は顧客に受け入れられる製品やサービスをゼロから開発し、「魔の川」や「死の谷」（図表1－1）を乗り越えて事業を立ち上げることに四苦八苦し、片やリリーフ経営者は固定化したチームや文化を刷新する苦労がありと、それぞれに特有の困難が伴うものです。両者ともに基礎体力が重要という共通点がある一方で、やっていることはサッカーと野球くらい違うのではないでしょうか。

特に企業の成長ステージによって、経営者に求められるスキルセットやマインドセットは大きく異なるように感じます。まったくの我流ですが、わずかな経験と見聞きした話を総合して考えるに、企業の成長ステージは大まかに3段階に分類できるのではないかと思います。そのうえで、それぞれのステージを担う経営者の役割について、私は以下のように呼んでいます（図表1－2）。

① 創業期：「起業家」

まったく何もないところから商売を立ち上げる段階。0から1を生み出す。事業を構想して仲間を集め、アイデアや技術を基に製品やサービスを開発しながら顧客を獲得し、収益を生むビジネスを立ち上げる。

② 成長期：「事業家」

1まで立ち上がった事業を、継続して利益を創出する10の規模感まで育て上げる段階。転がり始めた商売を一人前の完成された事業まで育て上げ、規模の拡大やオペレーションの洗練を図っていく。

図表1-2　企業のライフサイクルのイメージ

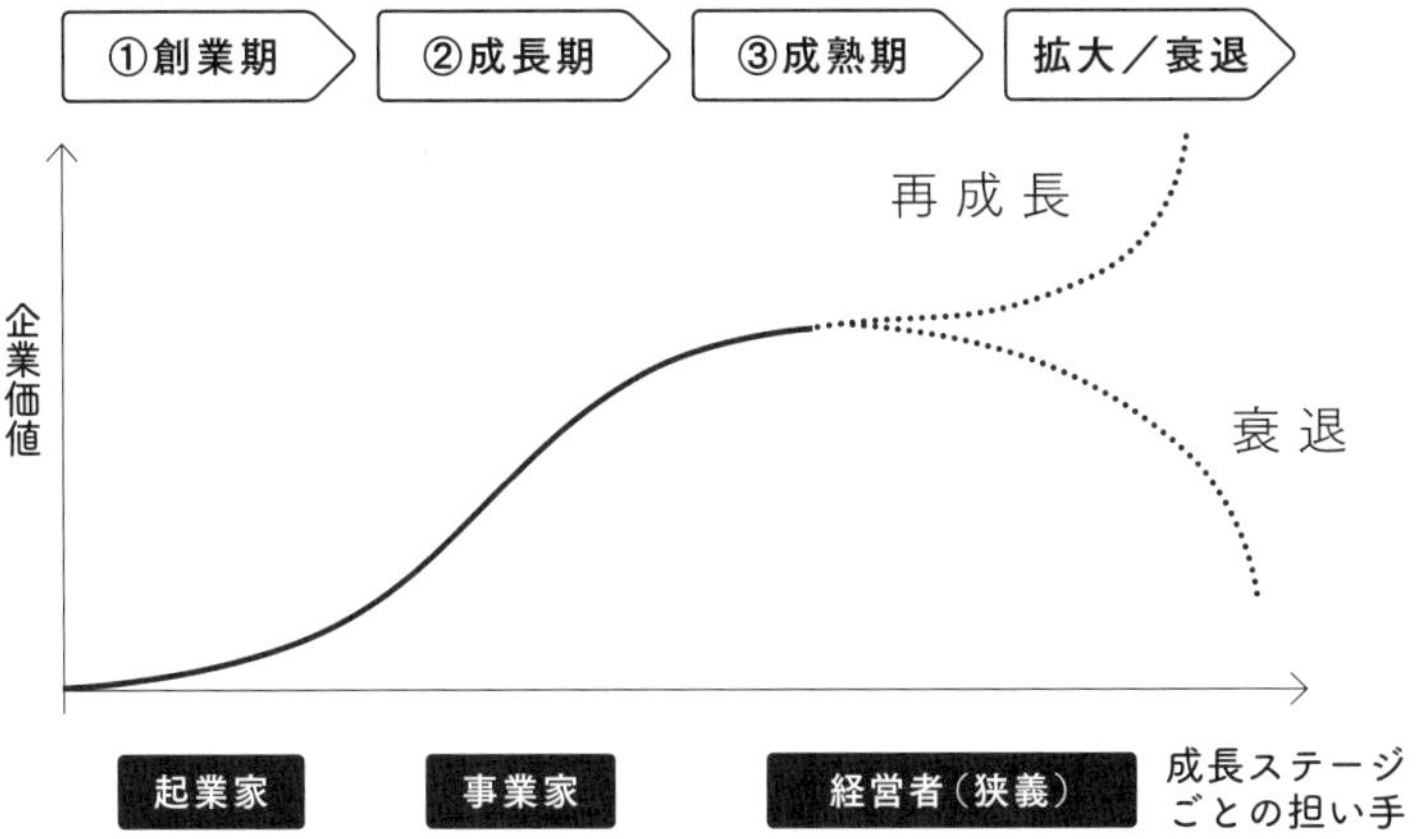

③ 成熟期：「経営者（狭義）」

最後に、自社事業の規模感が10まで育った会社のステージを100まで持っていく段階。「10を100にする」というのは、単一の事業の規模感を10から10倍大きくするのではなく、10まで育っている事業を10個並行して運営する状態を想定。ステージの進展とともに、経営のフォーカスは個々の事業から組織に移るイメージ。

会社のステージが異なれば、（広義の）経営者の振る舞い方が異なるのは当然です。

たとえば、GE（ゼネラル・エレクトリック）のトーマス・エジソンとジャック・ウェルチ氏、アップルのスティーブ・ジョブズとティム・クック氏では求められる役割は当然異なります。

優秀な起業家が狭義の経営者としても優れているかといえば、そうとも限りません。逆もまた然りです。

会社の一貫性を保つうえでは、創業者（起業家）が会社とともに成長し続け、オーナー経営者として長期間にわたって、辣腕《らつわん》を振るい続けるのが理想であるとは思います。実際、すべてのステージをひとりで全《まっと》うできるスーパー経営者もなかにはいるでしょう。

創業者＝ＣＥＯとは限らない

しかし、人間にはどうしても得手不得手があるものです。狭義の「経営者」としての才覚がない創業者《ファウンダー》（起業家）に対し、過剰に続投を期待し続けるのも酷な話ではないでしょうか。**「会社は経営者の器以上に大きくなることはない」という常套句がありますが、創業者個人の成長の限界を、会社の失速につなげてはなりません。**

仮に創業者自身に経営者としての成長が期待できないのであれば、経営者を替える方法を模索するほうが、会社にとっても当人にとってもよほど好都合です。創業者は自社の株主として君臨しつつも、事業は後任に任せ、新たな事業を起こしてもよいのです。創業者とＣＥＯをイコールで捉える必要などありません。

この点、アメリカにおいて、ステージに応じた経営者の適材適所を実現する人材プールが成立していることは、ひとつの解決法であろうと思います。こうした環境が日本でも整えられれば、また状況も変わってくるのではないかと思うのですが、「プロ経営者」という表現自体がことさら奇異に受け止められる状況を見る限りにおいては、望むべくもないのでしょう。

物の本を読んでいると、「経営者はかくあるべし」といった「理想の経営者像」について語られているものが少なくありません。こうした書物から得られる学びや気づきも大変に価値のあるものだと思います。ですが、より実践的にはその前提として、語られている経営者像というのが一体どのステージの経営者を想定しているのか、あるいはどの段階の経営者にも共通した資質について語っているのか、あらかじめ意識すべきです。

そもそも経営スタイルというものに誰にも当てはまる正解はないでしょう。強いて言えば、会社の置かれた状況とその人物のパーソナリティの掛け算によって方向性を模索していくべきなのだと思います。現場に徹底介入し、事業の隅々までハンズオンで取り仕切る経営スタイルもあれば、信頼した部下に任せるといったスタイルもありますし、社員と同じ島に机を並べて同じ目線で働くスタイルもあれば、社長室に籠もって働くスタイルもあります。一種の芸風であり、どちらが正解というものでもありません。

書物で得た知識を基にして、経営スタイルの「べき論」を語ってもあまり意味はありませんし、断片だけを切り取り、個別の経営スタイルの是非を論じることはミスリードであると思うのです。

停滞期を担う経営者

経営者の3類型にあえてもうひとつの類型を加えるならば、停滞期の会社、事業不振の会社を建て直し、再成長のステージに押し上げる、ターンアラウンド・マネージャー、再建屋とでも呼ぶべき役割が挙げられるかと思います。いわば、マイナス状態の組織をゼロまで立ち戻らせる人です。

こうした人物に求められる要件は何かといえば、これはストレス耐性ではないでしょうか。

建て直しという点で純粋に事業のことだけを考えれば、小さい規模の会社よりも、大きい会社のほうが、打ち手の幅は広がるはずです。規模が大きいほうが、事業の構築に向けて使えるリソースも多いですし、改善すべき余剰がより多く冗長性があると思われるからです。しかしその反面、現状維持を志向する慣性の力もより大きく働くことでしょう。

第4章でも会社の変革について述べますが、会社の変革を図るにあたり、多くの場合に奇策はないはずです。どんな商売であれ基本となるのは、売上を最大化しコストを削減するための地道な施策です。停滞期の会社を再生するにあたって実施する打ち手が仮に奇策に見えるとすれば、それは会社が持つ価値に対する洞察が足りていないか、もしくは自身の想像力が欠如していることを、まずは疑うべきでしょう。経営者のセンスの欠落を疑うのはそれからでも遅くはありません。

斬新な奇策以上に、当たり前のことを当たり前にやりきることこそが、衰退局面の企業においてはより重要なはずです。ベスト・エフォートを尽くしきった末に結果がついてくるかどうかは誰にも分かりませんが、やること自体は存外シンプルです。

不興を買うのは経営者の宿痾

ただ、「当たり前のことをやりきる」というのはなかなかの曲者で、言うは易しといえども、やってみると非常にしびれる出来事の連続です。停滞期の会社はいわば、ナッシュ均衡[1]の状態に陥っているものです。このままではいけないということについて、組織のなかの人間は気づいていたとしても、指摘したところで自分がムラの調和を乱した人間とし

1 ゲーム理論における基本概念のひとつ。ゲームに参加する各プレーヤーが互いに最適な戦略を取り合い、戦略を変更する誘因を持たない安定的な状況を「均衡」と呼ぶ。

て非難の対象になるだけですし、何の利得を得ることもないため、どうしても見て見ぬふりをしてしまいがちです。こうした現実に対して、経営者は責任を持ってメスをいれなければなりません。

誰がどのような既得権益を持っており、それぞれがどのような利害関係や動機付けに基づいて行動しているのかを見通すためには、人の心理を理解することが重要ですが、そのうえで、時としては組織にいる人々が望まない決断をあえて下さなければならない局面もあります。

こうした決断を下すと、意思決定者は組織内の関係各位から確実に嫌われます。蛇蝎《だかつ》のごとく嫌われます。いっそ、血も涙もなく、人の心理など意に介さない人間であったほうがよほど楽というものです。なかには、周囲から嫌われないことが最大の関心事になり、半ば目的化してしまっているかのように見受けられる経営者もいます。弊害が見えにくく当人に悪気がないぶん、なおさら性質《たち》が悪いと言えるかもしれません。しかし、たとえそのような姿勢で当座を凌《しの》ぐことができたとしても、日和見的な態度をとり続ければ組織は没落してしまいます。「みずから省みてなおくんば、千万人ともいえども我行かん」の精神を貫かぬ限り、結局、会社に関わる誰ひとりとして幸せにすることはできません。

難しい意思決定を前にして、仮に「できない」と判断するのであれば、それはなぜなのかを突き詰めて考えてみるべきです。ひょっとしたらそれは、「できない」理由をあげつらっているだけで、単に自分が嫌われたくないだけなのかもしれません。

そもそも変革が必要となる状況を導いてしまったのは一体誰なのか、なぜそんな状況に陥ってしまったのかを問いつつ、周囲からのバッシングに対しても「そんなものだ」と割り切ってプロに徹し、当たり前を貫くことができるかどうかに、マイナス局面における経営者の真価が問われるのだと思います。

人々の不興を買うことは、経営者の宿痾《しゅくあ》のようなものです。どんな名手であっても、万人を幸せにすることはできません。厳しい状況下の選択であれば、なおさらです。その意味で、経営者や意思決定者の究極の仕事とは、ひょっとしたら決断の結果としての業《ごう》を一身に負うことなのかもしれません。

雇われ経営者の一分

ところで、いまや日本の経営者の平均年齢は60歳を超えており、高齢化が進んでいます。創業一代で会社をたたむ意思があればよいのでしょうが、家業として跡目を継がせるべき肉親やふさわしい人材がいない中小企業経営者の方々にとって、事業承継は喫緊の課題です。ましてや上場企業はゴーイング・コンサーンを前提として織り込まれています。経営者が負うべき責任はより重いものであり、事業承継の計画は重大な経営のテーマです。

自力で会社を立ち上げた創業経営者や、大株主を兼ねるオーナー経営者に対し、既存の企業を継承して経営する人々のことを、なかば揶揄《やゆ》して「雇われ経営者」「サラリーマン経営者」などと呼ぶことがありますが、成熟した会社が増えるにつれて、こうした「雇われ経営者」の手腕がますます重要になってくることでしょう。

『貞観政要《じょうがんせいよう》』[2]では、唐の太宗が「帝王の業、草創と守成《しゅせい》といずれが難き」、すなわち、創業することとそれを維持することではどちらがより困難であるかを重臣に問うたという逸話が紹介されています。守成は創業と同様、時には創業以上に困難を伴うもの。事業承継もまた然りです。

自分の人生と会社の命運が一体化した創業経営者に比べると、雇われ経営者はどうしても迫力には欠けるものです。「サラリーマン経営者が日本企業をダメにしている」といった手厳しい言説を目にすることもありますが、確かにその通りだと思う節もあります。

一方で、ここで**問題視すべきは「サラリーマン経営者」ではなく、「サラリーマン的メンタリティの経営者」**ではないでしょうか。

2 唐の史官・呉兢（ごきょう）が編成したとされる太宗の言行録全10巻40篇。帝王学の教科書として読み継がれてきた。貞観は、太宗の在位（627〜649年）の年号。

既存企業が活力を保つうえでは、経営のマウンドを引き継ぐ際の継投の巧拙が成否を分かちます。たとえ外形的にはサラリーマンであったとしても、雇われは雇われなりの矜持《きょうじ》と流儀を持って、事に臨むべきでしょう。

創業経営者と雇われ経営者が置かれた状況の最大の違いはどこにあるかと言えば、まず事業をゼロから立ち上げたのか、途中で引き継いだのか、さらには、創業者や番頭役を含めたOB経営層の有無といった点が挙げられるでしょう。

こうした状況の違いから、雇われ経営者が直面する特有の課題が生じます。すなわち、いかにして「院政」を排除するかという課題です。

世代交代と同時に、前任者が潔く身を引けばいいのですが、現実にはすんなりと実質的な権限を手放すことができる人物は限られているのではないでしょうか。善意から出る行為であれ、組織に対して有形無形の影響を及ぼそうとするOB経営者のほうがむしろ多いことでしょう。

特に創業者の場合、存在そのものが半ば伝説化し、組織に対してある種の呪術《じゅじゅつ》的な影響力を持つものです。当人にそのつもりがなくても、組織で働く人々の視線はどうしても現経営者ではなく創業者に集まるものです。ともすれば、創業者自身が現体制に対する不平分子の駆け込み寺となりかねません。

一定頻度で起こる大手企業での不祥事や業績不振を見るにつけ、少なくないケースでこうした事態に至る過程には、ＯＢ経営者が相当程度の影響を及ぼしていたであろうことが窺い知れます。雇われ経営者としての筋を通す第一歩は、こうした悪弊に真正面から向き合うことから始まるのだと思います。

守旧派への方便「歴史的使命を果たした」

過去の経営者は、それぞれが自身の成功体験を有しているものです。ゼロから会社を起こして事業を軌道に乗せた創業者であれば、その成功体験はことさら強烈なものでしょう。そうした成功の記憶が鮮明であればあるほど、経営上の意思決定は過去の延長線上から抜け出ることが困難になります。一方で事業環境は常に変化しています。組織が永続的に発展し続けるためには、事業内容も含めて自社のあらゆる側面に対して疑問を投げかけ、自己否定を続けることが求められます。成功体験に固執して新たな環境に適応できずにいれば、守成は望むべくもありません。

この点、創業者こそが往々にして組織のなかの成功体験や情実によるしがらみを最も抱えた人物でもあり、また同時に、組織内のポピュリズムに流されやすい立ち位置にいる人物でもあります。

たとえば、組織が拡大した結果、古参メンバーの役職と資質が釣り合わなくなるというのはよくある話です。この時、創業者は会社の成長のために合理的な判断をもってこの人物に向き合うことができるでしょうか。これがひとつのリトマス試験紙にもなります。

苦楽を共にした仲間に対しては、どうしても情が湧いてしまうのが人間というものです。ともすれば、創業者が、こうしたメンバーのポジションを守ってしまうこともあるでしょう。一見すると、人情味にあふれた対応にも思えます。ただ、経営の責任を担う人物であれば、こうした情実人事が他のステークホルダーの犠牲のうえに成り立っていること、企業の成長の疎外要因になり得ることを、理解するだけの想像力を持つべきです。

以前、人から言われたことですが、**「いい人」であろうとすると、誰に対しても薄く広く情けをかけてしまいます**。けれどもそれは、誰に対しても薄情であることにほかならないのです。

反面、自己否定を辞さない創業経営者は非常に強い存在です。当事者としてつくり上げ、成功した組織や事業をみずからが否定するのですから、これほど説得力のあるリーダーはいません。対して、事業を継承する雇われ経営者となると、どうしても創業者や前任者に対する遠慮が生じます。他人がつくったものを否定するわけですから、迫力も当人のそれには及びませんし、反発も受けやすいものです。

そんなとき、雇われ経営者が頼るべきは、「歴史的使命を果たした」という表現です。現状を否定していることに変わりはありませんが、人ではなく時代の移り変わりに焦点を当てることで、過去の旗振り役を担ってきた人々の見栄や面目を多少なりとも保つのです。愚にもつかない話ではありますが、当事者の感情的な反発をかいくぐりながら組織を前進させるためには、こうした方便も、時には必要になります。

「院政」の問題は責任と権限の分離

過去の成功体験や情実を振り払う必要性を述べましたが、それ以上に、院政を廃すべき真の目的は、経営者としての役割を果たすことにあります。そのためには、責任と権限を一致させなくてはなりません。

創業者であれ、世襲であれ、雇われであれ、経営者は会社を取り巻くステークホルダーに対して全責任を負っています。こうした責任は経営者の権限と組み合わせられることで、初めて全うすることができるもののはずです。

仮に自身の判断ミスによって悪い結果が生じたのであれば、己の責任として引き受けることもできるでしょう。ところが、創業者やOB経営者の介入によって意思決定が歪められると、結果に対して責任のとりようがありません。株主に対して「先代にこうしろと言われたのでやりました」とでも言うのでしょうか。**苟《いやしく》も経営者たる者、「このヘタクソ」と面罵されることはあっても、「操り人形」と嘲笑されることがあってはならない**はずです。

雇われ経営者が傀儡《かいらい》に堕していないかを確認するうえでの格好のチェック項目は、予算と人事の権限の有無です。世の中には資金使途や人材の採用・配置に関する権限を実質的に持っていない「ケイエイシャ」も少なくありません。

言うまでもなく、予算と人事は経営の急所です。どれだけ素晴らしいビジョンや戦略を掲げていたとしても、こうした権限なくしては骨抜きにされてしまいます。

院政を廃するということは、OBからのインプットを一切遮断するということではありません。近鉄グループの中興の祖である佐伯勇は「経営者は独裁すれども独断せず」と説いたそうですが、誰の意見であれ耳を傾け、衆知を集めることは大切です。ただ、こうした「ご指導」はあくまで大勢のなかの一意見と心得るべきでしょう。「将、軍に在りては君命も受けざるところあり」です。ひとたび経営者としての任を授かる以上、任命者の指図を受けるのではなく、自分自身で最終的な意思決定を下さねばなりません。

雇われ経営者が持つべき心意気

そう思うと、雇われ経営者が創業者に対してとるべきは、「自分の意思決定が気に入らないのであれば、いつでもクビにしてください」という割り切った態度ではないでしょうか。

「いつ放り出されてもいい」という腹決めができているからこそ、先代の顔色を窺うことなく、経営者として正しいと思う意思決定をすることができるのです。**会社の発展のためには老害と化したかつての功労者たちに対して、時には引導を渡す覚悟を持つべき**だと思うのです。

院政を看過するほうが、気持ちのうえでは経営者にとっても楽な道です。ＯＢの言に従いさえすれば、責任の一部を彼らに転嫁することができ、心の余裕ができるからです。なかにはこうした責任分散のシステムに便乗し、ＯＢとの共犯関係を積極的に構築する「ケイエイシャ」もいることでしょう。院政を廃すということは、こうした心の逃げ場を断つことにほかなりません。

事業を創業者の子どもにたとえることがあります。多くの創業者はそれだけ強い思いを持って事業を育て、自社の経営に臨んでいることでしょう。では雇われ経営者が、他所《よそ》の子どもを一時的に預かっているような気分でいていいのかと言えば、そんなはずがありません。それでは到底、企業経営などおぼつかないことでしょう。大過なく任期が過ぎることをただただ願うのであればともかく、経営者としての本来の責務を果たそうとするのであれば、わが子と思って会社に向き合わねばなりません。外形的には継父・継母かもしれません。それでも、あくまでかけがえのない自分の子どもだと思って本気でぶつかっていかなければならないのではないでしょうか。そもそも前任者が半ば育児を放棄していることもあるでしょう。実の親ではないからこそ、オーナー以上にオーナー然とした気概で臨むべきだと思うのです。

動機は内から沸き立つものであるべき

純粋に損得勘定のみで考えてみると、多くの場合、経営者というのは割に合わない仕事ではないかと思います。金銭的なリターンを追い求めることを否定する気はありません。ただ、**職業としての経営者の世界に飛び込もうとするのであれば、その動機は内から自然と沸き立つ感情によるものであるべき**ではないでしょうか。そうでないと、自身の気持ちを保ち続けることができないと思うのです。

好調な会社であれば、まだよいかもしれません。ですが、仮に不採算事業を抱えた苦境期の会社のバトンを受け継ぐのであるとすれば、当人の感覚というのは、いわば、通りで行き倒れに出くわした状況に似ているのではないかと思います。通常の感覚の持ち主であれば、自分以外に手を差し伸べる人がいなければ、せめて救急車を呼ぶくらいのことはするはずです。目の前で倒れている人を助けることに打算も理由もありません。同様に、頼まれずとも自分がやらねばという使命感こそが、当事者の原動力になるのだと思います。

そうした気概なくしては、再建に向けた救援登板だったはずが、いつの間にか敗戦処理になってしまいかねません。リリーフを務める以上、どのような局面であろうとも敗戦処理投手ではなく、リリーフエースとしてマウンドに立つべきです。

そのために院政を廃し、責任と権限を一致させるべくお膳立てをして筋を通すのもまた、雇われ経営者の務めなのでしょう。仮に責任と権限の分離状態を解消することができず、「ベンチがアホやから」と、自身の任を全うできないと考えるのであれば、そのときはみずからマウンドを降りるべきだと思うのです。

また奮闘の末に会社の状況が好転した結果、雇われ経営者が狡兎死《こうとし》して走狗烹《そうくに》らる[3]の扱いを受けることもあるでしょう。それでも、それが経営者としての責務を全うした結果であり、肝心の会社が良くなったのであれば、まだ納得がいくのではないでしょうか。あくまでその動機は内から湧き出るものであるの

3 必要なときは可愛がられ、用がなくなったら捨てられることのたとえ。

ですから。

真のリーダーシップには開き直りが必要

ここまで、経営者のあり方は組織のステージによって異なると述べてきました。一方で、どのような規模感やステージの組織であれ、経営者がリーダーでなくてはならないことは共通しています。

あらかじめお断りしておくと、私自身は大上段から「リーダーシップとは」などと語るほどの見識があるわけではありません。また、世に繰り返し語られるリーダーシップという「意識高め」の言説に対して、辟易《へきえき》としている方も少なくないことでしょう。

しかしながら、企業を含めたあらゆる組織を動かしているのは生身の人間であり、経営について考えるにあたって「リーダーシップ」はやはり避けては通れない重要なテーマです。食傷気味かもしれませんが少し考えてみたいと思います。

さて、それではリーダーに求められる重要な素質やスキルセットとは、一体何でしょうか。ビジョン、人間的魅力、知性、情熱……これらはいずれもリーダーシップを発揮すべき人にとって極めて重要な素養に違いありません。

しかし、それ以上に私が重要だと感じているもの、それは「開き直り」です。リーダーシップをテーマにしながら「開き直り」とはなんと無責任な……と訝しく思われる向きもあるでしょう。しかし、これは何も私の思いつきではありません。元サッカー日本代表監督で、今はオーナーとして愛媛県今治市のサッカーチーム・FC今治を率いていらっしゃる岡田武史氏の言です（章末コラム1参照）。

本章を読み進めていただく前に、ぜひ章末のコラムをお読みいただければと思います。日本代表監督として筆舌に尽くしがたい強烈なプレッシャーを一身に背負い、それを乗り越えた岡田氏だからこそ語ることができる、すごみのあるリーダー論が展開されています。こうした血の通った言葉の数々に、リーダーシップの神髄が表現されているのではないかと、私は思うのです。サッカーについてはまったくの素人ではありますが、氏の話を聞くにつけ、私は込み上げるものを感じるとともに、胸をかきむしられる思いがします。心臓によくありません。岡田氏の言葉の後に何を述べても蛇足にしかなりませんが、本コラムの内容を底本としつつ、リーダーシップに関する私なりの解釈を述べてみましょう。

ロジックだけで意思決定はできない

リーダーの重要な役割のひとつに、局面ごとの重要な事項にけりをつけること、意思決定することが挙げられます。組織が存亡を賭してどこに向かうかを見極めなければならないようなギリギリの状況に際し、右へ進むべきか左へ進むべきかを自分の責任の下で選択することです。その決断のために必要な材料をそろえ、それぞれのオプション（選択肢）のメリット・デメリットを比較考量しながら、その時々における最適な解を見出して組織を前に進めることが求められます。

この際、完全な情報をベースに各オプションに対する正確な評価を行い、ロジカルに方針を導き出せるならば、これほど楽なことはありません。しかし、現実の世界では情報が十分にそろったなかで決断を下すことができる状況というのは、まずもってあり得ないことです。また、情報が十分にそろえば機械的に答えを導き出すことができるのかと言えば、そんなこともありません。

意思決定の現場では、事態が刻々と変化するなか、常に不完全な情報を基に、限られた時間内で、組織や人のしがらみ、情緒といった制約条件を考えながら、時には理屈を超えた価値判断を加えて進むべき道を選び取っていかなければならないのです。

リーダーは、この意思決定の責任を一身に背負います。想定していた前提そのものが日替わりで変わるような状況では、完全な情報など手に入るはずもありません。こうした条件の下に導き出される結論は、外形的には必ずしも合理的な最善解とは映らないことでしょう。むしろ多くの場合、妥協に妥協を重ねた中途半端で生ぬるい判断に見えるものです。

そうした決断の結果に対し、外から揶揄するのは至って簡単なことです。しかしながらそうした外野に対し、リーダーは当事者でなければなりません。決してアドバイザーではありませんし、ましてや評論家であってはならないのです。

ギリギリの状態で考え抜いた揚げ句に意思決定を下したとしても、果たして正しい意思決定ができたのかどうか、100%の確信を持つことはできません。表面上は自信があるようにふるまっていたとしても、心中は不安であふれ返り、千々に乱れているものです。それでも、ひとたび決断した以上は、その道を信じて進むほかありません。

「自分は考えに考え抜いた末、こちらの道を選んだ。この時点で考えられ得る決断をしたのだ。何が起きようと、その結果を自分は背負う」

こうまで思い切ることができないと、歩みを進めることができません。この点に、「開き直り」が重要だと申し上げる所以《ゆえん》があるのです。

正解のない問いに答えを出す

仮に、意思決定を下す抜き差しならない局面において、できるだけ客観的に判断しようと試みるならば、どのような手法が考えられるでしょうか。

ひとつのアイデアとしては、自分たちが採り得るオプションを並べ、最も評価が高いものを選ぶという方法があるでしょう。具体的には、組織に関わるステークホルダーにとって、各オプションがどのような意味合いを持つのかを考え、それぞれを採点し、その総合点の高低によって評価を下すという考え方です。

図表1－3のように、オプションAは株主にとって80点、顧客にとって60点、従業員にとって30点。一方でオプションBは株主にとって30点、顧客にとって80点……、といった評価のアプローチです。

こうしたアプローチは思考実験としては面白いのですが、お気づきの通り、問いが深刻であればあるほど機能しません。各ステークホルダーにとっての意味合いを定量的に評価するなど、どだい無理な話です。そもそも、評価の前提となっている目の前の状況自体が、日替わりでコロコロと変化するものです。前提が変わった途端、関係者にとっての各

図表 1-3 「客観的な意思決定」の思考実験

	株主	顧客	従業員	総合点
オプションA	80 点	60 点	30 点	170 点
オプションB	30 点	80 点	60 点	170 点
オプションC	50 点	30 点	50 点	130 点
⋮	⋮	⋮	⋮	⋮

結論は出せない！

オプションの意味合いも変わってしまいます。また、仮に確からしい評価ができたとしても、合計点が一番高いオプションを単純に選べばいいというわけでもありません。

教科書的には意思決定に際し、「各施策をインパクトとフィージビリティ（実現可能性）の2軸で評価せよ」といったことがよく言われます。

もっともではあるのですが、**抜き差しならない局面というのは得てして意思決定者の価値判断を問われる**ものであり、インパクトやフィージビリティの評価そのものが、意思決定者の価値観を多分に反映してしまいます。意思決定とは何も、「どちらの施策のほうがより儲かるか？」といった単純な問いに答えるばかりとは限りません。むしろ、正解のない問いに対し、自分の人格をぶつけて答えをつくっていくものです。すべての問いに正しい解などというものがあるのであれば、経営など人工知能に任せたほうがよほどよいでしょう。仮に「中立的な決断」という表現があるとすれば、それは語義矛盾というものです。

たとえば、究極的な意思決定の一例として、「自社を売却するか否か」という状況を考えてみましょう。株主の観点から経済合理性のみで考えようとしても、各株主ごとに株式の取得価額は異なります。買収額次第では、ある株主にとっては朗報かもしれませんが、ある株主にとっては大損害を意味することでしょう。また後者の株主にとっても、仮に今以上に会社の経営状態が悪化することが必至であるとするならば、売却はその時点において最小の規模感で損失を確定する最良の機会かもしれません。一方で、当の株主自身はまずもってそうした意思決定を素直に受け入れることはできないでしょう。一絡《ひとから》げに「株主」と言っても各々の利害関係は異なり、決して一枚岩ではないのです。

意思決定とは、何も経済的な「損得」のみによって決せられるものでもありません。ここにさらに顧客、従業員といった会社を取り巻く各ステークホルダーの利害や思惑が絡み出すと、事態はいよいよ複雑混迷を極めます。よしんば、各ステークホルダーを利害関係に基づくグループに分けることができたとしても、それぞれのグループにとって売却がポジティブなのか、ネガティブなのか、何を意味するかを判断するには不確実な事項が多すぎます。

有事には理屈もきれい事も通用しない

本来論で言えば、こうした異なるステークホルダーの利害を一致させるべく努めることが、平時におけるリーダーの重要な役割のひとつと言えるでしょう。しかしながら、有事に至ってはこうした理屈やきれい事など、何の意味も持ちません。そして望まずとも、不測の事態は起こるものです。

私の好きな漫画に『沈黙の艦隊』（かわぐちかいじ著、講談社）という作品があります。艦艇同士の迫力ある戦闘シーンもさることながら、一癖も二癖もある個性豊かな登場人物たちが、己の信念をぶつけ合う場面がこの漫画の見所です。

作中、独立国家を自称する原子力潜水艦「やまと」の出現を機に行われる解散総選挙に際し、各政党の代表４人がテレビ討論を行うシーンがあります。この討論の最後に、司会者は各党首に対して以下のように問います（『沈黙の艦隊』文庫８巻より）。

「今、あなたの乗ったゴムボートが遭難し漂流しています。生存者は10名。救助を求めて大海原をさまよっています。ところが、この中の１人に伝染病感染が確認されました。感染すれば死に至る病であることも判明しました。放置しておけば他の９人全員が感染する恐れがあります。ボートが救助される見込みは今のところありません。あなたがこの10名のリーダーだとしたら、どんな行動をとられますか？」
この問いに対するそれぞれの党首の回答を引用しましょう。
1人目「まず自分が感染した当人である場合……自分以外の者からリーダーを選出し、私はその人間の指示に従います！ そしてその感染者が自分以外の場合……なるべく早くその感染者をボートから下ろします！ 私はこの行動の全責任を負います！ 1人でも多くの生命を守ること……それが政治です！」
2人目「私はまず……全員にその事実を知らしめ、そして全員による話し合いを求めます。全員従うという了解を得た上で多数決の決議を行う。政治とは……ルールを設定しそれを守るということだ。感染者が自分であれ他人であれ同じだ！」
3人目「いかなる極限状況であれ少数を殺すことはできん！ ならば全員死すべきである!! 政治とは〝神〟の代理行為ではない！ そして……もし感染者が自分ならば、迷うことなく私は海に飛び込み己《おのれ》を始末する！ いかなる状況においてもわれわれは公人《こうじん》なのだ。政治家に〝私《わたくし》〟などあり得ん！」
4人目「私は人間であることをやめない！ 10人全員が助かる方法を考えます。（どんな方法かは）わかりません……だが考え続けます！」
これもまた、答えのない問いです。漫画のなかのエピソードですから、劇画的な荒唐無稽な場面に思えるかもしれません。ですが、実際に19世紀、ニューファンドランド沖で遭難したウィリアム・ブラウン号の乗組員ホームズが、救命ボートの転覆を防ぐためにボートに殺到した乗客数名を海上に投棄するという事件が起こっています。このような現実を前にして、果たしてわれわれはホームズの行いを非難できるのでしょうか。

ビジネスの場において、ここまで極限の決断を迫られることは、まずもってないことでしょう。ですが、こうした状況下でなお、みずからの責任の下で決断できるかどうかにこそ、リーダーの真価が問われているのだと思います。そうした意思決定の結果について、リーダーはすべての功罪を背負います。一生消えることのない永久不滅「カルマポイント」が心の奥底にどんどん積もりたまっていくのです。

道徳や占いに頼りたくなる心情

『戦争論』を著したクラウゼヴィッツは、戦闘を不確実性や運の要素に満ちた「賭け」と捉え、戦場ではあらゆる行為を見通しの悪い濃霧のような薄明かりのなかで講じなければならないと述べています。**抜き差しならない局面においてリーダーがなすべき決断とは、こうした「濃霧のなかの賭け」とでも呼ぶべきもの**なのでしょう。

本書冒頭で、個々人が「経営観」とでも呼ぶべき視座を培っていくべきではないかと申し上げました。ここで言う「経営観」とは、周囲の意見に流されずに虚心坦懐に「決断」するための、軸となるべきものです。

この点、経営者の方にお会いしていると、どことなく神秘的な物言いを好まれる方や、物事を考えるにあたって道徳を強調なさる方、また占いが好きな方に出くわすことがままあります。なかには、「なんだかオカルトめいているな」とお見受けする方もいらっしゃいますし、特定の信仰をお持ちの方もいらっしゃいます。そうした信仰をお持ちになった経緯は人それぞれでしょう。

ですが、こうした傾向をリーダーシップという文脈から読み解いて考えてみると、意思決定を行うにあたっての糸口を、自分の外にある絶対的な真理に求めていることに一因があるように思われてなりません。頭で考えても確信の持ちようがないなかで、自分自身が拠って立つべき原理原則を、各種の信仰のなかに見出していらっしゃるように思えるのです。確かに、目の前の複雑な問題を解釈するにあたって、各種の信仰や信念が補助線の役割を果たすこともあるのでしょう。

また同時に、こうした原理原則は組織を説得するうえでのレトリックとしても有効に機能するのでしょう。重大な決断であればあるほど、より多くの反対派、抵抗勢力が現れます。こうした面々と向かい合うに際して、否定しようのない絶対的な善を前提として掲げ、そうした善に自分たちの意思決定を結びつけて説明することによって、己の決断を正当化するのです。

「濃霧のなかの賭け」である決断とは、それほどまでに心許ないものであり、理屈を超えた価値観に基づかざるを得ない側面があります。そしてその是非について、到底万人の同意を得ることはできません。意識的にか無意識にか、経営者はこうした局面を乗り切るよすがを、信仰や道徳に求めているのかもしれません。

意思決定者とサポーターの立ち位置

リーダーの役割をより理解するには、アドバイザーの役割と比較することが助けになるのではないかと思います。ここで言うアドバイザーとは、弁護士、会計士、税理士といった士業や、コンサルタントなど、情報提供や助言などのサポートを行うことで、意思決定者が納得のいく判断を下すための手助けをする職業のことです。

コンサルティングファームで働いていた頃、プロジェクト終盤に提言内容がまとまり、いよいよ翌日は最終報告を迎えるという段階になって、シニアなパートナーから「最終的には『決め』の問題だ。ここまで提案内容を詰め切ったうえでもクライアントが異なる結論を導くのであれば、それもまた正しい判断なのだろう」といった趣旨の話を聞かされたことがあります。また別のパートナーからは、「コンサルタントというのは、突き詰めると占い師と同じなんだよ」と言われたこともあります。社会人駆け出しの頃の自分には、彼らの言葉の意味がよく理解できませんでした。「これだけの事実関係と論理武装を重ねた提案に反する結論が、果たして『正しい意思決定』になり得るのだろうか」と思ったものです。ただ、経営者の立場に身を置いた後に思い返してみると、非常に合点がいきました。

アドバイザーの主要な仕事とは、当事者の意思決定を手助けする仕事であり、純粋に理性によって導かれる客観的な結論を提示することを目的とした、サポーターの役割です。どれだけ緻密に論を重ね、またそうした結論の実行支援にまで踏み込んだとしても、意思決定をする立場にはありません。

これに対し、提示された判断材料を基にして、理性を超えた価値観と照らし合わせながら最終的な意思決定に踏み込むのがリーダーの役割です。「論語と算盤」における「算盤」の機能は代替し得たとしても、「論語」の部分についてはヒントを得ることこそあれ、委ねようがありません。これは決してリーダーとアドバイザーという役割の優劣を論じるものではありません。正確な情報や筋の良い選択肢を示すことは、意思決定の精度を高めるうえで極めて重要です。ここで申し上げたいことは、両者の立ち位置や視座がまったく異なるということです。

経営者の背中を押すグレイヘア・コンサルタント

コンサルティングという生業《なりわい》の起源は、年配者による「グレイヘア・コンサルティング」にあったと聞きます。経営者出身のコンサルタントが、自身の経験に基づき後進の経営者に助言するというスタイルです。

それに対し、ファクトとロジックに基づき、いわばアカデミックなアプローチで提案内容を導くスタイルのことを、「ファクトベース・コンサルティング」と呼びます。客観性を担保し、コンサルティングの再現性を高めることで経営経験のない若者を活用できるようになり、結果としてスケール（拡大）するサービス展開が可能になったという点で、ファクトベース・コンサルティングはビジネス上の発明だったのでしょう。

この点、ファクトベース・コンサルティング的アプローチは、将来的には大部分が人工知能によって代替されるのかもしれません。一方、左に行くか右に行くか、ぎりぎりの決断で苦悶する経営者の背中をそっと押すグレイヘア・コンサルタントの役割がなくなることはないでしょう。**時代が移り、どれだけ技術が発展したとしても、意思決定者には「占い師」が必要**なのです。

逆に言えば、己の価値観を問われることもなく、機械的に現実世界の意思決定に関する最適な解を導くことができるのであれば、そもそも世の中にリーダーなど必要ありません。経営も政治も機械に任せてしまえばいいというものです。一定水準以上の合理性は必須ではありますが、突き詰めると、客観性や合理性とはまた別の世界に、意思決定とリーダーシップの肝があるように思えるのです。

有事のリーダーシップとは?

私自身もかつて企業経営に携わるなかで、自分の意思決定が事業や組織の方向性を大きく左右する局面に直面したことが何度もあります。

そういうときは寝ても覚めても懸案事項が頭から離れないものです。散々考え抜いてもなかなか答えは出ません。誰かに相談しようにも、そんな重大事を漏らすわけにはいきませんし、**「どうすればいいんでしょう?」と振り返っても、指示を仰ぐべき上司はいませ**

ん。一挙手一投足を管理されるマイクロマネジメントを嫌う性分ではありますが、こういうときばかりは「上司がいるってなんて楽なんだろう」と思ったものです。

こうした局面では毎晩、夢のなかでも何をすべきかを考え続けるものです。力が入るあまり、歯ぎしりのせいで前歯は折れました。時にはシーズン終わりの砂浜でドラッカーを読み返しては悶々と頭を抱えたり、オフィスを抜け出して神宮のバッティングセンターで黙々と打ち込みながら思考したりと、随分と試行錯誤したものです。

そんな折、他社の経営者の発言を聞いてはっとしたことがあります。浮き沈みの激しい変遷を辿ってきた上場企業の経営者が、「なぜこんなに苦しい目に遭い続けながら会社を手放そうと思わなかったのか」と問われ、「手放したら次の日からやることがなくなるじゃないか」と回答されていたのです。

善管注意義務[4]を負う上場企業経営者の公の場における発言としては、随分と過激な表現だと思います。会社を取り巻くステークホルダーにとって、自分が下す決断の意味合いを考え抜いて悩んでいた自分にしてみれば、拍子抜けするような回答でもありました。会社は、経営者が暇をつぶすためのおもちゃではないのですから。

ただ、よくよく反芻《はんすう》して改めて考えてみると、「次の日からやることがなくなる」という回答は、表現の仕方はともかく、一周して一面の真理を突いているようにも思えるのです。結局、世界中どこ

4 この場合、経営に携わる者として、その企業規模や業種等にのっとって期待される注意義務。

を見渡しても、トップである自分以上にその会社のことを考え尽くしている人間はいません。その自分が理屈で考え尽くしても解が見えないということは、世界中の誰にも答えなど分からないということです。

事ここに至ると、これはもはや価値判断の問題です。**理の世界で考え尽くした後となっては、「自分がどうしたいか」を基に決めざるを得ない**し、決めるべきなのだと思います。逆説的ですが、それが回り回って会社のためになり、またステークホルダーに資するのだと思うのです。

株式会社の意思決定は民主主義ではない

そもそも、事業が順調に成長し組織がつつがなく機能している平時であれば、リーダーシップなどという暑苦しい御託は大した意味をなしません。太平の世には昼行灯《ひるあんどん》と呼ばれるぐらいの人物のほうが、トップとしては折り合いがよいはずです。真にリーダーシップが求められるのは、やはり有事の際なのでしょう。

一般的に日本の組織は意見が割れることを嫌い、安易に最大公約数的な解を導き出しがちと言われます。ひとりでも反対する人や不服そうな人がいれば決定が持ち越されるのは、どの職場でもおなじみの光景ではないでしょうか。全会一致でないと決断を下せないという意思決定プロセスのクセは、取締役会レベルでも日本中の多くの会社ではびこっていると思います。

その結果、組織内のさまざまな利害を反映した総花的な意思決定がなされるのです。たとえ当初は正鵠《せいこく》を射た鋭い原案であったとしても、議論を経て両論併記を重ねるにつれて、当初の原形をとどめない鵺《ぬえ》のような代物に転じてしまうのです。

こうした決定は大きな反発を受けることはないかもしれませんが、同時に何の役にも立ちはしないでしょう。平時であれば、毒にも薬にもならない選択がなされようと大過ありませんが、これが危機時となれば話は別です。

受け入れづらいことかもしれませんが、**組織の危機を民主主義的な手順にのっとった意思決定で乗り越えるという試みは、まずもって機能しない**でしょう。平時と同じ行動をしていたのでは危機を乗り越えることができないため、思い切った決断が求められるわけです。そして、その過程には必ず抵抗勢力が出現します。厳しい決断を下すには、そうした抵抗勢力を一蹴してでも事を進めないと、問題が先送りされてしまいます。

この点、株式会社はそもそも民主主義で運営されていません。手続き上はわざわざ民意を得る必要がないということが、会社の良いところでもあります。政治と比べれば極めて御しやすい世界ではないでしょうか。

問題を先送りしないためには、「そんなことをしたら、とんでもないことが起こる」という反対の声に対して、「とんでもないことが起こるでしょうね。それでもやらないと、じり貧に陥ってもっと悪い状態になるだけです。やると決めた以上、前に進めます」と、ぶれずに真正面から答えなくてはなりません。惰性のままに立ち止まることは、往々にしてそれ以上にひどい結果を招くのですから。膠着状態のまま、一向に決定に向けた糸口を見出せないのであれば、サイコロを振ってでも決めてしまったほうがまだいいというものです。

抵抗勢力から信頼されることを目指す

意思決定した結果を実行に移すにあたっては、反対派や気が進まない人々に対しても、言葉を尽くして語る必要があります。もちろん、反対するすべての人々を得心させるなど望むべくもないことですが、**同じ内容のことを根気よく、何度でも語り続けるべき**です。不思議なもので、賛同できない内容であったとしても、うんざりするほど聞かされて脳裏にすり込まれていくうちに、なんとなくやらなければいけないという諦念にも似た気持ちが多少は湧いてくるものです。少なくとも発言者の本気度合いは伝わることでしょう。同じ内容のことを話し始めた途端、聞き手が「どうせ次はこう言うんでしょ」と、口癖を真似するまでにすり込むことができれば、しめたものです。

何度も同じ話を繰り返していると、当人も自分が言い続けている内容に飽きてくるものです。「また同じことを言っていると思われないだろうか」と、不安に感じることもあるでしょう。けれども心配は無用です。良くも悪くも、話し手が思うほどには、聞き手は真剣に話を聞いてなどいないのですから。目の前でもっともらしく頷いていたとしても、往々にして話は右から左に聞き流されているものです。したがって話し手は、安心して自説を繰り返し語り続ければよいのです。そうして述べた内容を実際に行動に移すことで、自己の意思を相手に形にして見せるのです。

理想を言えば、抵抗勢力と目される人々からも、「言っていることはまったく気に入らないが、この人間は『やる』と言ったことは本当にやる」という点においてだけは、信頼される存在を目指すべきだと思います。「やると言ったらやる」ということを行動で示すのです。一種の「チキンゲーム」ではありますが、ブラフではなく本気でやると意識づけることができれば、相手にとって自分の行動の予測が可能になるため、その後の取り組みがよりスムーズになるものです。この意味では、味方よりもむしろ抵抗勢力に信頼されることを目指すべきなのかもしれません。

「AもBも」ではなく「AかBか」

難局における意思決定とは、「Aを採るかBを採るか」という問いにけりをつけることです。

合議に委ねれば「AもBも」といった結論に至るのは自然なことです。「2案を止揚した第3の道があるはずだ」といった主張は耳に優しく響くことでしょう。しかし、こうした甘言は得てしてシビアな意思決定からの逃避にすぎません。「AかBか」と選択できる間はまだいいですが、手遅れになると、もはや選択の余地もありません。

最悪なのは、考えるばかりで何も行動を起こさないことや、そもそも決断することから目を背けることです。リーダーは、〝進むも地獄、退《ひ》くも地獄〟という状況にあっても、わずかでも活路を見出し得る相対的にマシな地獄のほうを、意思を持って選び取らなければなりません。ババ抜きのババを引くことを恐れるがあまりに意思決定を先送りして「不作為の罪」を犯すことは、リーダーとして最悪の姿です。特に上場企業の場合、トップの地位にある人間が決断から逃げ続けることは、単に組織にとって最悪なだけではなく、道義上も許されないことです。

現状に対して何か手を打たなければならないということが分かっているのであれば、仮にその答えが明確になっていなくとも、まずはとにかくもがいてみることです。

外部の人間は、得てして外部から分かりやすく観察できる「やったこと」に関連する失敗を追及します。その一方、「やらなかったこと」がことさら糾弾される機会というのは、あまりないかもしれません。ただひとりだけ、「やらなかったこと」をじっと見ている人がいます。ほかならぬ自分自身です。「あのとき、ああしておくべきだった」という悔いだけは残さぬよう、目の前の事態に対処していかなければなりません。

事の成否は「理」「心」「運」が決める

リーダーの役割とは「決断」であり、それをなすために必要な素養とは「開き直り」ではないかと述べてきました。その結果が大成功であるのか大失敗であるのか、事前には誰にも予測できません。多くの場合はその中間なのでしょう。

ところで、事の成否を左右するものとは一体何であるかを改めて考えてみると、ひとつの切り口として、「理」「心」「運」という3つの要素に因数分解できるのではないかと、私は考えています。

「理」とはすなわち、頭で考える内容です。戦略と呼ばれる類もここに分類できます。

「心」とは、理から得られた結論を遂行しきる胆力であり、遂行した結果を背負うことです。「運」は、読んで字のごとくです。

ポイントは、こうした構成要素が結果に寄与する比率です。果たしてこれらの3要素は、事の成否に対してどの程度の割合で影響を及ぼしているのでしょうか。

禅問答めいた話で正解はありません。あくまで裏付けのない私の感覚値ですが、自分自身の経験に照らし合わせて考えると、「理：心：運」は、それぞれ「1：4：5」程度の割合で影響を及ぼしているのではないかと考えています。運はさておき、前二者を比べてみれば、心のほうが理よりも圧倒的に影響力が大きく、なおかつ重みのある要素だという実感があります。理屈が事の成否を左右する度合いというのは、存外限定的なのではないでしょうか。

こと企業経営という話題になると、**「べき論」や理屈に関する論考には富む一方で、「べき論」をどう遂行しきるかという点についてはあまり触れられません。**もちろん、「理」は企業の命運を決する極めて重要な要素です。見当違いの方角に向かって全力で走ったところで、目的地に到達することは決してありません。とはいえ、「理」を遂行する際に生じるリアリティの部分にこそ、より関心が注がれるべきではないかと思えてならないのです。

たとえば、プロダクト・ポートフォリオ・マネジメント理論（**図表1－4**）に則して、個別の事業をやれ「花形」だ、やれ「負け犬」だと仕分けすることは、さして難しい話では

図表1-4　経営資源の最適配分を目的としたPPM理論

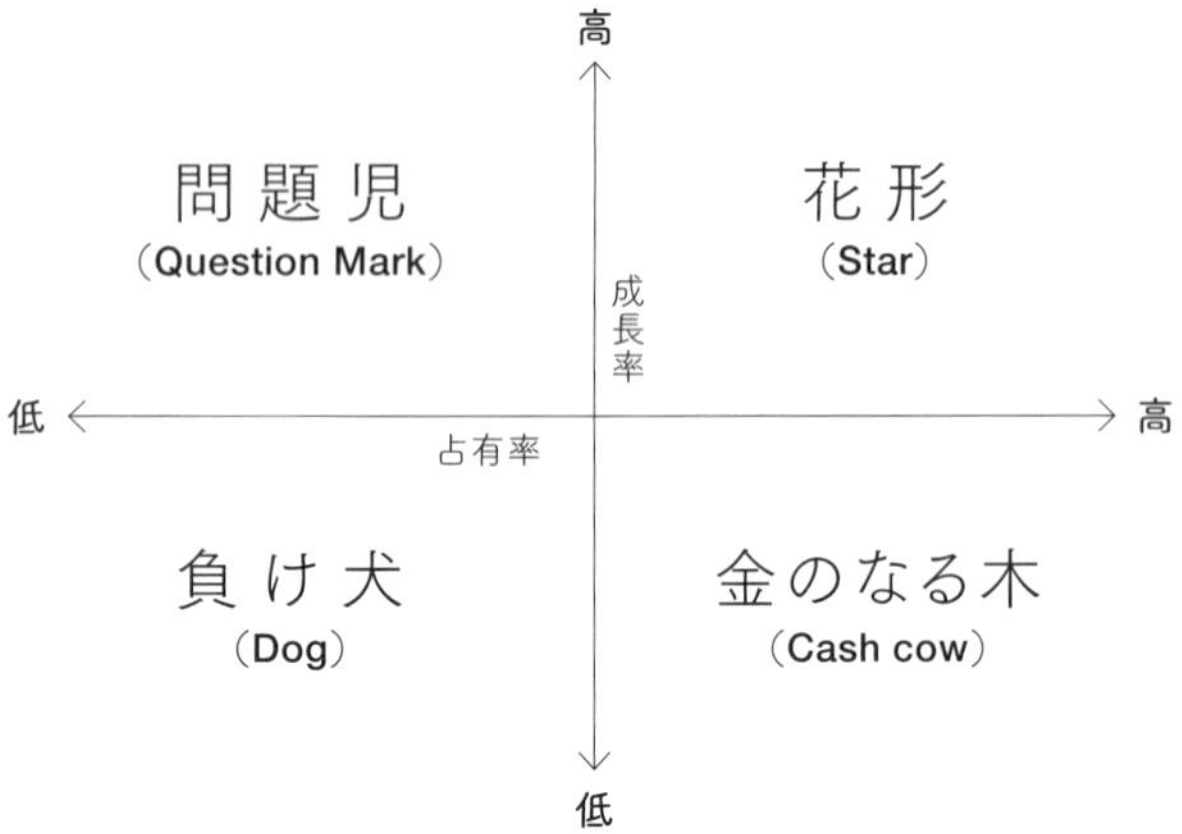

ありません。本当に難しいのは、「負け犬」と仕分けられた事業をどう着地させるかであり、そこに従事する人たちにどう伝え、どう向き合っていくかです。

「理」で考え抜き、「心」を尽くして「運」を待つ

「心」の部分にスポットライトが当たりにくいことは、決断の末に生じるさまざまな出来事が、なかなか表立って語られにくい点に一因があるのでしょう。大きな決断であればあるほど、当然そこには摩擦が生じます。当事者にとっては、必ずしも喧伝したくなる愉快な話ばかりではありません。

また、こうした個別の出来事や事例は一般化・理論化しづらいという事情もあり、知

見の共有がなされにくいのではないかと思います。

お付き合いのある経営者の方々にお話を伺っていると、多くの方が最も深刻に胸を痛めていらっしゃるのは、得てして組織内の軋轢や内輪でのトラブルといった、内部の人間関係に起因する内容であるように感じます。お聞きするエピソードの数々は、イノベーションや事業進捗ではなく、人間ドラマにまつわる苦悩に満ちあふれています。いずれも組織特有の個別具体的な事情ではありますが、そうした問題に対応できるよう「心」をいかに鍛えるかは、リーダーにとって永遠の課題と言えるのではないでしょうか。

さて、「運が5割」と申し上げましたが、人間の営みとは、蓋《ふた》を開けてみればその多くが「運」によって左右されているものです。成功要因の半分以上が運だと思うと、真面目に頑張っている行為があたかも徒労に思えてしまうかもしれませんし、なんともニヒルな発想にも思えることでしょう。しかし、運が成功要因の半分を占めるからこそ、逆に考えてみれば、**人為的にコントロールできる残りの5割こそが大事である**とも感じるのです。

また、運というのはあくまで十分条件であり、必要条件である「理」と「心」を準備できていないところには舞い降りてこないものだとも思います。そう考えると、むしろ着目すべきは、理と心が「1：4」という比率であるという点ではないでしょうか。「人事を尽くして天命を待つ」といいますが、「人事」の部分としては「理」で考え抜いた結果をやり抜く「心」こそが、重要だと思うのです。

当事者として評論家とどう向き合うか

「リーダーシップ」という暑苦しい内容から派生して、リーダーや当事者、実践家とはいわば対極の立ち位置にある「評論家」との向き合い方について、雑感を述べておきます。

「リーダーシップ」云々を持ち出すまでもなく、何らかの表現や活動に携わる実践家と評論家の関係性のあり方というのは、分野を問わず永遠の命題ではないかと思います。

リーダーシップを発揮するうえで重要な素養として、元サッカー日本代表監督・岡田氏の「開き直り」という言葉を援用しました。現実世界においては、異なる意思決定を下したらどのような結果が生じていたのか、現実とパラレルに検証することはかないません。したがって、リーダーは意思決定の結果をすべて背負い、前に進むしかないという趣旨です。

ただこうした発想は、ともすれば独りよがりの態度に陥りかねません。第三者からしてみれば、「開き直り」は現状追認のためのお題目のように映ることもあるでしょう。

この点、野放図な判断を抑制したり、意思決定者に牽制を加えたりするうえで、個々の決断を外部の視点から評価する第三者が意義深い役割を担っていることは言うまでもありません。

特に、より大規模で公益性の高い事案においては、「ジャーナリスト」を自負する人々への期待はより大きなものとなります。健全な批評や言論はある種の公共財として、社会全体で守り育んでいくべきものでしょう。

一方で、批評される当事者の立場に身を置いてみると、時として第三者のあまりにバランス感覚を欠いた物言いが目につくのもまた事実です。実践家に対する批評は、メディアという拡声装置を介して広く伝達されます。そしてそのメディア自体も単に無色透明な伝達手段であるとは限りません。多かれ少なかれ、なんらかの意思を帯びてしまうものです。

たとえば、実業界において良くも悪くも「いじられやすい企業や組織」と聞いて脳裏に浮かぶ対象が、誰しもひとつや2つはあるのではないでしょうか。得てして、個性の強いオーナー社長がいたり、一般消費者向けのビジネスを展開していたりする企業が、格好の標的となるものです。

話題として非常にキャッチーではあるのでしょうが、はたから見て「そんなに叩いて何の意味があるのだろう」と気の毒に思うくらい、悪意のある描写をされている人や企業もあります。また、そうした揚げ足取りに喜々として追従する人々を見るにつけ、なんとも陰鬱な気分になります。

ＩＴ業界に関して見れば、傾向として日本のマーケットでビジネス展開する企業群のなかでも、国外の企業よりとりわけ日本企業に対して、そうした矛先が向かいがちな印象を受けます。

想像するに、日本企業のほうがネタとして読者の興味を喚起しやすいというのが最大の理由なのでしょうが、同時に、国外企業の場合は接触の機会が限られているため、そもそも突くべきアラを特定しづらいといったメディア側の事情もあるのだと思います。

また逆に、イメージが先行して必要以上に持ち上げられていると感じる事例を目にすることもあります。そのたびに、「メディアの沙汰は広告予算次第なのかな」と感じることも、ないではありません。

メディアの「予言の自己実現」

メディアは「予言の自己実現」と不可分の存在です。銀行の取り付け騒ぎを例にすると分かりやすいでしょう。ある銀行が破綻するという根も葉もない噂が広まり、その噂を信じて預金を引き出す人々が殺到すれば、仮に本来は盤石な経営体質の銀行であったとしても本当に破綻しかねません。これが予言の自己実現です。

メディアは現実世界の映し鏡として機能するだけでなく、時としてその発信内容が現実世界そのものに影響を与え得るのです。ビジネスであれば、風評被害の起点となって現実の事業活動を阻害する要因になりかねません。

当人たちが意図せずとも、メディアはある種の暴力性を帯びてしまうことは免れないのです。公共財としての矜持を仮に持つのであるとすれば、いたずらに商業主義に奔《はし》ることなく、扇情的な物言いやポピュリズムに対して一線を引く勇気を持って然るべきでしょう。

実践家たる者、そうした外野の声に対して心の温度を一定に保って挑戦し続けるためには、それなりの心構えというものが必要です。ひと言で言えば、**「実践家か評論家か、生き方が違う」と割り切る**ほかないのでしょう。

勝海舟が語ったように、「行いは俺のもの。批判は他人のもの。俺の知ったことではない」の境地で信念を貫くしかないのだと思います。腹に据えかねる内容や見当違いな指摘であっても、いちいち構ってはいられません。適切な手順や道義的な約束から逸脱しない限りにおいては、「記事を憎んで記者を憎まず」の精神をもって、「ケセラセラ（なるようになる）」と受け流すべきなのだと思います。

時には、自分が下した意思決定の結果、思わしい成果が得られないこともあります。では、果たしてこれが「間違った」意思決定だったのかというと、必ずしもそうとは言えません。

仮に異なるオプションBを選んでいたなら、実際に選んだオプションAよりもさらに悪い結果を招いていたかもしれません。外野から「なぜこんなバカなことをやっているのだ」と面罵《めんば》するのは簡単ですし、事後解釈でいくらでも至らなかった点をあげつらうことはできますが、別の選択が本当に「正しかった」のかどうか、現実世界では検証しようがありません。

正解が存在しない問いに対して答えを見つけていくわけですから、自分が選んだオプションを正解にすべくあらゆる手を講じる姿勢こそ、当事者がとるべき態度でしょう。**「正しい」「間違った」という形容そのものが、当事者にとっては意味をなさない**のです。こうした言葉は評論家の専売特許です。当事者にとっては、ただ下した意思決定があるのみ、です。

「何が起こっても受け入れる」という開き直り

そう考えると、記者会見などでありがちな「何点だったと思いますか？」という自己評価を求める質問は、実践家からすればやや間の抜けた問いにも思えます。実践家は当事者として結果をもって語るものであり、それに点を付けるのは、部外者の人々であるからです。

重大な意思決定を下すことは、強烈なプレッシャーを背負うことと同義でもあります。そのプレッシャーに打ち克つためにも、「自分たちはこうすることに決めたのだ。それに向かって突き進む以上、後に何が起こっても受け入れるしかない」と開き直ることが必要なのだと思うのです。

たとえば自分の決断に対して逆の立場から自分自身で反論しようと思えば、いくらでもその理由を挙げることができるでしょう。物事にはトレードオフが付き物ですから、悪い面を取り沙汰してケチをつけることなど造作もないことです。

しかし、そうした欠点を勘案したとしても、それ以上に得る果実が大きいと信じるからこそ決断を下しているわけです。揚げ足を取ることは簡単ですが、揚げ足取りだけでは先に進むことはできません。どのみち、自分の決断を押し進めれば「独善的」と面罵され、批判に応じて意見を修正すれば「ブレている」と揶揄されるのですから。もう、そんなものと割り切るしかないのでしょう。

リーダーたらんとする人であれば、野党的な態度で単にNOを唱えるのではなく、**政権運営者としての自覚を持ったうえで、自分なら何をするのかを主張し、与党として振る舞**

うことが重要なのだと思います。

チャールズ・チャップリンは、「人生はクローズアップで見れば悲劇だが、ロングショットで見れば喜劇である」と述べています。時として、当人にとっては心中穏やかならざる中傷に直面することもあるでしょう。熱意を持って取り組んでいればいるほど、誰がいつ何を言ったのか、事細かに覚えているものです。一方で周りの人たちは、当人が思っているほどには自分のことなど気にもしていません。時が経過すれば忘れるということは、人間の美点でもあります。

またチャップリンは、「心の底から笑うためには、自身の痛みを取り出し、その痛みで遊べるようにならなければならない」とも述べています。どんな事態が起こっても、「話のネタが増える」とでも思って、慌てず、騒がず、取り乱さず、平然としているタフさを身につけたいものです。

そのためには、なるべく自分を客観視することが必要なのだと思います。人によってその方法は、日常生活の人格とは離れた「職業人格」をつくり上げて演じることなのかもしれませんし、体を動かすことや、座禅を組むことなのかもしれません。何か、日々の延長をリセットするための術を見つけることが理想でしょう。

自分自身に何も期待しない

「リーダーシップを発揮する」ということは、それなりに不自然な行動です。心の平穏を保って冷静に事に臨むためには、各人各様の工夫が必要なのだと思います。それがどうしても難しいのであれば、外部からの情報を物理的に遮断することです。

厄介なのは、自意識が肥大化した揚げ句に、己のセルフイメージに押し潰されてしまうことです。自分が向き合っている仕事そのものよりも、周囲の評価や個人のレピュテーション（評価）をより気にかけてしまう人も少なくありません。まるで本末転倒の状況ですが、承認欲求が強すぎるがために、いたずらに己の才覚や精神を磨り減らしてしまったように見受けられる人もいます。

この点で、**自分自身に対する「期待値コントロール」**もまた、実践家にとっては大切なことなのだと思います。いつでも最悪の状況を想定し、自分の期待値を低く保つことができれば、大抵のことが起きても想像の範囲内に納まるので、取り立てて心を乱されることもありません。

他人と自分を比較せず、多少うまくいっても浮かれて勘違いをせず、また悪いときも気落ちせず、「失意泰然、得意淡然」で、その時々になすべきことに淡々と取り組む。そうした心持ちを保つことです。

主にマスメディアを想起しつつ筆を進めてきましたが、こと「評論家」というスタンスに立ち戻って考えてみると、これは何も発信力のある個人やマスメディアに限った話ではありません。各個人が内に秘める評論家気質もまた、当事者の挑戦を妨げる「評論家」です。

ソーシャルメディアの普及もあり、「一億総評論家」がますます定着した今日、「実践家か評論家か」という生き方の区分そのものも随分と曖昧になり、また流動的になったのではないでしょうか。当事者としてなんらかの使命に取り組む実践家も、時と状況によっては評論家になり得るのですから。

個人にとって、第三者然として実践家を揶揄し続ければ、溜飲も下がることでしょうし、あたかも自分が上位に立ったかのような陶酔感を愉しむこともできるでしょう。プロスポーツを観戦していて、「下手くそなプレーだな」と吐き捨てた経験は、誰にでもあると思います。

缶ビール片手にスポーツ選手のミスを腐す程度であれば罪もありません。ですが、こうした評論家メンタリティが日々の言動に染みついてしまうのは、なんとも恐ろしいことに思えます。

実践家を批判する3つのパターン

かつて小泉政権で経済財政政策担当大臣を担われた竹中平蔵氏は、現任時、批判のパターンは次の3つに分類できることに気づかれたそうです。

- 主張に対して、とにかく反対のことを言う
- 誰も否定しようのない「永遠の真理」(「もっと戦略的に考えないとダメだ」、「もっと目線を低くして考えないとダメだ」といった類いの正論)を言う
- 相手にラベル貼り(「あいつはXX主義者だ」)をする

3つともに「対案がない」という点で共通しています。

実践家たる者は徹底して結果に責任を持つ「与党」としての矜持を貫かねばなりません。ソクラテスは「大衆が何を言うかよりも、真理そのものが何を言うかのほうが重要だ」と述べた末に毒杯をあおいだそうですが、これは2400年以上経った現在でも色あせない箴言《しんげん》でしょう。

多少なりとも「与党」の矜持を持って事に臨んだと自負する人間としては、これからも

実践家でありたい、また実践家に寄り添う人間でありたいと思いますし、どれだけ傲岸不遜《ごうがんふそん》に響こうとも、ソクラテスが言う「義《ただ》しい事柄と義に反する事柄についてよく理解している人」を、せめて目指してみたいと思うのです。

そうは言っても、日々の出来事をつらつらと眺めていると、時に脊髄反射的に批判してしまうこともあります。そういうときは大抵、後になって猛烈に自己嫌悪に陥ります。空調の効いた部屋から「天晴れだ！」「喝だ！」と放言することに、なんとも納まりの悪い思いをするものです。

少なくとも情報を得るにあたっては、**表面化しない背景があることや、書きぶりひとつでいかようにでも本旨が歪《ゆが》められ得ることに、思いをはせる想像力と節度を持ちたい**ものです。同時に、自分自身が持つ評論家気質やその罪深さに対して、せめて自覚的でありたいと思う次第です。

コラム1

岡田武史さんに聞く リーダーシップになぜ「開き直り」が必要か

リーダーシップに対する考え方についてさまざまな人の話を聞いたり本を読んできましたが、今まで一番感銘を受けたのが岡田武史さんの話でした。言うまでもなく、日本のサッカー界を代表する指導者であり、尋常でないプレッシャーを受けるなかで常に実績を残してこられた方です。

日本代表監督としては、1997年に史上初のワールドカップ（W杯）本戦出場を実現したほか、2010年にはW杯南アフリカ大会でベスト16に導かれました。さらに、コンサドーレ札幌監督としてJ2で優勝してJ1に昇格させたほか、横浜F・マリノスの監督を務めた4年間にJ1で2回の優勝を飾られました。2014年11月か

らは新たな挑戦として、四国サッカーリーグ「FC今治」のオーナーとして街を巻き込んだ理想のチームづくりと、世界で勝てる「型」を意識したプレイモデルとそのトレーニングメソッドである「岡田メソッド」構築に取り組んでいらっしゃいます。
今回は本書のために、リーダーに必要な矜持について、サッカーチームの監督と経営者という両面からお話を伺ってきました。

トップの仕事は、ひとつだけなんですよね。決断する、ということ。

ただし難しいのは、答えが分からないことを決めていかなきゃいけない点です。答えがあるなら、それは「判断」だから決断よりはずっと楽です。

たとえば「Aという戦術とBという戦術、どちらを使うべきか?」「Xという選手とYという選手、どちらを使うか?」とか、どちらなら勝てるのか、メチャクチャ考えるわけです。考えて考え抜くけど、それだけなら外部から評論しているマスコミと同じだし、論理的にどれだけ考えても答えは出ない。

Aなら勝率40%、Bなら50%とか、相手のディフェンスは背が高いからXよりYでいこうなんて分析しても、結局のところ結果は分からないから自分で決断するほかない。交代した選手が点を取ったりすると、試合後のインタビューで「ずばり采配ですね」なんて言われたりするけど、替えなかったらもっと点をとれたかもしれない。結果なんて事前に誰も分からないわけです。そういうときは、良かったとも失敗だったとも思わないし、俺が思った通りにやるしかありません。コーチを集めて「お前はどう思う?」と聞いたり、多数決をとって3対2だからこっち、と決めるわけにいかないんだから。

よく企業において社長と副社長が負う責任の差は、副社長と一般社員のそれより大きいと言われるけど、サッカーの監督もまさにたったひとりで全責任を負って決断しなければなりません。たとえ全員が反対しても、自分の信念に従って決断する。それを、ワールドカップ出場がかかった試合や、優勝が決まるかどうかという試合でやるのだからメチャクチャ怖いですよ。

じゃあ、どうやって決めるかといえば、最後は「直感」です。「相手のディフェンスは背が高いから、フォワードはXよりYのほうがいい」なんて理屈で考えていてはダメで、「今回はXだ」という直感を信じる。

ただ、その直感も、「Xにしたら、Yがふて腐れるんじゃないか」「マスコミに叩かれるかもしれない」なんて余計なことを考えていたら当たらない。だから、〝どういう状態で自分が決断するか〟が一番大事です。スッと自分が無心に近い状態になって、チームが勝つにはどうすればいいかと考えてポッと浮かぶ。こういうときの直感は今まで99％ぐらいの確率で当たっています。ユングの集合的無意識じゃないけど、本当は自分も答えを知っているのに雑念で遮断されているというイメージです。

当たらなかったのは唯一かな、２０１０年ワールドカップ（W杯）のPKで負けたパラグアイ戦です。試合前に無心に近い状態だったので、絶対に勝つと思っていたけど勝てなかった。

ただ、簡単には無心になれない。だからこそ修行僧も雑念を払うためにすごい厳しい苦行をしているのだろうけど、昨日も飲み屋で坊さんが一杯やって一服してたように（笑）、やっぱり人間そう簡単に無心にはなれないです。

どん底でのたうち回った後に訪れる「無心」と「覚悟」

手っ取り早く無心になるには、一度どん底を経験することです。切羽詰まった決断を迫られたときこそ、すっと無心の状態に入れるようになる。経営者でも「倒産や投獄、闘病や戦争を経験した人は強い」というじゃないですか。迫力が違うよね。

生物学者の村上和雄先生は、これを「遺伝子にスイッチが入る」と表現されていました。何かというと、われわれは氷河期の飢餓状態を乗り越えてきた強い遺伝子をご先祖から受け継いでいるものの、現代のように便利で快適で安全な社会で暮らしていると普段はその強さが出てこないのに、危機感を感じたときだけ遺伝子にスイッチが入ったように生来の強さを発揮できる、ということらしいんです。

自分の場合、1997年のW杯フランス大会予選のときに〝スイッチ〟が入りました。日本が初めてワールドカップに出られるかもしれないというので、今以上に日本中で大騒動だった頃です。僕はそれまでコーチ経験しかなく、周りも「オカちゃん、オカちゃん」と親しんでくれていたなかで突然、41歳のとき監督に据えられてチームを引っ張っていかなきゃいけなくなった。経験も風格もないけど、自分のサッカー理論にだけはちょっと自信があったから、チームのみんなに、「俺は今の自分にやれることをやる。嫌なら出て行ってくれ」といってスタートしました。

監督に就任以降、国立競技場では椅子などを投げつけられたこともあります。警備をしていた警察の人から「危険なので裏から逃げてください」と言われて、「なんで俺が逃げなきゃいけないんだ」と悔しい思いをしながらパトカーに押し込まれて裏口から逃げたりね。急に有名になったので、電話帳に名前や住所が出たままになっていて、

脅迫状や脅迫電話は止まらないし、家にも変な人が来るしで、家の前には24時間パトカーが止まって子どもの登下校も送り迎えが必要なほどでした。自分自身もプレッシャーに強いほうじゃなかったから、のたうち回っていましたよ、家のなかでは。テレビで僕がボロカスに言われているのを見て物心ついていた長男は泣いていたし、家族にも大変な思いをさせましたよね。

最終決戦が行われるマレーシアのジョホールバルからは家内に電話をして「もしイランに勝てなかったら、俺たちは日本に住めないと思う」と言いました。冗談じゃなくて本気でそう思っていたんです。「2年ぐらい海外に住むことになると思うから覚悟していてくれ」と。

ところがその電話をした後、部屋に戻って試合のビデオをまた見始めたところで、何かがポーンと吹っ切れたんです。ビデオも一日中見ている状態だったから、もうここまでやったらいいや、と。明日は命がけでやる。今持っているすべての力を出し切る。でもそれでダメだったら、もうしょうがないやん。俺の力がないということだから諦めよう。ごめん、と謝る。でも、俺のせいちゃうな。あいつだ、俺をわざわざ監督に据えた（日本サッカー協会の）会長のせいやな。そう思った瞬間に、怖いものがなくなった。完全に開き直って（笑）。そうしたら、怖いものは何もなくなった。

何か言われても「悪いなあ、一生懸命やってんだけど、これ以上できないんだ。もう後は、あの人（会長）に言って」と、完全に開き直ってしまった。本当にスイッチが入った感じだった。人間、本当に苦しいときは、逃げたり諦めたりせず歯を食いしばっていると、遺伝子にスイッチが入るんだと思います。

ジョホールバルから戻った後、たまたま目に入った標語の書かれたカレンダーに「途中にいるから中途半端、底まで落ちたら地に足がつく」と書いてあった。本当にその通りですよ。苦しくて、もうどうしようもない。手がでない。それがドン底までいくと、足がつきます。無心にはなかなかなれないけど、そういうドン底のところで苦しみながらも耐えていると、スイッチが入ります。

2回目のW杯のときも〝スイッチ〟を経験しました。前日本代表監督イビチャ・オシムさんが倒れられて急遽引き受けたわけですが、最初の仕事が南アフリカW杯アジア地区3次予選でした。Jリーグのシーズン明けで、そんなに準備もできていなかった。フランスW杯予選で、難しさや怖さも知っていたはずなのに、時間が忘れさせていたんでしょう。なんとかなるだろうと今までの流れ通りでいこうとしたら、最初のタイ戦には勝てたものの、2試合目のアウェーのバーレーン戦で後半32分の終了間際にポロッと入れられて0対1で負けた。最後のオマーン戦を残してはいたものの「もうW杯には行けないかも知れない」と大騒動になって、自分自身も相当苦しみました。のたうち回るほど苦しみましたが、「よくよく考えたら、自分が腹をくくっていなかったから当たり前だ。W杯予選が大変だと知っているのに、なんて俺は甘いんだ。もう自分のやり方でやるしかない。誰がどう言おうが、今の俺にできること以外できねえんだから、俺のやり方でやるしかねえ」と開き直った。

もうそこまで開き直った無心の状態というのは、人にどう思われてもいいや、というだけではなくて、最後は「覚悟」ですよね。覚悟がストンと腹に落ちたら怖いものはなくなります。そういう無心の状態で決断すると、だいたい当たる。

僕はややこしい選手を扱うのも得意だというので、よくJリーグの若い監督からも相談を受けますが、これも覚悟の問題だと思うんですよ。「○○がディフェンスしないんですよ」と言うから「じゃあメンバー外せよ」「いや、外したらふて腐れるんです」「お前に覚悟がないから、そうなるんだ」と、いつもそんなやりとりをしています。

選手にも真剣勝負じゃないとね。日本代表クラスになると、みなしっかりしているから「僕はこう考えていて、こういう風にやりたい」「私生活でも、この面は自由にしたい」など監督に対していろいろ言ってくるんですね。もちろん、相手の話は聞きます。正しいと思ったら受け入れる。でも納得できない要望や文句だった場合は、「俺は監督として全責任を負う立場としてこう思う。お前には能力があると思うから、ここに呼んでいる。お前がその役目を果たしてくれたらすごく嬉しい」と説明したうえで最後は、「それでもやっていられないと思うなら仕方ない。残念だけど諦めるから出て行ってくれ。怒りもしないし、お前が選べ」と伝えます。もちろん最初から突き放さないでいろいろ話はしますよ。でも、こちらに腹づもりがあると相手にも伝わるんです。

リーダーというのは、そうやって無心になるための覚悟を持つことが大切なんだと思います。そういうときに、選手の肩を抱いて「お前、頼むからやってくれ」「お前がやってくれたら」なんてやっていたらチームはうまくいきません。まして、日本代表チームとなれば御山の大将が集まっていますから、それじゃあまとまりません。

「いい人」だと思われたいけどこの仕事では諦めるほかない

正直、選手にメンバーから外れるよう伝えるなんて、避けたいですよ。人の人生を変えるというのは、ものすごいストレスです。

随分前のことですが、スタジアムに試合を見に行ったときに、じーっと僕のことを睨んでいる女性がいたんです。「身に覚えがないなあ」と思って周りに聞いてみたら、僕がメンバーから外した選手の奥さんだった。それはそうなるんですよ、当たり前です。それが嫌だったら日本代表監督なんてできないのですが、そういういろんな雑念を振り払ってチームが勝つために決断できるかが大事です。

逆に、「俺がこう思われたいから」「俺がこうなりたいから」という理由で選手を外したとしますよね。これは一生恨みを買います。後悔とか負い目を持ちながら決めると、背負ったものがずっと残るんじゃないでしょうか。

そりゃあ落とされたときは、みんな頭にきます。僕の顔なんて見たくもないはずです。でも、本当に私心なく決めたことは、「いつかは伝わる」と僕は信じている。そう信じないとできない、ということもありますけど。外国人なら自分の国に帰ってしまえばいいですが、僕は一生この日本のサッカー界にいるわけですから、奴らとまたどこで出会うか分からない。

日本代表からカズ（三浦知良選手・横浜FC所属）を外したときも、あいつのことは好きだし尊敬しているけれど、私利私欲でなくチームが勝つために決めたことだから、いつかは分かってくれると信じていた。だから、悪いことをしたと思ったことはないです。そう言い切れる。でも6～7年後に国立競技場に子供を連れてきて、「岡田さん、サインしてやってくれない?」って言いに来てくれたときは、やっぱりすっごい嬉しかった。それからずっとメチャクチャ仲も良いです。負い目を持ちながら決めたことなら、こういう関係にはなれなかったと思うんだよね。

そうはいっても自分の弱さは知っているから、僕は選手の仲人は絶対にしないし、今同じチームに所属している選手とは飲みません。パーティーに出ても、選手がいるところで僕は絶対に酒を飲まない。

だって、ワイワイ一緒に過ごした仲間に、翌日「はいクビ」って僕は言えない。仲人を引き受けて、相手の奥さんやご両親を知っていながら、「はい、君アウト」とはとても言えません。

僕も人間ですから、みんなから「いい人」だと思われたいし、好かれたい。でも、この仕事はそれができないんです。なぜなら、選手にとっての〝いい人〟〝いい監督〟は、自分を使ってくれる監督でしょう。僕が使えるのは11人しかいないのだから、諦めるほかない。

コンサドーレ札幌を辞めたのも、それが理由でした。J1に上がって戦術なりメンバーなり変えなきゃいけない時期だったのに、同じ釜の飯を食いながら苦労したこともあって、自分の決断が少しずつ遅れているのが分かったんです。あ、これはまずいな、と思った。俺はやっぱり浪花節で弱いところがあるから、情に流され始めたと思ったら辞める。自分でそういう足かせをはめて律するようにしてます。短期決戦で勝負を賭けるときに決断が鈍ったら、やっぱり勝てないもんね。

そこは最近、ＦＣ今治で経営に携わるようになって長い目で社員をみるというのとは違う点ですよね。決断するために腹はくくっているけれど、突き放すのは最後の最後の最後になりました。

サッカーと経営で共通して必要なのはリーダーが夢やビジョンを持っていること

経営を始めてみると、サッカーではプロにしろ日本代表にしろ短いスパンで結果が出ていたんだなと改めて思います。前提も随分違っていて、やろうと思えばサッカーは選手を入れ替えたり自分も辞めたくなったら辞められるけど、経営では従業員を簡単にクビにはできないし自分もやーめた！　と放り出せない。リーダーシップという面でも、サッカーは短期的に勝負をかけるときのものであって、経営はその連続なんだという印象です。

一方で、サッカーの指導者と経営に共通して必要なのは、リーダーとして夢やビジョンを持っていることです。田坂広志さんにもよく言われましたが、自分が有名になりたいとか金持ちになりたいからではなくて、私利私欲のない志の高い山に必死になって登る姿を見せることが大事だと思います。人というのは聖人君子についていくるわけじゃない。必死な人の後ろ姿を見て、この人についていこうと思うわけでしょう。

今でも、自分が目下どういう山に登っているのかと常に考えます。代表監督のときも考えたけれど、あのときは自分の選手、スタッフ、その家族、俺の家族をなんとか喜ばせて笑顔にしてやりたい、という思いだけだった。俺はどうしても、日本中のサポーターを笑顔にしてやりたい、という山には登れなかった。だってスタンドに行ったら、「オカちゃん、辞めろ!」ってヤジを飛ばされるから、うっせえな、この野郎と(笑)。俺がもっと大きな山に登ろうという度量があれば、もうちょっと勝てたと思う。これ、やっぱり器なんだと思ったな。

今取り組んでいるFC今治でも私心はまったくなくて、うちの選手、スタッフ、その家族、そして今治の支援をしてくれている人たちみんなを絶対笑顔にして喜ばせたい。ただそれだけの思いでやっている。自分が儲けようと思ったら、できないよ、どんどんお金がなくなっていくばっかりで(笑)。夜中に資金繰りのことが夢に出てきて目が覚めたり。まあ代表監督も、こんな割の合わない仕事はないなと思ったけどね。報酬だって外人の監督は沢山もらえるのに、日本人の監督だとそう多くはもらえないし、絶対に割に合わないと思った(笑)。

運は誰にでもどこにでも流れているが細部の小さな差でつかみ損ねる

経営をするまでは、経営に関する本なんて似たようなことがどれも書いてあるのにみんな読むのかなと思っていたけど、自分が経営者になったら読みますね。何かひとつでも発見や拠り所がないかと思って読んでしまうよな。やっぱり自分が不安を感じてるからだと思う。どこかの経済誌で、最後は占いや宗教を頼りに決断する経営者の話が出ていて、俺にはそれで決める勇気はないけど（笑）、やっぱりみんな不安なんだと思ったね。

宗教や運命論は別として、勝負の神様は細部に宿る、とは信じています。

試合後の新聞や雑誌は、大上段に構えた戦術論やシステム論を説くんですよ。でもね、実は勝負を分けている9割ぐらいは小さなことです。たった1回、俺ぐらいは大丈夫と気を抜いたプレーをしたせいで負けている。2010年のW杯に行く前に、過去の試合のピンチとチャンスのシーンを全部編集して、選手にも見せたんですよ。「おい、ジーコの戦術やシステムに問題あるか？　ここはスライディングしてたらやられてないじゃん。ここはボケッとせずに走ってたら点になってたじゃん」と。結局、そういう小さいことで差がつくんです。

だから、練習中のダッシュでも1メートル手前で力を抜くと怒ります。その1メートルを走りきっても体力がつくわけではありません。運をつかみ損ねるのが嫌なのです。

運というのは、誰にでもどこにでも流れているんだと思ってるんです。それをつかむか、つかみ損ねるかの違いでしょ。だったら、俺はつかみ損ねるのは嫌だ。運を全部つかんだとしても勝てるかどうかは分からないけど、運をつかみ損ねておいて勝とうなんて甘いと思いませんか。結局、自分自身が運をつかみ損ねないように徹底して準備した、と思えることが結構大事なんです。

朝倉さんがこの本のなかで、成功の要素を因数分解すると「理」「心」「運」が「1：4：5」ぐらいじゃないかと書いていたけど、理が1で心が4という点には、すごい共感します。つい先日も、FC今治ですごく面白い施策のアイデアをみんなが出してくれて、どんどん実施していこうと決まったのだけど、直前になって報告に来て「やっぱり間に合わなかったので2カ月後ろ倒しにしました」と簡単に言う。ちょっと待ってくれみんな、やると言ったらやらなきゃいけないんだ、と強引にやらせました。

2015年のホーム開幕戦でお客さんを2000人呼ぼうというプロジェクトをやったときも、自分たちにできるメニューを並べて「こんな告知をやってます」と報告されたから「俺、それじゃダメな気がする。お客さんの立場で考えたら熱が伝わってこない」と率直に言いました。その後、2000人入れたいという熱をお客さんに伝えるにはどうすればいい？　とみなで議論して、選手も一緒になって街でビラを配ったり、俺は車にポスター貼って走ったりして（笑）。でも、結果は2000人に届かなかった。よく頑張ったのは事実です。でも頑張っても結果が出なかったらダメなんだ、問題があるんだ、と思ってほしい。

そんな僕の経営に対する危機感が、どうすれば社員みんなに伝わるのかというのが今の課題ですね。怒鳴るだけじゃ伝わらないし。どうしたらいいか考えて、今は少しずつ任せることにしました。任せるとみんな必死になるよね。うちの社員は俺の夢に共感して、条件のいい会社を辞めてまで来てくれているから、すごく主体的だし、自分でも恵まれた環境で戦っているなと思うのだけど、それでもコミュニケーションは難しい。利益を上げることが一番じゃなく、みんなが幸せになることが目標である一方、利益が上がらないと職場もなくなるんだ、という点をどう伝えていくか。でも、そうやって人間を扱うから、経営は面白いのかもしれない。

2000人プロジェクトは、また必死で考えて、今年の開幕ゲームで再チャレンジしたら史上最高の2300人入ったんだよ。その日はピッチを最高のムードで盛り上げて、トップチームも最高の試合をして一番のライバルに勝ってくれた。そのときのみんなの笑顔が本当にうれしいよね。撤収後に全員集合するよう伝えたら、来場者数を達成した以外にはいろいろ問題点もあったから、みんなまた怒られると思ったらしいんだけど、小遣いとして金一封を配ったの。そりゃ少ないよ、俺、金持ちじゃないから。でも、みんなすごい喜んでくれて、そういう笑顔をみる瞬間が最高の楽しみだね。

勝つサッカーか、自分たちのサッカーか。どちらかだけならメチャクチャ簡単

サッカーの監督は、まず目の前の試合に勝つことを求められますよね。経営と違うのは、そのクラブチームの中長期的な強化を考えなくてよかったことです。もし短期決戦と中長期の強化策を両方考えようと思うと、たとえば選手の起用・教育ひとつとっても施策が矛盾したりトレードオフが起こったかもしれない。

監督の権限というのは国によっても随分違っていて、たとえばイギリスの監督はチームマネジャーと呼ばれて全権が与えられます。ある程度長いスパンでクラブをどうしていくか、戦力補強のお金の使い方なども含めて監督に一任されるんです。ところが日本の監督というのはあくまでヘッドコーチであって、中長期の発展については任されていないから、将来に向けてアドバイスや意見は言うけれど、そこに責任を持って取り組んだことはないですね。イギリスのように全権を託されれば、なんらかのトレードオフはあるのかもしれません。

今のＦＣ今治ではオーナーとして経営全般を見ながら、今年からはＣＭＯ（チー

フ・メソッド・オフィサー）としてトップチームのベンチに入って吉武博文監督とともに指導もしているので、中長期の施策と、短期の勝負をそれぞれ別個に見ている感じです。トップチームは今年、是が非でもＪＦＬ昇格を必達目標として、選手もかなり入れ替えて集中して取り組んでいます。オーナーとしては、攻撃的ポゼッションサッカーのプレーモデルを整理してトレーニングメソッドまで開発している「岡田メソッド」の仕上げや、野外体験などのアースランド事業、海外グローバル事業などまで手を広げてしまったから、それらの経営を全部みつつ、街全体を盛り上げる今治モデルというシステムをつくり上げているところです。

また、サッカー協会の副会長にもなりましたが、経営の経験から、サッカーをする人がいてこそサッカー協会があることを実感しています。たとえば協会への登録ひとつとっても、従来通り面倒な申請書を出してもらう、協会にとって楽な方法ではなく、お客様目線でより簡便な方法を提示するなど、変革していきたいと考えています。

じゃあ少し視点を変えて、目の前の試合に勝つというミッションと同時に、自分個人のもっといい指導者になりたいという欲のどちらを追うべきかといえば、基本的には、両方追わなきゃいけないと思っています。

以前、ダライ・ラマ14世にお会いしたときに「お坊さんには怒りや憎しみがないのですか」と嫌味なことを聞いたら、「私も人間ですから、怒りや憎しみはあります。でも、それをコントロールできないといけない」とおっしゃった。そのときに、あ、素晴らしい人間と怒りや憎しみのある人間というのは対極じゃないんだなと気づきました。だから、僕らも理想の指導者になりたいと常に思っているけれど、やっぱり目の前の勝負には勝たなきゃいけない。

別のたとえ話をすると……地球の両極がカチンコチンに凍ったり赤道が暑くなりすぎないように、大海流が地球の気温を循環させているといいますよね。大海流に乗るのはものすごく大事なことで、これを自分の理想の指導者になる道だとする。でも、海の上で嵐に遭うこともあるわけでしょう。大海流に乗って大海原に出たら、嵐が来て帆をたたんで凌がなきゃいけないときもある。両方やらなきゃいけない、と思うんだ。俺は大海流に乗るんだと沈んでしまっては意味がないから。

それこそ、「勝つサッカーか、自分たちのサッカーか」なんてよくいうけど、どちらかだけでいいなら、メチャクチャ簡単です。勝つだけでいいなら相手をつぶしにかかる方策はいろいろある。ただし、そんなことは長続きしない。逆に、自分たちのサッカーができれば負けたっていいというなら、それはもっと簡単です（笑）。結局、両方追わなきゃいけないから大変なんですよ。

明確な目標を定めることは思っているより10倍は大事

「このチームはこういうチームなんだ」というフィロソフィを、僕はどのチームの監督をやるときもつくっていました。

経営もスポーツも同じで、明確な目標というのは本当に大事です。多くの人がいろんな成功の書とか読んで「目標設定が大事」ということは知っているでしょうが、おそらく普通にみなさんがそう思っているより10倍は大事ですよね。目標はすべてを変えます。

一番上の目標を替えると、オセロのようにすべてが変わります。たとえば、W杯でベスト４入りという目標を掲げたとします。すると、細かいことを言わなくても「そのパスフィードでベスト４に行けるの？」「毎晩酒を食らってて、ベスト４に行けると思うか」「いつも体のどこかが痛いと言ってるけど、それでベスト４に行けるか？」と言うだけでいい。本気でチャレンジするというのは、生半可なことではありません。やることをやらなきゃならないし、そのためには犠牲が必要です。

経営の場合は、ミッションやフィロソフィーなど会社が目指す姿がある一方で、存続しないと意味がないので利益を上げなければいけない。この両輪を回していくのが難しい。たとえば、いろいろな儲け話が舞い込んでくるけれども、うちは金融商品などには絶対に手を出さない。利益を上げるには手っ取り早いかもしれないけれど、それはうちの企業理念やミッションにそぐわないからやらない、とすぐに答えが出ます。

企業理念

次世代のため、物の豊かさより心の豊かさを大切にする社会創りに貢献する。

ミッションステートメント

① より多くの人達に夢と勇気と希望、そして感動と笑顔をもたらし続けます。
② 国内だけでなく海外からも人が集まり活気ある街づくりに貢献します。
③ 世界のスポーツ仲間との草の根の交流を進め、世界平和に貢献します。
④ 全ての事業活動において地球環境に配慮します。

ミッションステートメントの下にさらに、どういう会社でありたいという「プロミス」（非公表）をみなで意見を出し合ってつくり、社員全員に会社に対する約束としてサインしてもらったんですね。何か困ったときは、これをもう一遍読んでから判断してくれ、と。最初はみんな、「すごい、素晴らしいです」なんて言っているのだけど、だんだん忘れていく。ただし、何か起こったときに、どうするべきかと考える拠り所になるから、ミッションステートメントやプロミスというのはすごく大事なんだと、経営を始めて1年ちょっとですが改めて思いました。

サッカーのクラブには、より現場に近い感覚のフィロソフィー（哲学）を掲げています。これは、日本代表チームで掲げていた内容をほぼ踏襲していて、それぞれ少し説明しておきます。

①　**Enjoy**：サッカーを始めた時の喜びやゴールした時の感動を絶対に忘れてはいけない。日本代表選手ぐらいのレベルになると、子供の頃から「俺にボールよこせ」と言っていた御山の大将が多いのですが、大人になると「今、ちょっとボールいらない」となってきます。ミスをしそうだからと守りに入るためです。でも、そんな姿勢でいてうまくなった選手は見たことがありません。ミスや相手を恐れず生き生きとプレーして欲しい。究極は監督の指示通りプレーするのでなく、自分の責任でリスクを冒すことだと言っています。

②　**Our team**：「これは誰のチームでもない。自分たち一人ひとりのチームなんだ」という点を強調したくて入れました。会社だって、倒産しそうなときに「僕は経理ですから（関係ない）」と言ってる社員はダメでしょう。「キャプテンが何とかしてくれる」「監督が何とかしてくれる」ではなく、自分が何とかするんだ、この

チームを！と思えるようにならないといけない。「教えてくれない」「育ててくれない」という人がいますが、人を育てるなんて簡単じゃない。本人が本気で変わろうとしない限り無理です。

③ **Do your best**：読んで字のごとく、チームが勝つためにベストを尽くせ、という意味です。勝つことにこだわれ。勝つために全力を尽くせば負けてもいいと言っています。

④ **Concentration**：今できることに集中しろ、という意味です。勝負の鉄則として「無駄な考えや行動を省く」といわれます。考えても仕方がないことを考えてもしょうがない。負けたらどうしよう、なんて、負けてから考えればいいんです。ミスしたらどうしよう。そんなこと、ミスしてから考えたらいい。できることは足下にある。今できること以外にない。それをやらないと目標なんて達成できません。選手ができることといえば、日ごろのコンディション管理、集中した素晴らしい練習をすること、試合でベストを尽くすこと。

⑤ **Improve**：今を守ろうとせずに常にチャレンジしてもらいたい、という願いです。チャレンジしていくと、必ずそこにカベが現れます。甘い誘いもくる。でも、遺伝子にスイッチを入れるためにも絶対に諦めてはダメ。カベは邪魔するためじゃなく、本気さを試しに出てきている。本気なら必ずそのカベを乗り越えられる、と選手には言っています。スランプに陥ると「以前できたことができない」と言

います。何のためにスランプになっているのか？　ジャンプする前にしゃがむように、より高いところに行くためにスランプになっている。その時こそ前向きに自分が目指す高みを見ろと言います。

⑥ **Communication**：互いを知るということ。選手とは飲まないといいましたが、互いを知り合うこと、気に懸けていると伝えることは大切です。たとえば選手がストレッチをしているときに「おい、お前のこないだのシュートすごかったな」とポッと言ってやる。すると、選手の顔がパッと明るくなります。チームに男が30人もいれば、みんな仲良しなんてあり得ません。「あいつとはソリが合わない」「どうも好かん」となるでしょう。でも、「どうも馬が合わんけど、あいつにパス出したら絶対決める」とか「どうも好かんけど、あいつに守らせたら絶対止める」、そんなふうにお互いを認め合うのがチームワークです。それで仲良しなら、もちろんもっといいです。認め合うには、自分を認めてもらう努力も必要です。一番の基本はあいさつだと思っているので、これは大事にしています。

多くの人に会って話を聞き人間力を高めることが指導力につながる

サッカーの指導者として10年ほど前に「自分の限界を破りたい」と思ってメチャクチャ勉強したことがありました。サッカーそのものというより、指導法や人間としての勉強として、いろいろな経営者のセミナーに出たり、会いに行って教えを請うたり。脳や心理学のほか、怪しいことも含めて（笑）いろいろなことを勉強しました。空手や古武術、気功とか、さっきの占いじゃないけど占星術まで。

当時から、僕は興味を持つと相手が誰だろうがともかく「教えて」と言えるんです。フットワークはかなり軽い。相手が年下の監督で恐縮していても、俺は全然変なプライドはないから話を聞きたい。サッカー関連かどうかも問いません。それが具体的にサッカーや今の経営の役に立っているのかと問われると、実際に何かの成果につながったというのは少ないと思うけど（笑）。

具体的に役に立った例としては、体幹を鍛える大切さに気づいた点かな。日本代表監督のときに、複数の人に聞いたいろいろな話が自分のなかであるとき線になってつながって、「日本人が世界で勝っていくには骨盤を締めるインナーマッスルを鍛えるべきだ」と思いついた。調べていくと、アメリカのアリゾナにアスリートパフォーマンスの向上について詳しい機関があって、すぐにコーチを派遣して契約し、代表チームで体幹トレーニングを始めたんです。その後ブームになって、長友（佑都選手・セリエA・インテルナツィオナーレ・ミラノ所属）が本まで出しちゃって（笑）。

このほかだと、具体的にこの話がここの役に立ったという事例はほとんどないですね。ただ、やっぱり人間力が指導力に直結すると思うから、そういう面では多くの人に会って話を聞くことが役に立っています。

座右の銘を聞かれれば、〝人間万事塞翁が馬〟ですね。

御存知でしょうが、中国の塞という所におじいさんがいて、馬を飼っていたんですね。馬は非常に貴重なものでしたが、逃げてしまった。周りの人が「大変な災いでしたね」と言ったら、おじいさんが淡々と「いやいや何を言う。この災いがどういう福をもたらすか分からん」と言っていたら、逃げた馬が牝馬を連れて帰ってきて、財産が倍になった。「良かったですね」と周りの人が言ったら、おじいさんが淡々と「いやいや、この福がどういう災いをもたらすか分からん」と答えたところ、連れてきた馬に乗った息子が落馬して足を悪くした。「災難でしたね」とまた周りの人が言うと、おじいさんは「いや、この災いがどういう福をもたらすか分からん」と答え、そうこうするうちに戦争が始まって、村中の若者がかり出されてみな戦死したのに、息子は足を悪くしたおかげで戦争に行かずに済んで生き残った……とまあ話が続きます。

僕も「バーレーンに負けなかったら、どうなっただろう」「ウルグアイに負けなかったら、どうなっていたんだろう」と今もいろんなことを思います。でも、そういうことが続くと、ピンチや問題が起こったときに「これはひょっとしたら何かまたいいことの前触れじゃないか」と勝手に思うようになるんです。振り返ってみると、ずっとそういうことの連続でした。「あのとき負けたおかげで、今がある」と思います。

岡田武史（おかだ・たけし）

FC今治を運営する株式会社今治.夢スポーツ代表取締役会長。1956年大阪生まれ。大阪府立天王寺高等学校（3年時は日本ユース代表）、早稲田大学でサッカー部に所属。同大卒業後、古河電気工業入社。同社サッカー部在籍時に日本代表（1980〜1985年）選出。引退後はドイツへのコーチ留学などを経て、ジェフ市原コーチ（1993〜1994年）、日本代表コーチ（1995〜1997年）などを歴任。日本代表監督を2度務めた（1997〜1998年、2007〜2010年）。コンサドーレ札幌（1999〜2001年）、横浜F・マリノス（2003〜2006年）、中国プロリーグ杭州緑城（2012〜2013年）の監督としても実績を残した。14年11月FC今治のオーナーに就任し、2016年より現任。

第2章

集団・企業が陥る自己矛盾

道徳を忘れた経済は、罪悪である。
経済を忘れた道徳は、寝言である。
——**二宮尊徳**

「長く続く会社が多い国」はいい国なのか？

「長く続く会社が多い国は、いい国だと思う。」

一時期、しきりに放映されていたテレビCMのコピーです。誠実味あふれる爽やかなCMでしたが、このコピーを耳にするたびに、私はどうにも釈然としない違和感を覚えたものです。なぜか。その理由を探りつつ、まずは会社という概念が成立した経緯を振り返ってみようと思います。

世界最古の企業が、日本の建設会社「金剛組」であることはよく知られた話です。創業は西暦578年のことだそうです。元の一族企業はすでに清算されており、事業が譲渡されていることを鑑みると、果たして現存するエンティティが元の組織との一貫性を保っていると言えるのかについては、見解が分かれるところでしょう。とはいえ、古墳時代に創業された組織の商号が1400年以上の長きにわたって受け継がれているという事実は、驚嘆すべきことに違いありません。このほかにも、日本には100年以上の伝統を誇る老舗企業が数多く存在します。

一方で、ごく一部の**希有な優良老舗企業を除き、多くの企業は時代の変遷とともに経年劣化する**ものです。2015年に倒産した企業の平均寿命は24・1年（東京商工リサーチ調べ）だったそうですが、周囲の環境変化、事業の陳腐化、経営者や社員の高齢化に伴って企業が衰退することは、その構造上、仕方のないことです。

またそれ自体、必ずしも悲観的に受け止める必要もありません。倒れた古木が養分となって新しい芽が育つように、社会的な使命を全うした会社がなくなっても、そこで得た知見を活かして人々は新たな地で活躍することができます。こうすることで、経済の生態系は維持、発展していくのです。

事業再生が「死に体の延命」であってはならない

ところが、本来であれば天寿を全うしてしかるべき古木が寄ってたかって延命され、結果として伸びるべき新芽に光が行き渡らないといった事態が、現実には頻発しているのではないでしょうか。冒頭で挙げたテレビＣＭのコピーに対して、私が違和感を持つ所以はここにあります。

世の中には「事業再生」と呼ばれるビジネスがあります。経営危機に瀕している企業に対して、リスクマネーとノウハウを注ぐことによって再生へと導く、高度な専門性と職業倫理が求められる仕事です。したがって、関わる方々は金融や経営のプロフェッショナルでなくてはなりませんし、同時にそのビジネスの動機の根本は「経済合理性」に即したものであるべきだと考えます。

ここで「経済合理性」と申し上げたのは、対象とする企業を誤ると、死に体企業の延命になりかねないからです。こうした行為は単に事業再生のビジネスとして成立しないだけでなく、社会全体の新陳代謝を妨げかねません。むしろ、**つぶすべき企業については積極的に退場を促すべき**だと思うのです。

たとえ社会的な存在意義を失った組織であったとしても、自身の生活に関わるとなれば、どうしても所属する人々はその存続を望んでしまいます。そのため、当事者はたとえ会社が没落過程にあることに気づいていても、なかなかそうした現実を直視することができません。個々の当事者が企業の継続を望むのは当然のことです。だからこそ、時には第三者が冷静に企業の終わりを通告すべきではないかとも思うのです。

「永続性」を課せられた株式会社の生い立ち

さて、世界最古の企業が日本の建設会社であるのに対し、世界最初の「株式」会社は、1602年に設立された連合東インド会社（オランダ東インド会社）だといわれています。同社のスキームは、出資金を10年間固定した後に清算するというものであり、清算後は再び資本金を募って新しい会社が設立されました。この方式が約200年にわたって継続されたそうです。株主の責任は出資額にとどめられる有限責任制を採用し、近代的な会社組織の原形となりました。

前後してイギリス東インド会社も設立されています。こちらは航海ごとに資金を募り、船が帰国するたびに輸入品の販売代金や現物を投資額に比例して株主に分配し、清算するという仕組みだったそうです。帰航できなかった場合のリターンはゼロであり、極めてハイリスクな設計でした。

アジアにおける商業取引という目的に共鳴する資本家が集まって資本を投じ、一定期間の経過や航海の完了を契機に清算するありさまからは、**株式会社の起源が多分にプロジェクト的性質を帯びた仕組みであった**ことが見

参考『東インド会社 巨大商業資本の盛衰』（浅田實著、講談社現代新書）

て取れます。

生物学者リチャード・ドーキンスは生物の個体を「遺伝子のビークル」であると論じましたが、こうしてみると、株式会社もまた、当初は「商売上の目的を果たすためのビークル」といった色合いが強かったのでしょう。

現代において、オランダ東インド会社の性質により近いのは、ひょっとしたら株式会社よりもテーマ型の投資ファンドかもしれません。


このようにプロジェクト的性質を帯びていた株式会社の様相に変化が生じたのは1657年、ピューリタン革命下のイギリスにおいてです。護国卿であったオリバー・クロムウェルの指示により、永続的な活動を実現すべく、イギリス東インド会社が体制を刷新したのです。

出資額に応じた議決権が確立され、同時にそのスキームも航海ごとに会社を清算する方式から、利潤の一部を配当する方式に変更されました。この刷新により、株式が自由に売買されるようになったのです。ゴーイング・コンサーン（継続企業の前提）概念のはじまりです。1680年代における同社の平均配当利回りは45％（配当性向ではありません！）に上り、当時は大変な人気を博しました。にわかに株式は投機的に売買される対象となったのです。

一般の投資家が株式を長期保有して配当を得る一方で、キャピタルゲインを求める投資家が現れました。なかには大量に株式を買い付け、風説を流布して株価を操作する者もいたそうです。

ゴーイング・コンサーンはフィクションである

このイギリス東インド会社の刷新を契機として、会社の事業遂行のために資金が投じられる「プライマリーマーケット」と、既発の株式や債券を売買する「セカンダリーマーケット」という、性質が異なる2つの市場が併存するようになりました。

そして、このことは**株式が売買される企業が「事業の目的追求」と「企業価値の継続的向上」という異なる使命を負うことも意味した**のです。

問題は、個々の事業には寿命があり、企業は経年劣化するということです。性質によってライフサイクルの長短こそあれ、各事業には成長の限界があり、時間の経過とともに陳腐化するものです。特定の事業に固執していると、その運営者である企業もまた、事業と運命をともにすることは避けられません。

したがって、事業が有限である以上、「事業の目的追求」と「企業価値の継続的向上」

とは、ある種の矛盾した関係にあります。身もふたもない言い方ですが、会社はつぶれるときはつぶれます。ゴーイング・コンサーンとは本来、極めて不確かでもろい前提であり、端的に言えば「フィクション」なのです。上場企業であるということは、こうしたフィクションにのっとって経済活動を続けることに他なりません。

仮に手がける事業が時代の変遷とともに陳腐化し、事業体としての社会的な使命を終えたと考えるのであれば、大航海時代初期の東インド会社のように会社を清算し、残余財産を株主に分配するのが道理のはずです。しかしながら、こうした理屈は空理空論にすぎません。現実に経営者でこのような判断を下す人はまずもって存在しません。株主にしても、「会社の使命を全うしたので清算します」と宣告されたからといって、すんなり容認できるはずもないでしょう。

そこまで極端ではなくとも、既存事業の成長が頭打ちしており、なおかつ新たな事業領域への進出に向けた糸口が見出せない上場企業であれば、他社に事業を譲渡するなり、MBO（マネジメント・バイアウト）[1]するなりしてけりをつけるのが、株主に対する筋の通し方ではないでしょうか。しかしながら、市場には今日も株価純資産倍率（PBR）が1倍を割り込んだ株式が存在します。株式市場に上場している企業が、仮に清算も事業売却もMBOも選択肢に含めないのであれば、ゴーイング・コンサーンにのっとって走り続けるしかありません。『鏡

1　経営陣が株主から株式を譲り受けたり、事業譲渡を受けて、会社全体または一部門のオーナーとして独立すること。

の国のアリス』に登場する赤の女王が言うように、「その場にとどまるためには、全力で走り続けなければならない」のです。

現代企業が陥るダブルバインド

同時に経営の難しさは、企業の持つ多義性ゆえに存在するさまざまなステークホルダーを同じ方角に向けさせなければならない点にあります。**会社には、顧客、従業員、株主、取引先といった思惑が異なるさまざまなステークホルダーが関与している**からです。

会社とは本来、利益を追求するゲゼルシャフト（機能体組織）です。特に市場から広く資金を調達している上場企業の場合、その色合いはより濃く、共同体の論理を優先するゲマインシャフト（共同体組織）とはそぐわない面が多々あります。

ところが、一般の従業員は、所属する会社に対して人同士の交流の場としてゲマインシャフト的要素を求めます。いわゆる「日本的経営」の色合いが濃い伝統的企業であればなおのこと、そうした価値観が強く反映されることでしょう。一方の株主は、一般的に投資への利潤を求めるため、会社に対して徹底してゲゼルシャフト的な振る舞いを求めます。ここに大きな食い違いが生じてしまうのです。

このため、同じ会社について論ずるのであっても、勤め人と投資家の論調が、時としてまるっきり噛み合わないことがあります。

従業員から見れば、会社は人生の多くの時間を過ごす場であり、利益を創出する以上に大切な意味合いが往々にしてあるものです。対して投資家にとっては、会社とは自分の運用益を得るための一銘柄に過ぎません。

このように異なる役割を同時に求められ、時にそれらが反発し合うことでダブルバインドに陥り、アイデンティティが分裂状態にあるのが、現代の上場企業であると言えるのではないでしょうか。

外部から資本を調達している企業の経営者は、いわば従業員と株主の中間管理職という側面を持っています。同じことを言ったとしても、投資家からは「株主を軽視しているのか」と責められ、従業員からは「社員を何だと思っているんだ」と突き上げられるものです。多義的な存在である会社に一本の筋を通し、それぞれ異なる利害を持つステークホルダーを同じ方角に向けること。これもまた、経営者の務めなのでしょう。

この際に拠って立つべきものこそが、会社のミッションなのだと思います。

ミッションは「存在理由」を示す

ここで、多義的な会社に一本の筋を通す「ミッション」について、考えてみたいと思います。

組織を取り巻く価値観を表すものとしては、ミッション、ビジョン、バリューといった横文字から、社訓や社是、経営理念といったものまで、多種多様な呼称があります。アカデミックにはそれぞれに一定の定義が存在するかもしれませんが、一般にその理解は曖昧《あいまい》模糊《もこ》としています。つかみどころのないこれらの用語をめぐる論評は、往々にしてかみ合うことのない空中戦に陥りがちです。群盲象を評すで、同じ呼称でも光の当て方によって、十人十色の解釈の幅があるからなのでしょう。

たとえば、20年にわたってGEの最高経営責任者を務めたジャック・ウェルチ氏は「ミッション」のことを、「私たちがこのビジネスでどうやって勝とうとしているのかに答えるもの」と表現しています。確かにこれもひとつの解釈と言えるかもしれません。

この点、私なりの感覚では「ミッション」とは勝ち負けのもう少し手前、そもそもなぜ人々がそのビジネスで勝とうとしているのか、なぜその事業に取り組んでいるのかについて答えるものであるように感じます。

我流で「ミッション」を定義するならば、「組織が何をするために存在しているのか、何のために人々がその組織に集まっているかを指し示す言葉」とでも言うべきものではないかと思うのです。「存在理由」と呼び替えてもいいでしょう。**何のためにその組織が存在するのかを宣言し、進路を指し示す羅針盤となるもの**です。

会社の存在理由、本来の目的に立ち戻ってみれば、何かしらの事業に関わること、顧客への価値提供に関わる内容に至るはずです。

集う者同士が交流し合うコミュニティとしての会社、月末金曜日になると社員の銀行口座に給料を振り込むキャッシュマシンとしての会社、株価の上下に私財を賭するスロットマシンとしての会社。こうした会社の個別の側面を否定はしません。ですが、これらはあくまで会社の存在理由に付随するものではないでしょうか。この順番を間違えてはいけないのだと思うのです。

多くの場合、こうした文言は主に組織内部の人間に向けて語られたものです。投資家のなかには、「ミッション・ステートメントとは従業員を啓発して先導するために発せられる内部向けのマーケティング・メッセージであり、投資家には何の関係もないものである」と断じる人もいます。確かにこれは一面の真実ではありますが、長期的に企業と付き合う気概のある投資家に対し、自分たちは一体何を目指して事業を行っているのかを端的に示すことは、経営者に求められる責務であると言えるのではないでしょうか。受け取り手が100%額面通りに受け取るかどうかは別にせよ、多くのステークホルダーが関与する会社であれば、自分たちが事業を行うにあたって拠って立つ考えをより積極的に表明していかねばならないでしょう。

さらにもう一歩踏み込んで言うならば、ゴーイング・コンサーンを志向する企業の経営者が真に仕えるべきは、株主や従業員、顧客といった個別具体的なステークホルダー一人ひとりを包含する、法人格という虚構の人物に対してなのだと思います。

使命の目覚めは組織の第2のバースデイ

翻って、現在日本に存在する400万社以上の企業のうち、実際にこうした「ミッション」を明文化して掲げている企業が、一体どれだけあるでしょうか。おそらく1%にも満たないことでしょう。パパ・ママショップのような自営業者をはじめ、世の中の大多数の企業にとってみれば、この手の価値観と呼ぶべき代物は無用の長物です。商売とは、まずもって口を糊《のり》するための手段であるからです。

なかには、創業当初より確固とした考えに基づいて立ち上げられる企業もあるのかもしれません。ですが、おそらくは少なからぬ企業にとって、**ミッションとは生業の域を超えて突き詰めたいと思える事業・使命に出会ってしまったときに改めて成文化する、後付けの代物**なのだと思います。それは、その組織が存在する意味を授けられる第2のバースデイとでも呼ぶべき出来事なのかもしれません。

実際、松下電器産業株式会社（現パナソニック）の前身である松下電気器具製作所の創立は1918年3月7日のことですが、同社の創業記念日は5月5日と定められています。これは、「水道の水のごとく、物資を無尽蔵たらしめ、無代に等しい価格で提供することによって、人生に幸福をもたらし、この世に楽土を建設する」という会社の「真使命」に創業者である松下幸之助が目覚め、全社員に宣言したのが1932年5月5日のことだからだそうです。

仮に己の企業や職業に、生活の糧を得る手段以上の積極的な意味を見出すとしても、創業経営者と組織の構成員の距離感が近く、各々が直接的に顔を突き合わせていられるうちは、この手の価値観が明示されなくとも、それで事足りるものです。間近で見る創業経営者の一つひとつの言動や所作そのものが、組織の思想信条を体現し、文化を形づくるからです。

ところが、ひとたび組織が拡大し、所属する人々の数が増えたり、異なる利害関係を持つ人々が関与し出したり、あるいは代をまたいで事業が承継されたりすると、そうも言ってはいられなくなります。それまでは日々のやり取りを通じて直接的に伝えられ、半ば暗黙のうちに共有されていた組織の志向性や理念といったものが共有されなくなり、各々のステークホルダーがバラバラの方角を向き始めるからです。

集団の方向性をそろえるためには、目に見えない組織の価値観を言語化することで再確認し、あまねく広く伝えられるよう、ポータブルなパッケージに落とし込む必要が出てきます。

本来こうした文言は、個々人がその組織に適合するかどうかを選別するフィルターとして機能するのが理想です。そして何より、そこで語られている内容は所属する人を惹きつけ、「やるぞ!」と気持ちを燃え立たせるものであるべきです。

事業と密結合したミッションは自身を拘束する

実際、世の中のコーポレートサイトを見渡してみると、各社各様のミッション・ステートメントが掲げられています。得てして駆け出しの新興企業であれば、自社が手がける良質な製品、サービスの提供を通して実現する世界観といった、事業内容に直結した分かりやすいミッションが掲げられているものです。一方で、社歴の長い大手企業となると、得てしてそのミッションは人畜無害と言えるまでに一般化された文言が並べられているようにも見受けられます。

「お客さまのために尽くす」や「社会の発展に貢献する」など、言葉遣いの違いこそあれ、曖昧で反対しようのないフレーズが並んでいるのです。こうした文言を見るだけでは、一体どんな事業を営んでいるのか汲み取れない会社ばかりです。

なかには「新しい時代を象徴するような会社をつくる」といった自己言及に終始した類のものもあります。これなどは、完全に自分たちの組織の未来予想図についてのみ言及した内容です。そこには手がける事業の影もなければ、顧客の姿もありません。このような曖昧模糊とした美辞麗句を改めて「ミッション」として掲げる意味が、果たしてあるのでしょうか。

以前はこうした文言を見るにつけ、訝しく思ったものですが、自分なりに会社の価値観を言語化する意味について考えを突き詰めるにしたがって、逆にこうした曖昧さの残る文言を配することは至極真っ当なアプローチではないかと考えるようになりました。ポイントは、組織の「永続性」にあるように思います。

先ほどミッションとは集団を同じ方向に駆り立てるために用意するものであり、所属する者の気持ちを燃え立たせるキラーフレーズであるべきだと述べました。ところが、こうした特性は、ともすれば諸刃の剣になりかねません。

仮に事業内容と高度に密結合したミッションを、継続を志向する企業が掲げたとしましょう。既存事業が成熟期に入った際、事業にひも付いたミッションの求心力が強ければ強いほど、新たな事業への転進が難しくなります。事業にはそれぞれの寿命があることを考えると、こうした求心力は組織の永続性に対する妨げにもなりかねないのです。

ミッションの存在感が乏しいがゆえに苦境に陥るのではありません。**ミッションに強烈な活力があるからこそ、事業に対する執着が強まり、かえって組織の発展にとって足かせとなってしまう**のです。現業に密結合したミッションや理念が現実に先行すると、自縄自縛の結果を招きかねないことについて私たちはもっと自覚的であるべきでしょう。

なお、事業単位のミッションと組織単位のミッションが独立に存在し得るという点は留意すべきです。事業は終わりのあるプロジェクトであっても構いません。個別具体的な理想を追いかけ、その使命を全うすれば発展的に解散し得るものです。

事業のミッションと組織のミッションを混同してしまうと、事業の重力に組織が巻き込まれてしまいます。事業のほうがより手触り感があって具体性があるため、求心力を持ちすぎてしまうのです。両者は性質的に異なるものであることを認識し、「混ぜるな危険」のスタンスで臨むべきでしょう。

さもないと、事業への強烈な愛着が芽生える一方で、組織に対するロイヤルティが欠如した集団になってしまいかねません。ひとたび事業が不調を来すと、事業の求心力に根ざしたこのような集団の結束は相当に脆《もろ》いものです。

曖昧で具体的な理想のミッション

では、上場会社をはじめとした永続性を前提とする組織の場合、掲げるべきミッションの勘所とはどのようなものでしょうか。

この点、私は拡大解釈の幅があり、かつ、しなやかさを持ったフレーズが理想ではないかと考えています。その時々の事業環境の移り変わりに応じ、常に自社の活動の幅を再定義し得る思想を、あらかじめ組織に埋め込んでおくのです。また永続的に追い続ける対象としてそれは、究極的には達成し得ない遠大な理想がよいのでしょう。

特に、ハイテクや通信、消費者向けエンターテインメントといったライフサイクルの短い事業であれば、こうした事態をあらかじめ想定できているか否かは後々、組織の死活問題につながりかねません。

世界宗教が長きにわたって存続し普遍性を持ち得た要因として、時代ごとの為政者の要請に応じて適宜、教義を解釈し直す柔軟性があったからだという指摘を聞きます。見方によっては節操がないようにも思えますが、時代に即したバランス感覚があるということでもあります。永続を志向する組織であれば、こうした世界宗教のバランス感覚にこそ学ぶべき点が多々あるのではないでしょうか。

ミッションの表現とは、曖昧すぎても、また逆に具体性がありすぎてもままならないものです。**解釈の幅を保ちつつも、ある程度の具体性や方向感は指し示すバランス感のある文言がよい**のでしょう。

こうした要件を考えると、たとえばソフトバンクグループが掲げる「情報革命」といった文言は、極めて絶妙なバランスのうえに成立していると言えるのではないでしょうか。

卸売業、出版業、ポータル事業、通信事業と、情報に関わる事業領域でその時代ごとの要請に応じつつ、業態を広げ、変化させてきた同社の姿は、「事業会社」と呼ぶよりも、「事業会社の毛皮を被ったバイアウト・ファンド」と捉えるのがより正しい理解でしょう。

「情報革命」というのは、あたかも特定の事業領域を指し示すかのような具体性を感じさせる一方、その実はいかようにでも拡大解釈を加えて新たな事業とひも付け得る、遊びの幅のある表現ではないでしょうか。同時に、時代が進む方向性に即した思想やロマンを吹き込むこともでき、繰り返し聞いていると「やってやろう！」という気持ちをかき立てる、大義を感じさせるフレーズでもあるように思います。

ミッションの本質は伝える過程にこそある

一定の具体性を含ませるとはいえ、事業にひも付けず、なるべく解釈の遊びを持ち得るミッションの内容が、果たして求心力を持つのでしょうか。そんなあやふやな文言をわざわざ組織が掲げる意味が、そもそもあるのでしょうか。

この点、ミッションの本質は文言そのものよりも、それを伝える過程にこそある、と私は考えています。

先述の通り、ミッションとは集団を同じ方向に前進させるために必要なものであり、集団を燃え立たせるものであるべきです。体裁の整った文言であるか否かではなく、不格好であれ、その文言に組織のメンバーが奮い立つことのほうがはるかに重要です。レベル感の目安でいえば、有名ビジネス誌に「この理念こそが組織の飛躍の源泉！」などと紹介され、なんとなく「そんなものか」と思える程度の大衆性があれば、それで十分なのではないでしょうか。

それより重要なのは、内容そのものではなく、むしろその届け方です。いかに集団組織の染色体にミッションを刻み込むかという点こそが問題なのです。極端に言えば、ある種の同調圧力や「空気」をどのように形成するかということです。

周囲の人たちがそれを重要なものとして大切そうに扱っており、なんとなく自分もそれに倣ってありがたがらねばならないような雰囲気――これを人為的に醸成することです。そのためには、聞き手がうんざりするほど、ミッションの内容をトップが繰り返して伝えることが大切です。また、中間管理職を担う人々が、自分たちが手がける仕事と結びつけたミッションの解釈を語ることであったり、現場のスタッフが日々の業務とミッションの関係性を再確認することであったりと、組織内のあらゆるレベルでその内容を血肉化する取り組みが重要なのでしょう。企業に限らず、宗教、国威発揚、マルチレベル・マーケティング――動機こそ異なれ、価値観を浸透させるプロセスの方法論は、いずれも大きくは変わらないのではないでしょうか。

そのうえで言行を一致させることもまた、ミッションを伝達するうえで重要なポイントです。当たり前の話ですが、ミッションの内容に即した施策を講じ、またそうした施策の一つひとつが全体の方向感とどのような点で一貫しているのか、その文脈を説明することです。

単に**ミッションをお題目として唱えるだけでなく、それらに連動した具体的なアクションを起こして初めて、ミッションが意味を持つ**のです。個々のアクションをきちんとお題目とひも付けて愚直に説明し、「言っていたことを本当にやったでしょう？」としつこく示すことによって、文言に魂を込めることが重要なのだと思います。

つまるところ、ミッションとは太陽ではなく月のような存在だと思うのです。ミッション・ステートメントに書かれた文言自体がおのずから光を放つことはありません。ミッションのオーナーとも呼ぶべき人物が、それ自体は無機質な言葉に対して、光を当てること、意味を吹き込むことこそが重要なのだと思います。こうした意味を吹き込むプロセスも含め、パッケージとして捉えてこそ、ミッションは意味を持つのだと思います。

存在理由としてのミッション、手段としてのミッション

ここまで私論を進めてきましたが、冒頭で「存在理由」と定義したはずのミッションが、いつの間にか組織を生きながらえさせるための「手段」として取り扱われていることに釈然としない向きもあるのではないでしょうか。

それは、会社をはじめとした多くの組織が、現実には永続性を志向しているからです。目的を達成していずれかのタイミングで解散することを前提としたプロジェクト的な取り組みであれば、ミッションは純粋に組織の目的として定義できてさえいれば構いません。しかしながら、世の中の多くの組織にとって、ミッションとは、自己目的的に無条件で追い求めるべき対象を指し示すのと同時に、組織を永続的に発展させる原動力となるものという、二面性を持っているのだと思います。

企業だけでなく、NPOや自治体など、世の中にはさまざまな組織が存在します。ですが畢竟《ひっきょう》、「経営」とは、どのような組織であれ、そもそもの存在理由の追求と、組織の永続性の両輪を、バランスを取りながら回し続けていくことと言えるのではないでしょうか（**図表2-1**）。組織の性質や、その時々の状況によって、両輪の優先度合いや重心の置き方は異なりますが、存在理由を忘れた組織が存続する意味はありませんし、また存続できな

図表2-1　ミッションは二面性を持つ

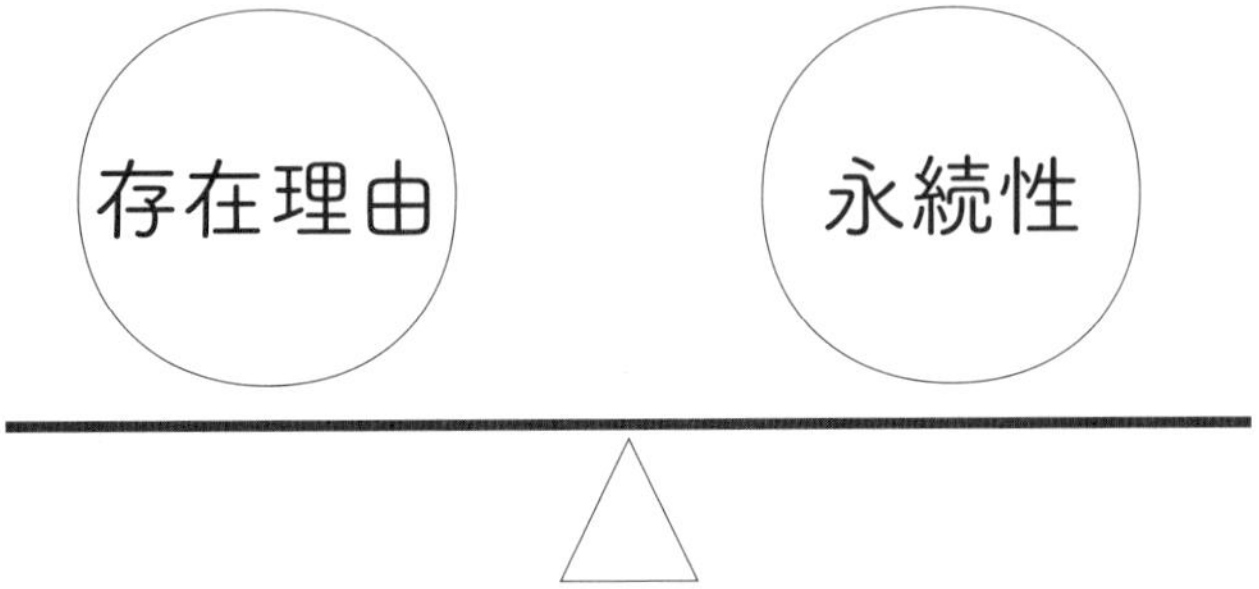

い組織は存在理由を果たし得ません。

たとえばＮＰＯの場合であれば、何かしらの成し遂げるべき大義が掲げられており、それに共鳴する人々が集まってプロジェクトを進めていくというのが基本的な姿のはずです。大義とは、あるＮＰＯにとっては地域活性化に関するものかもしれませんし、別のＮＰＯにとっては途上国の医療支援に関するものかもしれません。災害支援のような一時的なものもありますし、なかには半永久的に完遂し得ることのないサグラダ・ファミリアのようなミッションを掲げるＮＰＯもあります。

いずれにしても、大義の旗の下に集まった集団である以上、本来的には存在理由を追求することに重きを置くべきであり、存続そのものが目的化してはならないはずです。仮に当初の役割を果たしたのであれば、スパッと解散することをあらかじめ織り込んでおくべきなのでしょう。

企業であれば、自分たちの事業を世に問おうとする創業初期の段階から、将来にわたって事業を継続するゴーイング・コンサーンを前提とする上場企業の段階にステージが移行すれば、一気に永続性の重みが増していきます。既存事業が堅調に推移している間はよいでしょうが、成熟・衰退局面に移ると、当初の存在理由そのものをアップデートしてでも、組織が生存する術を模索していかなければなりません。

これが自治体となると、永続性はより重要な問題です。各地域の政府たる自治体という特性上、そこで暮らす人々の生活を支えるためには破綻するなどという事態があってはなりません。個々の自治体の観点から見れば、資金の帳尻を合わせ、なんとかして持続可能な経営状態を保つ必要があるのです。

個々人のミッションは生き方を変える

個々人の「夢」や「志」を「存在理由」と読み換えるならば、ミッションは個人の生き方をも左右する事柄です。

極端な例として政界を考えてみましょう。政治家を志す方々のうち、少なからぬ人々は成し遂げたい政策や理想がそれぞれあるのだと思います。ただ、そうした理想を実現するためには再選を重ね、政権与党内で確固たるプレゼンスを築く必要があるのでしょう。選挙に勝たないことには理想を実現しようにも、どうにもならないからです。

学生時代、ある国会議員のカバン持ちをさせていただいた時期があります。始めて間もなく、議員が毎日のように地域の老人の集まりに参加なさっていることに気づきました。なぜそんなに老人会に日参するのかと尋ねる私に、議員はこう答えました。

「毎日まじめに会社で働いている若い人たちは、週末は疲れて寝てるから、選挙なんて来ない。でも老人は暇だから来る。そういう人たちに顔を覚えてもらうのが政治家の仕事だ」と。

一面の真実ではあると思います。ですが、競うように老人会をハシゴしてマイクをつかむ先生方を側で見ているうちに、政治家のミッションとは何なのか、理想とする政策を実現する仕事なのか、選挙に当選する仕事なのかが分からなくなり、鼻白む思いに苛《さいな》まれたのを覚えています。本来持っていたはずの「理想を実現する」という「存在理由」が、完全に「選挙に当選する」という「永続性」に呑み込まれ、すり替えられてしまっているように感じたのです。もっとも、私があまりに純朴で若かったのかもしれませんが。

バリューとは組織のノリである

「ミッション」とともによく挙げられる概念として「バリュー」があります。ファストフード店のお得なセットメニューを想起させる響きですが、この「バリュー」とは一体何を指すのでしょうか?

これもまた我流の解釈ですが、「バリュー」とは、「ミッション」を実現するうえで組織が重視する考え方や、やり方、流儀、行動規範のようなものである、と捉えています。少々くだけた言い方をするならば、組織の志向する「ノリ」の言語化とでも呼ぶべきものでしょう。『週刊少年ジャンプ』の掲載作品に登場するグループであれば、おおかた「友情、努力、勝利」といったところでしょうか。

組織が継続して走り続けるうえでは、その組織が何をするために存在するのかを定める「ミッション」よりも、その組織の行動規範やノリはどんなものかを表す「バリュー」のほうがより重要なのではないかと思います。なぜなら、組織が取り組む事業の対象自体は、その時々の環境によってアドホックに移り変わっていく一方で、**組織のノリは対象や構成員が入れ替わっても一貫して保持される固有のものであり、バリューこそが、その組**

織をその組織たらしめるものであると思うからです。

手がける事業の幅が広がっても、全体の調和を保つ源泉となるのがバリューであり、そこから生じるのが文化だと考えています。

〝理想像〟をバリューに掲げる

バリューは、その時々の組織の様子を切り取って、そのまま描写した内容とは限りません。現段階で到達していないにしても、目指すべき理想として掲げ「自分たちはこういう仕事をしよう」と宣言する「将来の社風」でもあるでしょう。

たとえば電通には「電通鬼十則」と呼ばれる訓示（**図表2－2**）が伝えられているそうです。かつて同社代表を務めた吉田秀雄がまとめた仕事に対する心構えなのだそうですが、まさに氏が志向された組織のバリューと呼ぶべき訓示ではないかと思います。

すこぶるマッチョかつハードボイルドな内容です。人によってはアレルギー反応を示す表現かもしれません。それほど過激で、燃え立つような闘魂と気迫を感じます。

しかしいずれも、事をなそうとする組織人、イントレプレナーたらんと志す人であれ

図表2-2 「電通鬼十則」

1. 仕事は自ら創るべきで、与えられるべきでない。

2. 仕事とは、先手先手と働き掛けていくことで、
受け身でやるものではない。

3. 大きな仕事と取り組め、
小さな仕事はおのれを小さくする。

4. 難しい仕事を狙え、
そしてこれを成し遂げるところに進歩がある。

5. 取り組んだら放すな、殺されても放すな、
目的完遂までは…。

6. 周囲を引きずり回せ、引きずるのと
引きずられるのとでは、永い間に天地のひらきができる。

7. 計画を持て、長期の計画を持っていれば、
忍耐と工夫と、そして正しい努力と希望が生まれる。

8. 自信を持て、自信がないから君の仕事には、
迫力も粘りも、そして厚味すらがない。

9. 頭は常に全回転、八方に気を配って、
一分の隙もあってはならぬ、
サービスとはそのようなものだ。

10. 摩擦を怖れるな、摩擦は進歩の母、積極の肥料だ、
でないと君は卑屈未練になる。

ば、誰もが肝に銘ずべき心得ではないでしょうか。私も大変感銘を受け、キャビネットにこの鬼十則を貼りつけては毎日眺めたものです。

こうした価値観を良しとして受け入れるかどうかは当人次第です。反証可能性がない仮説が科学と呼べないのと同じように、万人に受け入れられて誰も反対しようのないバリューはエッジの効いた価値観とは呼べません。

際立ったバリューは、明示することで個々人が組織のカラーに馴染むかどうかを判断するリトマス試験紙になります。また具体的に言葉に落とし込むことによって、志向する組織像がより一層鮮明になることでしょう。

さて、会社が生来持っている性質や、それを御するためにミッション、バリューの位置づけについて、概略を述べてきました。第1章で会社の成長ステージには3段階あると述べましたが、次の第3章から創業期の段階について、また第4～5章では主に成熟期にある企業を念頭に論を進めていきます。

コラム2

社長時代に考えた10の社是案

私自身がミクシィの代表を務めた間、社是案と称して自分たちの組織が志向すべきバリューを考えたことがあります。

大上段から押しつけるのも違うと思い、あくまで試案として共有するにとどめましたが、改めて見直してみると当時の思考の跡が見られ、これはこれで悪くなかろうと感じます。

この試案があったからといって会社が何か変わったのかといえば、まったくそんなことはありませんが、せっかくなので、この場を借りて披露させていただければと思います。

「楽して儲けるを全力でやりきる」

根性論に逃げてはいけないという自戒を込めて。必死に目の前のタスクをこなしているとしばしば思考停止に陥り、何事も根性で乗り切ろうとしがちです。

そこで一歩立ち止まり、そもそもなぜそのタスクが必要なのか、どうすれば本来の目的をよりうまく的確に達成できるのかを、全力で考え抜く勇気と深慮を持とうという意です。

考え抜いたうえで必死に努力することは重要ですが、いかに最短距離で実現するかに、フルで頭を使いたいものです。IT企業であればなおさらそうでしょう。加えて、「儲ける」という企業として当然に取り組むべきことから目を反らさぬよう、あえて言葉にしています。

ちなみに当初、「全力で」の部分はより不穏当な表現を用いていたのですが、そこは自重しました。コンプライアンスが叫ばれるご時世ですから。

「空気読んだら負け」

読んで字のごとくです。周りの空気に押し流されることなく、自分の頭で考えて「違う」と思ったら「違う」と言うこと。空気を読んでも、空気に呑まれ、押し流されてはいけません。

雨にも負けず、同調圧力にも負けず、みんなに「KY（空気読めない）」と呼ばれ、それでも「それおかしくないか？」と言い放つ。そういう者に私はなりたい。

「カニバリ上等」

第5章の大企業における新規事業開発のテーマで触れる内容です。かつて松下幸之助は新商品をつくったばかりの社員を前にして、「ご苦労さん。ええもんができたな。さあ、今日からこの商品が売れなくなるような新商品をすぐにつくってや」と言ったそうです。

担当者にとってはたまった話ではありませんが、自分たちが過去につくりあげてきた既存の製品、サービス、事業を乗り越えるプロセスにこそ、発展があるのでしょう。自己否定と超越の繰り返しです。

自社内の他部門がすでに手がけていることであったとしても、それを超えるべく切磋琢磨しなければ、いつかは他社に呑み込まれてしまうだけです。

健全な競争を歓迎しましょう。カニバリ[2]上等！

「3カ月前は黒歴史」

個人、組織の成長スピードのことを指しています。

特に変化の激しい業界であれば、3カ月前の己を振り返った瞬間、恥ずかしさのあまり「あああああーーーー!!!」と奇声を上げ、のたうちまわる程度のスピード感で成長するくらいがちょうどいいのではないでしょうか。

わが身を振り返ると、正直なかったことにしてほしいことばかり。忘れてしまいたいことやどうしようもない寂しさに

2 カニバリゼーション。自社の製品同士が市場を食い合う〝共食い〟の状態。

包まれて純米酒を浴び続ける毎日です。

逆に3カ月前と何も考えや行動が変わっていないようであれば、何かがおかしいと思うべきなのでしょう。

「与党であれ」

野党というのは気楽な稼業です。とにかく相手が言っていることを否定し、批判し続ければいいのですから。すべての主張にはポジティブ・ネガティブの両面があるわけで、何かの意思決定に対してできない理由を100並べることは誰にでもできます。

組織運営に責任を持つ政権与党であれば、反論するにしても具体的な対案を示して建設的に組織を前進させるべきですし、与党としての矜持を保ちたいものです。

自分たちは野党ではない。ましてや評論家では断じてない。そういった目線で空気を読まずに議論を戦わせていきたいものです。

「本当の失敗は挑戦しないこと」

映画『ウォール・ストリート』（2010年版）の予告編に使われていたコピーです。前作に比べて2010年版は少々物足りない出来でしたが、このコピーは秀逸だと思います。

失敗を恐れるがゆえに何かと二の足を踏んでしまうわけですが、本当の失敗というのは、失敗を恐れてそもそも何も挑戦しないことなんじゃないかと思う次第です。後悔だけは残したくないものです。

なお私はゴードン・ゲッコーではないので、“Greed is good”（強欲こそ善なり）は社是に加えませんでした。

さて、それでは挑戦した結果、仮に失敗したらわが身に何が起こるのでしょうか？

「人は失敗しても馬刺しにはならない」

競走馬は経済動物と呼ばれ、優勝劣敗の極めて過酷な世界でしのぎを削っています。活躍することができなければ、厳しい現実が待っています。

一方で、人間はどれだけ失敗しても学びを活かしていくらでも再起することができます。生きてるだけでまる儲けです。

「2着も18着も同じ。勝たなくては意味がない」

続けての競馬ネタ。競馬というのは最多18頭で着順を競い合いますが、2400メートルを走りきって、たとえ5センチの鼻差であっても、1着と2着では天地の差があります。2着も18着も同じ。

ディープインパクトやオルフェーヴルの名前は歴史に刻まれていても、インティライミやウインバリアシオンのような2着馬の名前はなかなか覚えていないものです。

消費者向けウェブサービスのように“Winner takes all.”の世界では、勝たないとなんにもなりません。勝つために力を付けるべきですし、勝つために勝てるレースを選ぶべきです。

こうした挑戦を重ねたうえで、最終的に大事なのはこれです。

「なんとかなる」

何事も直近の出来事については超悲観的に捉えていますが、長期的には楽観的に考えています。

どれだけ追い込まれた状況であっても、なんともならなかったことなんてありませんし、めまいがするほど厳しい現実に直面しても、喉元を過ぎればきれいさっぱり忘れてしまうものです。そして苦難を乗り越えた後の組織は、その前よりもさらに強くなっています。

人事を尽くしたうえで最終的には「なんとかなる」と信じ込む。そうすれば本当になんとかなるものだと確信しています。

そして最後は、完全に拝借させていただくのですが……

「自ら機会を創り出し、機会によって自らを変えよ」

現リクルートホールディングスの創業者である江副浩正が、今から50年近く前に掲げた同社の旧社訓です。

人というのは機会によっていくらでも変わり得る存在だと思っていますが、その機会自体は、自分自身で創り出すことができます。

これ以上にパワフルで、これ以上に前向きな言葉を私は知りません。日本中の会社の社是はこの言葉でいいんじゃないかとさえ思っています。

以上がかつて検討した試案です。当時の経営状況や消費者向けウェブサービス特有の事情が多分に反映されており、万人受けする内容でもありません。

受けつけない方もおそらく一定数いらっしゃるでしょう。でも、規模が大きくなり始めた組織であれば、自分たち固有の文化をつくっていくために、折に触れて自分たちのバリューというものを検討すべきではないかと思うのです。

第3章

起業・スタートアップの環境変化

The reasonable man adapts himself to the world; the unreasonable one persists in trying to adapt the world to himself. Therefore all progress depends on the unreasonable man.

——**George Bernard Shaw**

シリコンバレーから学ぶべきこと

日々、メディアに接するなかで、「イノベーション」という言葉を目にしない日はありません。従来のビジネスの延長線上にはない**画期的な事業を創出することが、成熟化した社会において経済成長を持続するために不可欠である**というのです。ここでは伝統的大企業ではなく、イノベーションの牽引役となり得る新興企業に着目して、日本国内の起業環境について考えてみたいと思います。前章では組織や集団の持つ特性について考えてみましたが、どんな大企業にも小さい組織での創業期があったはずです。その創業期における環境について、本章では考えていきます。

冒頭で触れたイノベーションに関する言説というのは、何も最近になって急に起こったものではありません。1970年当時、国民金融公庫に在籍していた清成忠男氏は、20～30代の若者を中心とする新たな小規模企業群が台頭していると主張しました。これらの企業は積極的な独立意識を持った研究開発集約型であることが特徴であり、中小企業の増加は近代化への逆行現象であるとする当時の通説に対し、清成氏は

参考
『ベンチャー論と21世紀の起業家社会』（原田誠司、「長岡大学研究論叢」第6号）、『関東経済産業局における起業家支援充実の方向性について』（経済産業省関東経済産業局、平成26年7月）

「新しいパターンの企業の新規参入と成長」の時代に入ったと論じたのです。

こうした新しい中小企業を指す言葉として生み出された和製英語が、「ベンチャービジネス（Venture Business）」です。清成氏らはこの「ベンチャービジネス」という言葉の浸透を図り、1971年には日本ベンチャー・ビジネス協会が設立されました。同協会はベンチャービジネスについて、「ある種の危険と困難を引き受けようとする革新的な企業」「知識集約的な革新的企業」と定義づけ、「革新（イノベーション）は、狭義の技術革新に限らず経営のすべての局面におけるなんらかの創造を含み、そうした創造を他に先がけてビジネスとして展開すること」としました。爾来、新興企業を指す概念として「ベンチャー企業」という言葉が日本では広く使われています。

スタートアップとベンチャー

一方、2010年あたりから、IT系の新興企業群を中心として、「スタートアップ（Startup）」という呼称が用いられることが多くなりました。こちらはアメリカでも新興企業を指して一般的に使われている言葉です。この「スタートアップ」について、スタンフォード大学で教鞭を執っており、自身も8社のハイテク企業の創業や事業立ち上げに携わったスティーブ・ブランク氏は、「持続可能で拡大する新たなビジネスモデルを探索するための組織」と定義づけています。すでに確立したビジネスモデルを永続的に営む大企業に対し、AmazonやGoogleのように、既存産業を破壊する革新的なビジネスモデルを探求するのがスタートアップであり、失敗を繰り返しながら、プロダクト／マーケット・フィット[1]を発見するものであると、氏は説明しています。

また、創業初期のハイテク企業の支援を行うシードアクセラレーターとして有名な「Yコンビネーター」の生みの親でもある伝説のハッカー、ポール・グレアム氏は、「スタートアップとは、急速な成長を意図する企業である」と述べています。直近に設立されたか否かではなく、**「急成長」こそがスタートアップにとって唯一の本質的な特徴である**というのです。

前述した「ベンチャービジネス」と完全に合致はしないものの、類似した組織を異なる角度から説明していると言えそうな概念です。両者に共通するのが「イノベーション」です。少人数で営まれる「スタートアップ」を、「中小企業」や「自営業」から分かつものが何かといえば、それは、革新的なビジネスモデルの確立を志向し、それによって急速な成長を目指している点にあると言えるでしょう。

本書では以下、急成長を目指す設立間もない非公開型の新興企業のことを「スタートアップ」と称し、中小企業とは明確に異なる概

1 有望な市場を対象としており、なおかつその市場を満足させる製品を持っている状態。

念という前提の下で、筆を執りたいと思います。

シリコンバレーで繰り返される「同調現象」

さて、私が一般に「シリコンバレー」と称されるサンフランシスコ・ベイエリアで過ごしていて感じるのは、とにかくスタートアップの数が多いということです。起業家たちがこぞって集まるイノベーションの聖地にいるのだから、そうした起業家に出会う機会が多いのは当たり前といえば当たり前かもしれません。とはいえ、客足もまばらな何の変哲もないカフェで、隣の席から「こんなプロダクトをつくろうと思っている」「この前、VC（ベンチャーキャピタル）から資金調達したんだ」といった会話が自然と耳に飛び込んでくるのは、なんとも不思議な感覚です。

日本でスタートアップが集積する六本木や渋谷道玄坂界隈のカフェにいても、これほど高い頻度でスタートアップ絡みの会話に出くわすことはないでしょう。起業が流行のような何か浮ついた特別な行為として扱われるのではなく、職業としての市民権を勝ち得て、社会のなかに根付いている感があります。

数多くのスタートアップが立ち上がり、イノベーションが生み出されるシリコンバレーの環境を、他の地域で再現することができないかという問いは、どうやら古くて新しい命題のようで、日本に限らず多くの地域で検討がなされているようです。

この点、「シリコンバレーからはなぜ多くのスタートアップが創出されるのか？」という問いを突き詰めて考えてみると、それは「スタートアップの数が多いから」という、トートロジーめいた答えに至るのではないかという気がしてなりません。

スタンフォード大学の関係者を対象にインキュベーション・プログラムを実施する「StartX」という団体があります。このStartXは年に数回、3カ月程度の実践的なスタートアップ育成プログラムを提供していますが、本プログラムにはスタンフォードの在校生、教員、卒業生といった関係者が殺到し、50社前後の募集枠に対して採択される倍率は20倍を超えるそうです。日本の大学で同様のプログラムを実施したとしても、1校の関係者でこれほどまでに多くの起業家、ならびに起業家候補生が集まるということはなかなかないのではないでしょうか。これを年に数回、コンスタントに数年続けているのですから、無尽蔵な人材やビジネスアイデアの量には目を見張るものがあります。

ことほどさように、**多くの起業家と起業家予備軍があふれていて、成功モデルとなる先達が身近に存在するのがベイエリアの特徴**です。捉えようによっては、これは地域内における一種の「同調現象」と言えるのではないでしょうか。周囲の人々が我も我もと自分で新たなサービスを開発する様を目の当たりにしていれば、事業を起こすことが特段大それた行動とは感じなくなるのでしょう。身近にスタートアップの成功者が現れれば、「あいつにできるのならば自分にもできるはず」と思う人々が出てきても不思議ではありません。

挑戦の絶対数がエコシステムを活性化する

しかも、シリコンバレーには、資金の出し手やアドバイザー、技術や人材の供給元となる教育・研究機関、新たな技術やサービスを積極的に試験採用する大企業、スタートアップの契約に特化した弁護士事務所など、スタートアップを取り巻くさまざまなプレーヤーが集まり周辺産業が生じることで、起業を後押しする独自のエコシステム（生態系）が形成されているといわれます。

こうしたエコシステムは、まさにスタートアップの絶対数が多いからこそ醸成されると言えるのではないでしょうか。スタートアップのなかには大成功をおさめるものもあれば、当初の狙いを実現することなく失敗に終わるものもあります。ここから起業を繰り返すシリアル・アントレプレナーやVC、個人として支援するエンジェル投資家が現れ、また経営者の人材プールができることによって、エコシステムの層がより厚くなっていくのです。

そうした風土に惹かれ、世界中からシリコンバレーに起業家が集まります。その結果、エコシステムがさらに強化されて再生産されるという好循環が生じているのでしょう。アメリカ全土でスタートアップへの投資に充てられる資金量は、日本の50倍だそうです。圧倒的な物量差に映りますが、成功を目指してVCの資金を求めるスタートアップの総数は、日本の50倍どころではないでしょう。シリコンバレーの起業環境は非常に整えられていますが、スタートアップ間の競争環境は熾烈を極めます。

たとえば、アメリカの起業家や投資家の必携ツールとして、「エンジェル・リスト（AngelList）」があります。スタートアップと投資家の双方が事業内容や投資実績を掲載することで、両者のマッチングを図るサービスです。スタートアップや投資家の数があまりにも多い環境であればこそ、こうした可視化ツールを活用することによって信用を得ることが重要なのでしょう。

逆に日本でエンジェル・リストのようなサービスに対するニーズがあるのかといえば、シリコンバレーと比べて、現状それほど需要は高くないのではないかと思います。スタートアップのコミュニティが小さい日本であれば、そうした網羅的なツールに頼るまでもなく、Facebook程度のソーシャルグラフでほとんどの起業家がカバーされるからです。それほどまでに規模感における彼我の差は大きいということです。

起業家の視点に立てば、日本はある意味で非常に都合のよい競争環境にあると言えるのかもしれません。後述するように資金環境はある程度整っている一方で、勝ち上がりやすい環境にあると言えます。シリコンバレーや中国で際立った事業を始めようとすると、一気に競合が現れ、市場はレッドオーシャン化します。日本では、同じ事業領域に複数のスタートアップが乱立して競い合うということは、良くも悪くもあまり多くはありません。戦わずして勝つことは、戦略の基本です。

「世界で通用するＩＴサービスを目指すならば、シリコンバレーから始めないと話にならない」という言説をよく耳にします。一面の真理ではあると思いますが、競争環境が激しすぎるために、勝ち上がることすらままならないのでは、話になりません。

シリコンバレーモデルの再現を目指すべきか

日本国内からより多くのイノベーション創出を目指すなかで、シリコンバレーのエコシステムの再現を企図すべきとする論調もあるようです。果たしてそんなことが本当に実現できるのでしょうか。またシリコンバレーモデルを踏襲することが日本の社会にとって真に望ましい選択なのでしょうか。

シリコンバレーのエコシステムが機能するにあたっては、いくつかの前提があります。

スタートアップに提供されるリスクマネー、ビジネスアイデアや優秀な人材の供給元となる高等教育機関といった具体的な前提条件もあれば、大企業とスタートアップの間の協業（オープンイノベーション）、挑戦を奨励して失敗を寛容する社会全体の風土といった無形の条件もあります。特に後者に関しては、成功者の足を引っ張る嫉みのカルチャーが続く限り、多くの挑戦者が現れることはないでしょう。併せて、**「失敗も人生のネタ」と割り切る、ある種の脳天気さと軽薄さがなければ、起業などままなりません。**

また、日本とシリコンバレーを比較した際、決定的に異なる点として人材の流動性が挙げられます。伝統的な大企業や中小、新興企業を問わず、アカデミアとビジネス、業種といった壁をも超えて人が流動的に行き来するからこそ、最先端の知見や開発力をスタートアップが得ることができ、成長の原動力となっているのです。シリコンバレーの隆盛には、ヒューレットパッカードやＩＢＭ、ＮＡＳＡといったシリコンバレー内外の大企業から解雇やレイオフによって大量に人材が流出したことが少なからず関係しています。こうした人々がシリコンバレーの新興企業に移ることによって、社会全体の新陳代謝が働いているのです。

これは日本でも十分に起こり得ることです。たとえば、２０００年代に外資系の金融機関が国内で存在感を高めた背景には、１９９０年代後半に相次いで起こった伝統的金融機関の破綻によって優秀な人材が流出したことが密接に関連しているでしょう。伝統的な大企業から優れた人材が放出されれば、日本国内の起業環境は確実に活性化するものと思います。

長期雇用の利点のひとつとして、企業と従業員の双方が将来を予見できるからこそ、相互を信頼して事業を推進できる点が挙げられます。節操もなく従業員が転職を繰り返していては、会社も安心して仕事を任せることはできませんし、顧客や取引先との信頼関係にも影響を与えることでしょう。ただ、良し悪しは別として、少なくともベイエリアのテクノロジー産業に従事する人々にとって、同じ組織に40年近くにわたって勤め続けるということはなかなか想像がつかないことのようです。

また、レイオフや解雇が経営のオプションとして採り得ない状況というのも、当地の経営者にとっては理解しがたいことのようです。雇用は流動的であるという前提があるからこそ、いつ会社がつぶれても、また別の会社で職を得ればよいという楽観的な態度で従業員もスタートアップに加わることができるのでしょう。言うなれば、**個々のスタートアップは、巨大な「株式会社シリコンバレーのなかの一部門」といった感覚に近い**のです。

こうした感覚と、日本の一般的な雇用慣行、国民感情との間には、相当の乖離があるように思います。シリコンバレーの諸条件が文化や風土にまで根ざしたものであることを思えば、そうしたモデルを再現することが可能なのか、また日本国民にとって本当に望ましいことなのかについては、大いに議論の余地があるでしょう。

「志低い起業」ノススメ

シリコンバレーモデル踏襲の是非はさておき、日本からより多くの革新的な事業を創出する必要があることは論を俟《ま》ちません。そのためには一体何が必要でしょうか。

私は、「挑戦の絶対数」を増やすことが、何よりも重要だと考えています。そのうえでカギとなるのが、「志低い起業」です。

スタートアップは世の中に新たな商品やサービスを提供する主体ですが、同時に創業者やVCといった株主から見れば、スタートアップ自体が売買対象となるひとつの「商品」であるとも言えます。創業者や投資家は、スタートアップの株式を譲渡・売却することによって投資資金を回収するのです。このように投資資金を回収することを「イグジット」と呼び、その機会としては代表的な2パターンがあります。株式の公開（ＩＰＯ）に際して持ち株を市場で売却するケースと、他社からの買収（バイアウト）によって株式を譲渡するケースです。

ＶＣのビジネスは、スタートアップに特化した投資業務です（**図表3－1**）。典型的にはＬＬＰと呼ばれる組織をファンドとして用い、事業会社や機関投資家といっ

図表3-1　ベンチャーキャピタルの投資プロセス

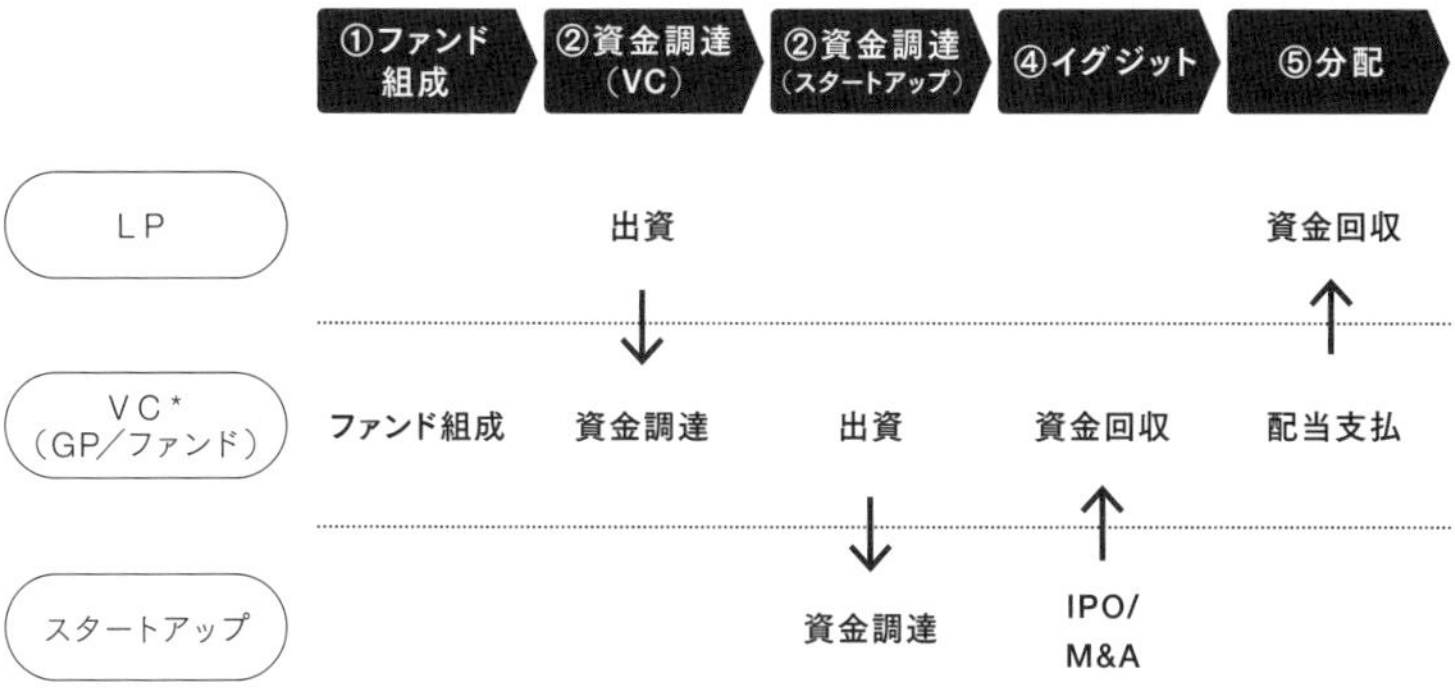

*無限責任組合員（GP）であるVCが投資事業責任組合（ファンド）を組成する。
厳密には両者は別のエンティティー。

たリミテッドパートナー（LP）[2]から調達した資金をスタートアップに投資し、成長に向けた支援を行うことで企業価値を高め、イグジットによって回収する仕事です。IPOや他社からの買収といったイグジット時に「商品」であるスタートアップの株式を高値で売却することによって差益を稼ぎ、より多くのリターンをLPに還元するのがベンチャーキャピタリストの使命です。同様に起業家自身も、世の中に価値のある事業を展開しながら、手金で立ち上げた会社の価値を上げ、イグジットを通して金銭的なリターンを得るのです。

こうしてリスクをとって成功した起業家が金銭的リターンを得ることに対し、ともする

2　ファンドに対する投資家。無限責任でファンドを管理運営するジェネラル・パートナー（GP）に対し、運用に直接関与せず投資額に応じて有限責任を負う。

と「金儲けのため」として誹《そし》る向きも見受けられます。もちろん、提供するサービスやモノに実態がなくては仕方がありませんし、他者を欺くようなことがあってはなりません。ですが、思いついたアイデアを元に「ひとつ、これで一攫千金を狙ってやろう」とするアニマルスピリットは、大航海時代はもとより、経済や科学技術の発展といった人類の進歩を促してきた原動力であり、資本主義の原点とも言えるものです。

バイアウトが主流のシリコンバレー

このイグジットについて、日本の起業家とシリコンバレーの起業家の間には、考え方に大きな隔たりがあるように感じられます。起業初期のシード・アーリー段階にあるスタートアップで「ＩＰＯを目指します！」と真顔で言う起業家は、シリコンバレーでは少数派であるように思われます。おそらくほとんどの起業家が、他社からの買収をイグジット手段として見込んでいるのではないでしょうか。実際、シリコンバレーのスタートアップのイグジットの8割以上は買収によるものです（図表3－2）。

だからこそ、**買収が盛んなＩＴ分野がシリコンバレーでもいまだにＶＣの投資対象として主流であり、スタートアップの事業領域の中心**でもあるのです。クリーンテックやヘル

図表3-2　米国のスタートアップのイグジットはM&Aが8割以上！

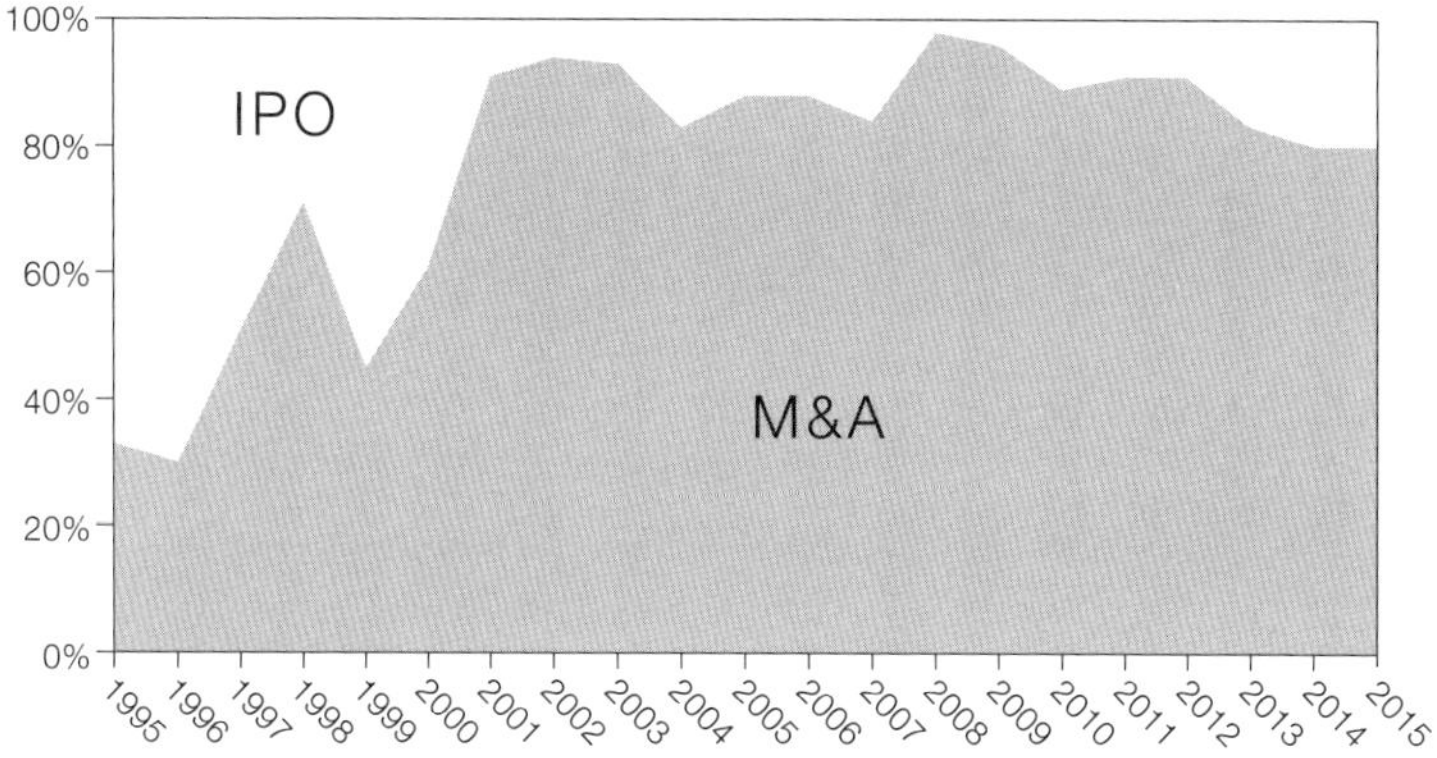

出所：『2016　National Venture Capital Association Yearbook』
ベンチャーキャピタルが支援するスタートアップのイグジット件数

スケアといった他分野においては、ＩＴ産業に比較して買収事例が少なく、イグジットの機会が限定的であるがゆえに、ＶＣの投資対象としては難易度が上がるようです。こうした業種は開発に時間を要し、規制などの外的要因による事業への影響が大きいため、平均10年程度のファンド運用期間中にイグジットを迎えるのが難しいともいわれています。

あるとき、1年ほど前に事業を立ち上げたばかりだというオンライン広告系スタートアップの創業者と話していたところ、突然「次はメッセージングアプリの周辺領域で事業を始めたいんだよ」と聞かされました。その変わり身の早さに、思わず吹き出しそうになりました。先に立ち上げたオンライン広告事業についてはすでに買収意欲を示している数社からコンタクトがあるらしく、半年以内には早々に売却して、次に何をするかを検討しているというわけです。事業も順調に成長しているようでしたが、会社に対する執着は一切ないようでした。それだけイグジットの機会が多いということでしょうし、新陳代謝や時間の進み方も早いというわけです。

彼らは好機があれば躊躇なく会社を売ります。そもそも買い手を想定したうえで買収を前提に逆算して事業を組み立て、資金を調達しているのです。

創業者以外のスタッフはどうかというと、彼らもあらかじめ会社が買収されることを前提に働いており、会社が売却される前には自社株ストック・オプションも行使でき、おおむねハッピーのようです。

端的に言って、ベイエリアのスタートアップ界隈では、会社の永続性は重要視されていません。創業者がいたずらにIPOを目指すことなく、立ち上げ段階からバイアウトを通じたイグジットを狙うと公言して憚《はばか》りません。日本に比べてIPOへのハードルが高く、同時にバイアウトの機会が多いこともあり、IPOでホームランを狙うのではなく、より地に足の着いたバイアウトの機会を探るのでしょう。

日本人の感覚からすると、ややもすれば志の低い考えに聞こえるかもしれません。「会社を売り買いするだなんて、ただのマネーゲームじゃないか」と、好ましく思わない方もいることでしょう。

IPOか、死か——日本イグジット事情

一方、日本で事業を始めるとなると、事情が少々異なります。ともすれば**みながみな、ソニーやホンダを目指さなければならないような強迫観念に囚われている**ように感じることがあります。事業売却に対する社会のまなざしは厳しいものがあり、極端にネガティブなイメージがついて回ります。いまだに大手の新聞や経済誌が、会社が買収されることについて、平気で「身売り」という表現を用います。スタートアップ動向を記事で取り扱う今時のネットメディアですら同様です。

この「身売り」という表現のニュアンスを英語で伝えるのはなかなか難しいものがあります。ある種、人身売買に近いような含意のある、随分と極端な表現ではないでしょうか。

事業売却に対する日本での否定的な風潮について、スタンフォードでの講演中に触れたことがあります。当地の聴衆からは、「何を言ってるの?」とまったく理解できないという反応を受けました。企業の永続性や売却に対する捉え方が、根本から異なるのです。多分に文化的背景に根ざした発想であり、日米どちらの考え方が正しいというわけでもありませんが、私自身は会社という実体のないものを未来永劫にわたって続くものだと見な

し、会社や事業の売却をネガティブ一辺倒に捉える見方について、非常にナンセンスだと感じています。

このように、企業の買収に対するネガティブな風潮もあってか、日本においてバイアウトによるイグジットの機会は極めて限定的です。買収者となり得る大企業が事業や技術の自前主義にこだわり、外部の要素を柔軟に社内に取り込めていないことも、バイアウトの事例が乏しいことの一因でしょう。スタートアップのバイアウトの実現例を見ていても、買収側も元起業家というケースが多く、買収後の統合プロセスを考えても、サラリーマン経営者にはなかなかハードルが高いのかもしれません。ウェブサービスなどのIT領域では徐々に買収事例も増えてきているとはいえ、日本において、起業家がイグジットを狙う機会はあくまでIPOが中心です。

起業家や投資家が金銭的リターンを得る機会としてはIPOや買収によるキャピタルゲイン（譲渡益）のほかにもちろん、インカムゲイン（配当金）もあります。ですが、急成長を目指すスタートアップの場合、ハイリスクという性質上、外部から資金を調達し、イグジットを通して得たキャピタルゲインを投資家に還元するのが一般的な考え方です。

「IPOか、死か」という二択しかないのであれば、まともなリスク感覚の持ち主はいつまで経っても起業になど挑戦しません。「挑戦の絶対数」を増やすためには、よりイグジットのバリエーションが必要です。せめて終身雇用型の伝統的大企業から外資系投資銀行に転職する程度のリスク感覚で創業を促せるような環境が整えば、挑戦の数も増え、結果として成功事例も増えてくるのではないかと思います。ともすれば、今の起業に対するイメージは、1回失敗したら家族全員が路頭に迷って二度と再起できない、という恐ろしいものです。せめてIPOと死の間に、中二階の結末があってもよいはずです。

外部からの資金調達は「部分的な身売り」

本気でイノベーションの創出を目指してN数を増加させたいのであれば、いつまでも起業を天才と狂人の専売特許にしていては間に合いません。せめて秀才くらいの人たちにも裾野を広げるべきでしょう。

何もみなが、時価総額1兆円のメガベンチャーを目指す必要などありません。誰もがスティーブ・ジョブズになれるわけがありません。より現実的に、もう少し自信と誇りを持って会社を売却することができるようになればいいのではないでしょうか。仮にそれを「志が低い」と呼ぶのであれば、私は「志低い起業」の擁護者でありたいと思うのです。

他社が欲しいと思うような事業を育てていくこと自体、本来は並大抵のことではありません。また、みずから創業した会社と自身のアイデンティティを一体化して捉えすぎることは、マクロの観点からはイノベーションの創出をかえって阻害する結果につながっているのではないかとも思います。

そもそも外部の投資家から資金を調達している時点で、概念上は会社を切り売りしています。**VCからの資金調達も、IPOによる株式の売り出しや資金調達も、「部分的な身売り」に変わりない**のです。

そうやって何回か事業を育てる経験を積んだ起業家のなかから、いずれは大ホームランを打つ者も出てくることでしょう。何も最初からホームランを狙う必要はありません。まずはシングルヒットでも、とにかく塁に出ることを目指すべきです。かくいう私も、自社を売却した人間です。私の場合はシングルヒットどころか、デッドボールで進塁したと言えるかもしれません。

もちろん、志を高く持って、21世紀を代表する日本企業をつくっていこうとする気概は素晴らしいことです。そうしたストーリーを耳にすれば胸も高鳴りますし、そんな起業家のなかから、新時代の松下幸之助や本田宗一郎が現れればいいと心底思います。

けれども、そうした「志高い」起業論はすでに語り尽くされています。日本に必要なのは、とにかく挑戦の数を増やすこと、そのためのマインドセットや、社会の仕組みを設計することなのではないでしょうか。そのためにも、「志高い」起業論のカウンターパートとして、「志が低い」起業論を唱える人間がいてもいいのではないかと思うのです。

「起業ごっこ」を許容しなければ裾野は広がらない

他方、決して自分が起業に関わることはないであろうと思われる大多数の方々が起業家に対してとるべき態度は、「邪魔しない」ことに尽きるのではないでしょうか。わが身に累が及ぶのを避けたいのであれば、とにかく関わらないことです。

スマートフォンやソーシャルメディアの普及、メンテナンスコストの劇的な減少に伴い、ネットサービスの立ち上げは随分とやりやすくなりました。一昔前であれば路上で弾き語りをしていたであろう若者たちが、ギターを「MacBook」に持ち替えて、今はサービスづくりにいそしんでいるのかもしれません。

そうした世相を指して、「起業ごっこ」と苦々しく思う方もいることでしょう。確かに見ていて危うげな人たちも沢山います。

しかし、それでいいのではないでしょうか。

「ごっこ」が増えない限り、いつまで経っても裾野は広がりません。

リスク許容度が低い人が特に応援する必要などないのです。「バカなやつだな」と冷ややかな目で眺めるのもいいでしょう。ですが、そうした有象無象のなかから世の中を大きく前進させるような企業が出てくれば儲けものです。ある意味で、**スタートアップは社会**

全体にとってのR&Dです。各起業家にとって起業は、自分の時間の多くを費やす大きな挑戦ですが、社会全体から見れば、個々のスタートアップは「捨て駒」にすぎません。しかし、起業家がリスクを冒し、志半ばで潰える多くの「捨て駒」の上に、世の中を一変するような事業が生まれるのです。アニマルスピリットに突き動かされた若者にフリーライドできるかもしれない機会を、わざわざ叩きつぶす必要はないでしょう。

ジョージ・バーナード・ショーは次のように言っています。

"The reasonable man adapts himself to the world; the unreasonable one persists in trying to adapt the world to himself. Therefore all progress depends on the unreasonable man."

（分別のある人は世界に順応する。一方、分別のない人は世界を自身に順応させようと躍起になる。よって、あらゆる進歩は分別のない人によってなされる。）

資金調達環境は順風と逆風を繰り返す

スタートアップを取り巻く環境は、世の中の景気動向やその時々の政策、技術の進展に伴い、順風と逆風を繰り返します。過去、日本には3度の「ベンチャーブーム」があったといわれています（図表3－3）。

1度目は1970年代の第1次ベンチャーブームです。この頃は自動車や電機産業を中心とした加工組立型産業が経済の牽引役に躍り出るのと時を同じくして、研究開発型の製造技術系ベンチャーが数多く設立されました。第1次石油ショックによって第1次ベンチャーブームは沈静化しましたが、日本電産、キーエンス、コナミといった企業がこの時期に設立されています。また1972年には日本初の民間VC、京都エンタープライズデベロップメントが誕生しています。

2度目は1980年代の第2次ベンチャーブームです。「重厚長大」型の製造業から流通・サービス業といった第3次産業への構造転換が進むタイミングで、エイチ・アイ・エスやソフトバンク、ツタヤの運営で知られるカルチュア・コンビニエンス・クラブといっ

図表3-3　日本で起こった3度のベンチャーブーム

① 第1次（1970年代）　研究開発型の製造技術系
例）日本電産、キーエンス、コナミ等

② 第2次（1980年代）　サービス業関連
例）HIS、ソフトバンク、CCC等

③ 第3次（1990〜2000年代）　IT系
例）楽天、DeNA等

た企業が設立されました。1982年には国内VCの草分けである日本合同ファイナンス（現ジャフコ）が、日本初の投資事業組合を組成しています。

3度目は1990年代から2000年代にかけての第3次ベンチャーブームです。バブル崩壊によって大企業が停滞するなか、インターネットの勃興に代表される情報技術の進展により、楽天やDeNAといった日本のIT産業を牽引する企業の多くがこの時期に設立されました。近年でも多くの国内スタートアップが上場を目指す東証マザーズ市場やナスダック・ジャパン市場（後にジャスダック市場に統合）は、この時期に開設されています。

様変わりした日本の起業環境

こうした起業環境の変化が特に如実に表れるのが、資金調達の環境です。ベンチャー投資が停滞気味であったリーマンショック前後の数年と比較すると、2012年頃を境にして、日本国内の起業環境は様変わりし、スタートアップにとっては資金を調達しやすくなりました。

2012年に発足した第2次安倍政権は、「デフレからの脱却」と「富の拡大」を目指し、経済政策として「3本の矢」を掲げました。「大胆な金融政策」「機動的な財政政策」に続く第3の矢として、「成長戦略」が掲げられていますが、その柱に据えられているのが「産業の新陳代謝とベンチャーの加速化」です。

こうした政策を受けて、産業革新機構や中小企業基盤整備機構といった官民ファンドや公的機関がスタートアップへの投資を行ったり、ファンド・オブ・ファンズ[3]としてVCに資金を供給したりするといったケースが増えてきました。また、同政権による大学改革の後押しを受け、大阪大学、京都大学、東北大学といった国立大学で、学内の研究成果に出資するVCが相次いで設立されています。

一方の民間においても、金融機関、インターネット企業、メーカ

3 投資ファンドを投資対象とするファンド。

ーといったさまざまな業種の大企業がスタートアップやVCに出資するほか、独自のコーポレートベンチャーキャピタル（CVC）を設立するといった活動を行っています。また、投資家としての実績を背景に、金融機関や大手企業に所属しない個人が独立系VCを設立し、ファンドを運営するといった気運も高まっています。

思い返すと、私がスタートアップの経営に携わっていた2010年当時、IT関連で1億円以上の資金調達をしたスタートアップはごく限られていました。

それが2016年時点では、1億円を超える規模の資金調達のニュースが週替わりのようにテック系メディアをにぎわせています。数度の資金調達を経て持続的な売上を計上しており、IPOを目前に控えるレイターステージのスタートアップともなると、数十億円単位の資金調達が当たり前のように行われています。

2015年に国内の未上場ベンチャーが調達した資金は1532億円超と前年より17％増え、リーマンショック前の水準に回復したそうです。2015年の米国におけるVC投資額が約6兆円であったことを思うと、米国に比べれば微々たる規模にすぎませんが、日本国内でベンチャー投資に向けられる資金量は増加傾向にあります。

1999年頃のビットバレー[4]華やかなりし頃の業界事情は存じ上げませんが、たかだか5年前後で調達環境は格段に良くなったと言

4 ネット系ベンチャーが集積していた東京・渋谷（Bitter（Bit）Valley）地域の通称。

えるでしょう。

資金調達の常道はエクイティファイナンス

ここでスタートアップの資本政策について、基本的な内容に触れておきましょう。通常の中小企業の場合、事業を通じて得た利益の一部を株主に還元し、その残りを自社事業の運営に向けて再投資するなり、流動資産として蓄積するなりして活用します。銀行などからの融資によってつなぎ資金をまかなうこともあるでしょうが、あくまで事業を通して得た利益を事業に活用するのが基本です。

一方でスタートアップの場合、絶え間なく変化する事業環境に歩調を合わせ、同じ領域の競合企業に先んじるためには、自社事業を成長させて利益が蓄積するのを待つゆとりはありません。ポール・グレアムも言うように、スピード感を持って急成長することがスタートアップにとっての必須条件です。資金不足による事業展開の遅れは会社の命運を左右しかねません。そこで起業家は、自社の成長を加速するために、赤字の段階や売上がまだない段階であったとしても、積極的に外部から資金を調達します。外部から調達した資金を活用することで、自力で資金を獲得するまでの時間を短縮するのです。

一般的に企業が資金を調達する手段は、2パターンに大別できます。銀行などの金融機関から資金を借り入れるデットファイナンスと、新規に発行する株式を投資家に割り当てることによって資本金を得るエクイティファイナンスです。[5]

実績が乏しく、利益も出ていない初期のスタートアップの場合、十分な担保などがない限り、銀行などの金融機関はなかなか融資（デットファイナンス）には応じません。また、すでに安定したキャッシュフローが生じているわけでもなく、返済できるかも分からないリスク性の高い事業資金であるという使途を考えると、スタートアップの資金調達はデットファイナンスよりもエクイティファイナンスがより適しています。そのため、スタートアップの多くは新株を発行し、投資家にその株式を引き受けてもらう（売る）ことで、資金を調達します（第三者割当増資）。

他方、投資家から見れば、スタートアップはそれ自体が売買の対象となるひとつの「商品」です。したがって、将来有望なスタートアップをいち早く見つけ、評価額が低い段階で投資し、なるべく安く株式を取得できるか否かが、成否の分かれ目となります。

5 このほかにも国や自治体から返済不要の助成金を得る方法や、不特定多数の人々から製品やサービスの完成といったプロジェクトの遂行のために資金を募るクラウドファンディングといった手法もある。

株主にとっての企業価値の意味

エクイティファイナンスに際してカギとなるのが、企業価値の評価（バリュエーション）です。仮に同じ額の資金を調達する場合でも、評価額次第で既存株主の持分比率は大きく変わります（本章末尾のコラム3参照）。

通常、スタートアップの資金調達は一度にとどまらず、事業の進捗に応じて期間をおいて、複数回に分けて行うものです。仮に事業が未熟な初期段階で多額の資金を調達してしまうと、創業者を含めた既存株主の持ち分比率が一気に低くなってしまうからです。このように株式の持ち分比率が低下することを、「希薄化（ダイリューション）」と呼びます。

そこでスタートアップは、まずは少額の資金を調達し、事業を成長させることで企業価値を高めた時点で、さらなる資金調達を行い、持ち分比率の低下を抑えようとするのが一般的です。資金調達をこまめに実施することで、調達した合計金額は同じでも、高い持ち分比率を維持することができます。また、先行するVCやエンジェル投資家は事業が未熟な段階のスタートアップに資本参加するというリスクをとり、会社の価値を高めたことによって、それぞれの保有する株式の価値を高めることができます。

ここで、スタートアップの企業価値の評価方法についても、簡単に触れておきましょう。第三者割当増資によって資金を調達する場合、前提としてその時点の企業価値[6]を評価する必要があります。資金調達前の企業価値の評価額を「プレマネー・バリュエーション（略してプレ）」、調達後の評価額を「ポストマネー・バリュエーション（ポスト）」と呼びます。

上場企業の場合は、市場の株価がベースになるので話はシンプルです。また、一定した水準の収益を上げている企業であれば、ディスカウント・キャッシュフロー（ＤＣＦ）法[7]や類似企業比較法[8]などを用いながら、確からしい評価額を算定することができます。

それに対してスタートアップの場合、早期であれば利益も出ていない会社がほとんどです。ＤＣＦ法に基づいて現在価値を弾き出そうにも、安定した収益のある企業のように確度の高い将来予測を弾き出すことはできません。

また現時点の業績の延長線上にないような非連続な成長を目指すのがスタートアップだとするのなら、安定したキャッシュフローを基にして企業価値を算定するＤＣＦ法は、スタートアップの評価手法としてそもそも適していないとも言えるでしょう。

6 厳密には企業価値（Enterprise Value）はネット有利子負債と株式時価総額を足した額として定義されますが、スタートアップの場合はネット有利子負債を抱えることが少ないこともあり、単純化して株式時価総額のことを「企業価値」と表現しています。

7 その企業が将来生み出すキャッシュフローを現在価値に割り戻して、企業の価値を算出する方法。

8 評価対象企業と類似した事業構成の上場企業の株価を参考に、株式価値を推算する方法。

それでは、スタートアップの企業価値は何によって評価されるのでしょうか。

端的に言うと、「スタートアップに投資したい」という投資家サイドの需要と「資金を調達したい」というスタートアップ側の供給のバランス、すなわち需給関係によって決まります。

コンサルティングファームに在籍していた頃、企業買収のプロジェクトで大企業のデューデリジェンスに関わったことが何度かあります。その際には現在のキャッシュフローと将来において想定され得るキャッシュフローを参照し、ＤＣＦ法などに基づいて企業価値を算出していました。そのうえで、買収後の生産拠点や販路の統合、その他の成長戦略、コスト削減施策などを基にして、買収案件の妥当性を緻密に検証していたのです。

そうした大企業における企業価値評価の試算プロセスと比較すると、スタートアップの価値評価は、ともすると非常に大ざっぱに見えるものです。実績のある大企業に対して、新興企業の場合は評価の基となる根拠が乏しいこともあり、どうしても大味な値付けにならざるを得ません。売上規模が数千億円単位に上る大企業のプロジェクトに従事していた立場からスタートアップの世界に移った私にとって、企業価値評価のプロセスがこうも違うということは、随分と新鮮に感じられた点です。

スタートアップの価値は「えいや！」で決まる

シード段階を経て、ある程度のビジネスが確立したスタートアップであれば、数年先までを見据えた事業計画を準備し、計画上の数値を根拠にして自社の価値に関する主張を展開します。

しかし、こうした事業計画はあくまで議論の土台であり、起業家がいかに深く事業について考えているかを示すためのツールにすぎません。ましてやこれがより早期のスタートアップともなると、そもそも事業計画そのものが存在しないということも珍しくありません。予測上の数値は参照されるものの、あくまでその時々の投資家サイドと起業家サイドの需給関係によって形成される企業のステージに応じた大まかな相場観が、時にそれぞれの会社の個別事情以上に、評価額の形成に大きな影響を及ぼすのです。

さらに言うと、投資家も検討を尽くしたうえで、最終的には「えいや！」で投資の是非、ならびに投資額を決めるというのが実態ではないでしょうか。

投資検討先の成長について、確度の高い見通しを立てることができない以上、投資家はどうしても起業家の人柄や会社の雰囲気といった定性的な評価に頼らざるを得ない面があります。限られた情報から「これは！」と思えるスタートアップを見抜き、支援先を決めるのは、ベンチャーキャピタリストの腕の見せどころでもあるのです。

需給関係で評価額が左右されるということは、**スタートアップに投資したいという需要が高ければ企業の評価額が上がり、反対に投資対象であるスタートアップの数が多ければ多いほど、評価額が下がる**ことを意味します。

先述した通り、２０１２年頃から日本国内の投資環境は劇的に改善してきました。資金の出し手が増えているのです。一方で、実際に事業を起こす肝心の起業家の数も同じペースで増えているのかといえば、資金の増加分ほどには増えていないというのが実態かと思います。結果として、投資需要が高い時期においては、スタートアップの資金調達は売り手市場然とした様相を呈してくるのです。

評価額が上がることが本当に良いことなのか？

ところで、同じ額の資金を調達するにしても、会社の評価額が低いとそのぶん、既存株主の持ち分比率は減少してしまう、と述べました。そのため、起業家にはできる限り評価額を高めたいというインセンティブが働きます。株式の持ち分のみを考えれば極めて理にかなった発想だと言えるでしょう。

起業家のなかには、周囲のスタートアップが大規模な調達をしている様子を見て、自分も負けじと大きな額を調達しようとなさっている方も見受けられます。些末な話ではあるのですが、こうしたある種の見栄も、評価額の上昇圧力となっているようです。

それでは自社の評価額を上げられるだけ上げることが、果たして起業家にとって本当に最適な行動なのでしょうか。実は、必ずしもそうとは言い切れません。**なぜなら、次回以降の資金調達やイグジットのハードルが高くなるから**です。

仮に一度の資金調達のみで一気に事業が立ち上がり、それ以降に新たな資金を調達する必要がなくイグジットまでの急速な成長が実現できるのであれば、調達時の評価額が高いことは大した問題にはなりません。一方で多くのスタートアップは、イグジットに向けて複数回に分けて資金調達を行うことを想定しています。先述の通り、成長のステージに応じて段階的に資金調達を繰り返しながら、なるべく創業者の保有比率を高めに維持しつつ、事業の成長に必要な資金を得ることが、資金調達の定石です。

しかし極端に高い評価額で資金を調達すると、当初の目論見通りに事業が進展しなかった場合、次回の調達時に前回よりも低い評価額での資金調達を余儀なくされます。これを「ダウンラウンド」と呼びます。新たな調達ラウンド時におけるプレが下がると、1株当たりの価値が前回ラウンドの株価よりも下がってしまいます。すると会計上、ＶＣは保有する会社の株式を減損処理（簿価と時価の差を損失計上）しなくてはなりません。

ＶＣの視点に立つと、自分たちが保有する株式の価値が下がり、さらに自分たちが投資実行したときよりも好条件で、後から参加するＶＣが新株を引き受けることになります。自分たちがそれまでに負ってきたリスクを考えると、古株のキャピタリストにとっては心情的になかなか受け入れ難いものがあります。資金を必要とする出資先の会社がつぶれてしまったら元も子もないわけですし、合理的にはサンクコスト（埋没費用）と割り切るべき局面なのかもしれませんが、現実にはそう簡単に事は運びません。

また出資先の株式が減損したとなると、ともすれば先に出資していたＶＣ内では担当者個人の責任問題にも発展しかねません。結果として次回の資金調達は先延ばしにされ、その代わりに人件費などのコストを切り詰めることで、資金調達を行わずとも事業が運営できる体制を維持するよう、既存株主であるＶＣ（もしくはその担当者）が会社に対して求めることもあるでしょう。

このことは、出資先のスタートアップが取り組む事業の成長を純粋に考えると、必ずしも理にかなった判断とは限りません。本来であれば、ダウンラウンドであったとしても新たな資金を獲得することで、事業がより大きく成長する可能性があるからです。

高い評価額の落とし穴

仮に、事業の進展が芳しくない状態のままで新たな資金調達を決行するにしても、既存株主であるＶＣはその出資先スタートアップの経営メンバーに対して、前回ラウンドよりも高い評価額での資金調達を要求することでしょう。新規の投資家に対して、前回ラウンドよりも高い評価額での資金調達を求めるには、前回の資金調達時の計画と整合性のある説明を必要とします。つまり、あくまで前回の資金調達時の目論見通りに事業が進捗し、企業価値が向上しているかのような主張をしなければならないということです。

一方で、特に初期のスタートアップの場合、当初の仮説を随時検証しながら事業内容を修正し、時には提供するサービス内容そのものを変えていくことも、決して珍しくはありません。このような事業を方向転換するプロセスのことを「ピボット（方針転換）」と呼びます。顧客ニーズが不透明な新規性の高い事業を展開するスタートアップの多くが辿るプロセスです。

企業の評価額を前回ラウンドよりも高めるために、**新規の投資家に対して前回ラウンドから連続性のある事業の進捗を示そうとすることは、場合によってより確度の高い事業に向けたピボットの妨げとなりかねません。**こうなると、起業家は一体何のために会社を経営しているのか、いよいよ訳が分からなくなってきます。

このように過度に高い評価額での資金調達は、次回以降の資金調達時はもちろん、イグジット時にも影響を及ぼします。投資家としては、自分たちが出資したときの評価額よりも、少しでも高い条件で株式を売却することを希望します。結果として、ＩＰＯ時の公募・売出価格をなるべく高く設定するようなインセンティブが働き、価格の形成に無理がかかりやすい構造に陥りかねません。また同様に、希望する売却価格が高すぎるとＭ＆Ａの買い手が見つかりづらくなるといった事態も生じます。

その時々の経済状況といったマクロ要因によって、スタートアップに流入する資金量は大きく左右されます。また、資金調達は大変手間と時間のかかるプロセスです。経営者の本分はあくまで事業を成長させることであることを考えると、多くの資金を調達できるタイミングに高い評価額で一気に資金を集め、資金調達に奔走する回数と時間を減らし、なるべく事業に専念したいという考え方にも確かに一理あります。

しかし、企業にとって適した資金量や評価額は、各社の業態や成長フェーズによってまったく異なり、会社間で単純比較できるものではありません。少なくとも、周囲の起業家に対抗心を燃やして調達額を競い合うものでは決してありません。

景況感の良いタイミングにあえて意図的に高い評価額で多くの資金を調達しようとするにしても、ここで述べたようなネガティブな側面があることは、あらかじめ認識しておくべきでしょう。

出資の条件確認とパートナー選びは慎重に

さて、ここまでスタートアップのバリュエーションに関する考え方を述べてきましたが、ここで注意すべきは、評価額が同じであったとしても、出資の諸条件は異なることがあるということです。

近年では、スタートアップの資金調達において優先株式が活用されるようになってきました。優先株式は一定の事項について普通株式よりも優先する内容を持つ株式です。ここで、ベンチャーファイナンスにおける一般的な優先株式の内容を細かくは解説しませんが、会社法上、たとえば清算時（ならびに他企業からのM&Aによる買収時）に会社に残されている財産（または買収の対価）を普通株主に優先して受ける残余財産優先分配請求権、特定の株主総会決議事項に関する拒否権、役員の選解任権、普通株式を対価とする取得請求権やダウンラウンド時の希薄化防止条項など、その優先株式自体の内容として、さまざまな定めを置くことができます。また、優先株式を発行する際に締結する投資契約や、各株主間で締結される株主間契約では、以上のような優先株式自体の内容に加え、契約上の権利として、他者への株式売却（買収時など）を普通株主に要求するドラッグ・アロング権やM&Aによる買収の対価の分配に関する定めなどについて事細かに設定することができます。また調達時のラウンドに応じて、優先株式の内容を細かく設定することも可能です。

たとえば、シリーズAで発行した優先株式（「A種優先株式」などと称します）に対し、次のシリーズBラウンドで発行された優先株式（B種優先株式）の内容がより優先的な内容であるということは、一般的によく見られることです。

優先株式による資金調達が普及してきたということは、会社の状況に応じたより柔軟な資金調達の設計ができるようになってきたということであり、歓迎すべきことです。ただ、優先株式の条件が違えば、仮に評価額が同じであったとしても、スタートアップ側から見ると異なる株式を投資家に売っているということを理解すべきでしょう。

柔軟な資金調達の設計ができるようになったということは、言い換えれば、投資家がより深く投資先の資本政策やイグジットの意思決定に関与したり、ダウンサイドのリスクを限定できたりするようになったことを意味します。リスクが限定できるぶん、普通株式と比べてより高い評価額であったとしても、投資家にとってはスタートアップへの投資がしやすい状態になっているのです。これもまた、以前と比べてスタートアップの評価額が高くなりやすい一因でしょう。

この点、スタートアップが異なる種類の株式を発行して資金を調達している場合、「ポスト」[9]として算出される額は、会社全体の評価額を厳密には正確に反映していません。企業の時価総額（スタートアップの場合、企業価値とほぼ同義）は、株価×発行済み株式総数で表現されます。優先株式が発行されている場合、「発行済み株式」のなかには複数の異なる株式が含まれており、個々の価値は異なります。したがって、単純に直近の資金調達時の株価と発行済み株式総数の掛け算で評価額を算出するのは、実は正確ではないのです。

いずれにせよ、優先株式での資金調達が普及した状態であっても、スタートアップの企業価値が需給関係によって決まるという原則は依然として変わりません。

優先株式によってより高い評価額での調達が可能になるということは、それと引き替えに普通株式での発行よりも厳しい条件が付与されているということを理解しておくべきでしょう。フリーランチ《ただ飯》は存在しないのです。

さらに評価額が同じで、なおかつ投資条件が同じであったとしても、誰から資金を調達するかは、起業家にとって非常に重要な判断のポイントです。自分たちの事業理念に対して最も共感してくれる投資家がよいこともあれば、投資実績が豊富で会社の成長により貢献してもらえそうな投資家を好むこともあるでしょう。経営手腕に自信のある起業家であ

9 資金調達後の企業価値の評価額。投資ラウンドにおける1株当たり払い込み金額×投資ラウンド後の発行済み株式総数。

れば、逆に事業方針については一切口を出すことがなさそうな投資家を選ぶこともあると思います。また、VCのような純粋な投資家ではなく、事業展開における協業が期待できる事業会社からの資金調達を望む起業家もいることでしょう。

「お金に色はない」というのはよく聞かれるフレーズではありますが、その反面、お金の出し手には色があるのです。起業家と投資家の間にも相性の良し悪し、フィット感の有無はついて回るものです。資金調達においては単に投資額、評価額、契約条件にとどまらず、ベストパートナーを判断するうえでの「お見合い」があって然るべきだと思います。

〝スタートアップバブル〟の裏に大企業の存在

本項の冒頭で、官民ファンドや独立系のVCと並行して、近年では大企業も新興企業への資金の出し手として重要な役割を果たしていると述べました。スタートアップに直接出資することもあれば、VCへの投資を通じて間接的に資金を供給することもありますし、企業によっては、自社で独自のベンチャーキャピタルファンド（CVC）を組成することもあります。

以前と比べて、大企業が新興企業との連携に対して積極的な姿勢を打ち出していることの表れでもあり、歓迎すべきことでしょう。

ただし、大企業から外部のスタートアップへの投資が行われていることを違う角度から捉えてみると、大企業が自社内の既存事業に対して効果的に資金を再投資できなくなっている、もしくは新しい有望なビジネス領域を自力で切り拓くことができなくなっていることの表れと解釈することもできます。その結果、行き場を失った大企業内の資金が外部に向かっていると捉えることもできるでしょう。

スタートアップの評価額が調達サイドと投資サイドの需給関係によって成立していることはすでに述べました。**大企業の資金がスタートアップ投資に向かうことによって資金の流動性が高まるということは、結果としてスタートアップの評価額が高まる**ことを意味します。

ひとたびスタートアップの評価額の相場が高騰すると、とかく「昨今のベンチャー界隈はバブルだ」という言説が広がります。ともすれば、そうしたバブルを引き起こしている原因として、起業家の強気な態度が槍玉に挙げられることもあります。しかしながら、相場観が需給関係によって決まる以上、評価額の高騰の原因を起業家側のみに帰することはできません。つまり、資金の出し手側もまた、こうした評価額の高騰に一役買っているわけです。大企業の場合、自社内で有望な投資領域を特定できないのであれば、そのぶんは株主に還元するというのもひとつの見識ではないでしょうか。少なくとも、会社の資金を自分が好きに用いるための口実として「ベンチャー投資」が扱われていないか、内省する必要が上場企業経営者にはあるように思います。

「バブル」の声をはねのけろ

シリコンバレーに目を転じてみると、2014年あたりから、レイターステージのスタートアップに対してヘッジファンドやミューチャルファンド[10]といった伝統的なVCとは異なるファンドが投資するようになり、評価額が高騰するようになりました。なかには評価額が10億ドルを超える会社も多数現れ、〝ユニコーン（Unicorn）〟と呼ばれるようになりました。一方で2015年の末頃からは、こうしたヘッジファンドの資金がベンチャー投資に振り向けられなくなり、徐々に評価額も沈静化しつつあります。洋の東西を問わず、スタートアップの評価額が需給関係で決まることを表すエピソードと言えるでしょう。

こうしたユニコーンのうち、高い評価額を維持して持続的に成長し続ける企業がどれだけあるのかは、時が経過してみないと分かりません。シリコンバレーのVCは投資先がイグジットして実現化する前の段階で、投資先の評価額をベースに、こぞっていかに自分たちのファンドが好調であるかを誇示します。

10 複数の投資家が資金を提供して共同で運用するオープンエンド型投資信託。

ですが、評価額はあくまで企業の成長期待を数値化したものにすぎません。誰かが言っていましたが、バーに行ってビールを買えない限り、結局のところそれは本物のキャッシュではないのです。

いずれにせよ起業家当事者の視点に立てば、こうした景況が後々に「バブル」として語られてしまうか否かは、これからの自分たちの会社の成長にかかっています。現時点の評価額の相場が以前と比べて高まっているとしても、そうした追い風を受けて事業を成長させることができれば、当事者の誰もが結果的には満足することでしょう。また景況感の良い時期のほうが、より多額の資金調達がしやすくなります。バブルを背景にして急成長を目指すのもまた、ひとつの考え方ではあります。

資金調達のオプションが広がり、事業展開に必要な資金がより潤沢になったこと自体は、本来は非常にポジティブなことです。

経営者の本分が事業を成長させることにある以上、好況の波をうまく活用しながら、「バブル」といった声をはねのけるくらい、突き抜けた成長を目指したいものです。

不況は起業の好機？

また反対に、不況期が起業するタイミングとして悪いのかといえば、必ずしもそうとは限りません。景況感が悪くなれば、企業に勤める多くの起業家予備軍は、現状の職を維持しようとします。一方でVCはひとたびファンドを組成してしまうと、景気が悪化したからといって簡単にファンドを解散するというわけにもいきませんし、なんとかして有望な投資先に出資する必要があります。そうなると、資金を調達する側である起業家のほうが、より主導権を握りやすくなります。また、先行するスタートアップがイグジット前に操業を停止すると、そこから漏れ出てきた人材を採用することができ、好況期のような“War For Talent（人材獲得競争）”を回避して、より優れた人材を容易に獲得することができます。

とかく人は、景気の良いときにリスクをとって新たな事業を起こしたいと考えるものですが、不況期にこそチャンスは潜んでいるのではないでしょうか。「強気相場は絶望のなかで芽生え、懐疑のなかで育ち、楽観のなかで成熟し、幸福のなかで消えていく」という相場の金言は、スタートアップにも当てはまるのかもしれません。

エクイティファイナンスのリアル

スタートアップを取り巻く資金環境について、やや俯瞰的に述べてきましたが、ここではもう少しミクロの観点から、自身でビジネスを始める方が外部から資金を調達することの意味合い、特にエクイティファイナンスについて考えてみたいと思います。

常々思っていることですが、「起業すること」と「スタートアップを立ち上げること」は必ずしも同義ではありません。

本章の冒頭でも申し上げた通り、「スタートアップ」と聞いて想起される一般的なイメージは、「今まで世の中になかった製品・サービスを提供し、短期間に急成長することを企図する企業」です。

一方で**「起業」の対象とは、必ずしも新規性の高い領域で急成長する企業とは限りません。**飲食店や商店といった成熟した産業で事業を始めることも起業ですし、一族や仲間内を中心にした小さな規模の組織で受託事業を立ち上げることも起業です。士業などの資格を活かして独立することもまた、一種の起業と言えるでしょう。

「起業」のほうがスタートアップに限らず、自営業や中小企業などの立ち上げも含めた、より包括的な概念と言えます。

中小企業庁（2016年1月29日発表）によれば、日本全国には2014年度時点で382万社もの会社があり、毎年10万社超の会社が創業されているそうです。このうち、どれだけの会社が実体を伴う経済活動を営んでいるのかは定かではありませんが、日本全国で少なからぬ数の人々が毎年起業していることが見て取れます。

自営業や中小企業とスタートアップは、そもそも創業者の異なる志向に基づいて経営されており、優劣で比較することに意味はありません。しかしながら、事業を展開するにあたってのアプローチが異なるという点は理解しておく必要があるでしょう。

それぞれの経営スタイルが異なるにもかかわらず、両者を混同し、自分たちの事業に不向きな経営スタイルを参考にして走り出すと、後々になって「こんなはずじゃなかった」というボタンの掛け違いに発展しかねません。ここで考えるべき経営スタイルの一番の違いが、外部からの資金調達の有無です。

急成長「せざるを得ない」

短期間で大きく事業を成長させようとすると、得てしてまとまった資金が必要になるものです。タイミングと座組の条件がうまくそろえば、外部からの資金調達は会社の成長を大きく後押しする強力な追い風となることでしょう。

一方で、投資家は慈善事業で資金を提供しているわけではありません。スタートアップに資金を提供する投資家にも、親類縁者やエンジェル投資家と呼ばれる個人もいれば、事業会社や各種ファンドなど、さまざまなタイプがあります。ＶＣなど、他人のおカネを運用している投資家の場合、ＩＰＯや売却といったイグジットを通して、投資した資金をキャピタルゲインとして回収するのが商売の基本です。

前述の通り、インカムゲインで満足するＶＣなど存在しないでしょう。ひとたび資金調達をしたスタートアップはイグジットを前提とし、投資家からは利用者数や売上を急激に伸ばすことを期待され、求められるのです。「急成長を目指す」と言うよりは「急成長せざるを得ない」と言うほうが、より正確な表現かもしれません。

自分たちが稼ぎ出す売上で会社の費用をやり繰りする中小企業であれば、継続的に事業を運営するために、利益を得ることが非常に重要です。言うまでもなく、赤字が続いて保有するキャッシュが尽きれば、会社は倒産してしまうからです。

ところがスタートアップの場合は、より短期間で規模を拡大して市場を占有するために、収益性を度外視し、赤字を垂れ流しながらでも利用者数や売上の成長を追い求めることもあります。成長を背景にして、キャッシュが尽きる前に新たな投資家から前回のラウンドよりも好条件で資金を調達すればいいと考えれば、現在保有する資金だけで事業運営をやり繰りする必要がないからです。

また、場合によっては競合から顧客を奪うために、あえて事業としてはとても成立しないような低価格でサービスを提供する企業もあります。競合に対して、強烈な価格競争を仕掛けるのです。最終的に競合が倒れて市場を独占した段階で、こうした企業は徐々に価格を吊り上げたり、事業パートナーへの価格交渉力を増したりすることで、投下した資金を回収します。資金が潤沢にあればこそ採り得る、ひとつの戦略です。資本集約型の事業の場合、大量の資金を集めること自体が競合に対する差別化の要因となるのです。本質的に良いサービスが、必ずしも勝ち残るとは限りません。体力勝負となると、赤字を垂れ流しながらも最後まで立ち続けていた者が勝者になります。**「良いサービスが勝つ」のではなく、「勝ったサービスが良い」**ということです。

段階的に資金を調達する前提であればこそ、成長のためには赤字を出してもいいということになるのですが、よく考えてみると、これは事業が想定通りに成長しなければ次の資金調達は望めないことを意味します。考えようによっては、起業家は投資家に生命維持装置を握られた状態であるとも言えます。外部から資金を調達して見込型の事業に挑戦するにあたっては、この事の意味をしっかりと考えるべきでしょう。

外部から調達することによる足かせ

時として、新たに事業を起こしたいという方からご相談を受けることもあります。以前にお会いした起業準備中の方は、特定のレジャーに関する事業テーマに対して強い情熱をお持ちでした。お話を伺った時点で、すでに業界の関係者を行脚して協力を取り付けており、具体的な立ち上げに向けた準備を進めているとのことでした。素晴らしい行動力だと思いましたし、それだけ思い入れがある事業なのであれば、ぜひ挑戦してみればいいのではないかとお伝えしました。ところが、立て続けに資金調達についてのアドバイスを求められ、はたと考え込んでしまいました。

正直、伺った内容では、彼らの事業が急成長するイメージを持てなかったからです。また、対象とする市場も十分に大きい規模とは思えませんでした。考えた末、自営業や少人数の中小企業と割り切って取り組まれるのがいいのではないかとお伝えしました。当面はまとまった資金が必要とも思えず、取り立てて資金調達の必然性も感じなかったからです。

もともとご本人がお聞きになりたかったのは、どんな投資家からどの程度の資金を調達すればいいのかといった具体的なアドバイスだったようです。期待していた回答と違い、少々釈然としないご様子ではありました。ただ、一足飛びに資金調達の具体論について検討する前に、大前提として自分がどのように事業経営に携わりたいのかを考えることが、自身のためであると思います。**「この事業内容で起業すべきか?」という問いと、「この事業内容で資金調達すべきか?」という問いでは、まったく答えが異なる**のです。

会社の舵取りのしやすさのみを考えれば、本来は資金調達などせずに済むのなら、それに越したことはありません。投資家によって程度差はあるものの、外部から資金を調達することで投資家とのコミュニケーションコストやレポーティングの手間は格段に増えます。他人様からお金を調達している以上、説明責任は当然果たしていかねばなりません。しかしながら、大企業に比べて管理部門も未熟な段階で、投資家とのやりとりに過剰な手間が割かれ、本業に十分専念できないようであっては本末転倒です。

また時として、事業方針をめぐって投資家と意見が分かれることもあるでしょう。こうした見解の相違について対話を重ねながら方針を打ち出すことは、自分たちで好きに意思決定している状態に比べれば、なんとも面倒なものです。

事業の成長サイクルとファンドの運用期間は連動しない

また、ファンドには償還期限[11]があるという点にも注意が必要です。ＶＣも投資家（ＬＰ）から預かったおカネをスタートアップに投資し、運用しています。ファンドの期限内にＩＰＯや売却といったイグジットを通して、投資額を回収する必要があります。

厄介なのは、**スタートアップが営む事業の成長サイクルと、ファンドの運用期間はまったく独立した事象**であるということです。

事業の成長スピードや市況を考えると、本来イグジットを先延ばしにしたほうがより大きく事業を成長させることができる蓋然《がいぜん》性が高い状況であったとしても、出資を受けた以上、スタートアップの経営者は投資家サイドの意向を尊重せざるを得ません。

ＶＣからの資金調達時に締結する投資契約書には、「上場努力義務」といった項目が設けられていることも珍しくありません。厳密な法的拘束力があるか否かはさておき、創業者は絶えずイグジットを意識する環境下に置かれます。近時は上場努力義務違反（約束した時期までにＩＰＯができなかった場合の一種のペナルティ）として優先株式の買戻義務などを規定する例も増えています。

また、優先株式を発行して資金調達する場合には、優先株主の決

11 ファンドの運用期間が終わり、財産の清算を行い、投資家に対して投資口数に応じた償還金を返還する期日。

議によって、創業者を含む普通株主も買収者に対しての株式売却を強制される契約条件（ドラッグ・アロング）が付されることもあります。

仮にイグジットがかなわない状況では、VCが持ち分を第三者に売却することもありますし、場合によっては会社や経営陣に対して買い取りを迫ることもあります。会社の成長を考えると望ましい状況ではありませんが、VCもビジネスとして投資事業を営んでいるわけですから、そのことに異議を申し立てるのはお門違いというものです。それが嫌なら最初から調達など望むべきではないでしょう。

すでにVCから資金を調達しているスタートアップ経営者の方から、「自分たちの会社にとって上場することに意味があるのか分からない」というご相談を受けたこともあります。当人は純粋な思いで事業に取り組んでいらっしゃるのだと思いますが、資本政策は後戻りができません。調達した後になってからその是非を考えても遅いのです。

自称「バリューアド」「ハンズオン」の虚実

投資家のなかには、自分たちは単に資金を供給するだけでなく、経営に関する知見の提供などの付加価値を提供する「バリューアド型投資」であることをアピールなさる方々もいます。出資して終わりではなく、経営や事業のオペレーションにも関与する「ハンズオン」のサポートをすることによって、経営チームを手助けするというのです。事業経験の乏しい起業家であれば、こうした「バリューアド」にすがりたい気持ちになるものです。確かに経営面の有益なアドバイスや営業先の紹介といったサポートは、会社の成長の大きな助けになることでしょう。

ですが、「ハンズオン」という言葉が、結局はＶＣに対するレポーティングを手厚く求めることや、コスト削減に強く介入するといった意味にすり替えられているといったケースが少なからず見受けられます。コストの削減であれば、多少のビジネス経験があればそれほど難しいことではありませんし、そもそもコストを削るほどの余剰もない、「ないない尽くし」であるのがスタートアップというものです。

スタートアップにとって真に価値があるのは、成長に向けたサポートです。最も直接的なのは、事業の見込顧客を連れてくることでしょう。果たして投資家が主張する「バリューアド」が具体的にはどのような内容を指すのか、ファンドのキャピタリストに本当にスタートアップをサポートするだけの才覚や経験があるのか、スタートアップ側は**ファンドの既存の投資先に対してサポートの程度や有用さを確認するなどして、事前に慎重に検討すべき**です。ＶＣにとっては、ファンドを組成したのに投資できないでいると、「ソーシングができなかった」と見なされてしまい、次回以降のファンドの資金をＬＰから調達しにくなってしまいます。そのため、資金が供給過多の状況であればなおさら、少しでも良いスタートアップに出資したいという動機付けが働きます。往々にして、「バリューアド」や「ハンズオン」という言葉は、資金調達時に発せられる投資家サイドの売り文句でもあるという側面に留意する必要があります。

近年では、日本国内でもスタートアップに投資する資金はあくまでリスクマネーであるというコンセンサスが確立されてきました。2000年代まであればいざ知らず、執筆時点の2016年において、出資にあたって代表に個人保証を求めるVCにはさすがになかなかお目にかからないのではないでしょうか。

とはいえ、実際に企業が苦境に陥ったり、期待していたほどのパフォーマンスを得られなかったりした場合、あらゆる手を使って資金を回収しようとする投資家がいるのもまた事実です。

基本的にVCのキャピタリストはスタートアップの成功を願い、リスクマネーを提供することで事業の成長を支援しようとする志を持つ方々がほとんどのはずです。その一方で、前述したように、LPから調達した資金を運用して少しでも多くのリターンを還元することは、VCの金融事業者的な側面における責務でもあります。

さらにVCに出資しているLPの多くもまた、他人の資金を運用する機関投資家であったり、株主から資金を預かる株式会社であったりします。外部から資本を調達するということは、かように重層的な投資家たちの食物連鎖のなかに組み込まれることを意味するのです。もはや無邪気に自分たちが営む商品・サービスのことだけを考えていればいいというものではありません。

上場後のコスト、プレッシャーを侮るべからず

仮に、事業が首尾よく伸展し、上場を果たしたとしましょう。そこで待っているのは、市場を相手にしたコミュニケーションです。

親身に応援してくださる長期保有の株主ばかりであればよいのですが、**自社の事業内容すら知らない投資家の面々とも向き合っていかねばなりません。**そうした方々から経営や配当の方針について厳しく注文を付けられることもあるでしょう。また資本市場に出るということは、自社が他社からの売買対象になることをも意味します。上場するというのはそういうことです。

以前、ある上場企業の創業者の方に、なぜ上場したのかと尋ねたことがあります。すると、「特に明確な理由はない。なんとなく上場した。周りも上場を期待していたし、当時は上場を目指すのが当たり前の雰囲気だった」という回答が返ってきました。

上場するということは会社を成長させ、配当やキャピタルゲインを通じて株主に報いる責務を負うということです。この程度の認識で上場企業を経営されていたのでは、株主としてはたまったものではありません。何より上場企業の経営者として、上場前は想像もしていなかったようなプレッシャーにさらされることになる創業者本人が一番不幸というものです。

プライベート・カンパニーという選択肢

果たして、資金を調達して投資の食物連鎖に組み込まれることが、起業家自身にとって望ましいことなのでしょうか。会社を大きく成長させることが、当人にとって本当に幸せなことなのでしょうか。仲間内で身の丈に合わせた事業規模を維持するのではいけないのでしょうか。仮に自分の好きな製品やサービスを自分たちのペースで世の中に提供し続けたいという思いが最大の原動力なのであれば、プライベート・カンパニー（非上場企業）として生きる道を模索するほうが、よほど賢明なのかもしれません。

繰り返しになりますが、スタートアップが出資を受けるということは、資本の論理にのっとり、さまざまなしがらみや制約を引き受けて会社の急成長を目指すことを意味します。会社の売却を「身売り」と表現することの歪《いびつ》さについてはすでに指摘しましたが、外部から資金を調達するということは、あえて言えば「部分的な身売り」です。

ことさら、100%売却だけを指して「身売り」などと呼んでいると、外部の資金を受け入れていてもあたかも会社をわが物のように捉えてしまいかねませんが、それは誤解です。創業者であったとしても、ひとたび資金を調達すれば「雇われ経営者」としての役割を担うことになるのです。こうした点を理解したうえで、それでもなお自分たちは資金が必要なのか、起業家は冷静に自問してみる必要があります。

言い換えれば、前述した**「起業」と「スタートアップ」の違いを認識したうえで、自分は何がしたいのかを改めて自問してみる**ということでしょう。どちらが良いか悪いか、万人に共通する解はありません。当人の生き方の問題です。

ここで述べたようなさまざまな面倒事を考えれば、仮に急成長を目指すスタートアップであったとしても、すでに利益が出ていたり、当面の運営資金が賄えていたりするのであれば、無理に資金を調達する必要はないのではないでしょうか。

アメリカでは、自己資金のみで事業展開を行う新興企業のことを「ブートストラップ」と呼びます。ともすれば中小企業との区別が曖昧な概念ではあるのですが、ブートストラップで成長している企業もあります。

日本でも、世の中を見渡せば、資金調達をせずに成長した会社はいくらでもあります。2015年に新興市場に上場した企業のうち、4分の1はVCから資金を調達していません。新進気鋭のスタートアップが集まるIT領域においても、2011年に上場を果たしたリブセンスなどはVCから資金を調達していません。

そもそも1990年代頃までは、VCという仕事自体が日本ではほとんど根づいていなかったのですから。

〝異端〟である起業家がレールを辿る必要はない

以上の前提を踏まえたうえで、それでもなお、急速な拡大のために外部から資本を調達すると決めるのであれば、腹をくくって脇目も振らずに突っ走るしかありません。

またその際には、くれぐれも投資家との相性を見極めたうえで出資を仰ぐことをお勧めします。おカネを巡る緊張関係がある一方で、投資家は長い道のりをともに走るパートナーです。投資額や評価額の多寡や、投資条件だけでなく、本当に自分たちが挑戦しようとしている事業の意義や自分たちの夢に共感してもらえるのかどうかが重要です。ドライな数字の話だけでなく、浪花節じみたウエットな側面も意識したうえで、相手を選ぶべきでしょう。気の合わない相手と長きにわたって顔を突き合わせ続けることほど辛いものはありません。

テック系のメディアばかり眺めていると、VCから資金を調達することがあたかも会社としてのスタートラインに立つことであるかのように錯覚してしまうことがあります。また、事業を起こすうえではスタートアップ特有の立ち上げセオリーにのっとって活動しなければならないかのように感じてしまうかもしれません。

ですが、起業家という人種は、「企業の正社員」というわが国における保守本流キャリアのレールからは外れた異端児のはずです。ここまで散々、資本政策の常道について説明しておきながら半ば相矛盾することを言うようですが、レールから外れた人たちがわざわざ好き好んで常識に塗り固められたセオリーを遵守する必要はありません。

「リーンスタートアップ」である必要もなければ、VCから大規模な資金調達を果たしてテック系メディアを飾る必要もありません。**自分たちがやりたいことを、最も効率的に、かつやりたいようにやる方法にこそ頭を使うべき**です。

本章では新興企業のエクイティファイナンスを中心に述べましたが、日本には無担保・無保証で活用できる創業融資などの仕組みもあります。金融機関から借り入れるデットであれ株式を発行するエクイティであれ、外部から事業に必要な資金を調達することに変わりはありません。さまざまなオプションが存在することを踏まえたうえで、会社個別の事情に応じて最適な資金調達の方法を検討することをお勧めします。

起業家と投資家の情報の非対称性

ベンチャーファイナンスの基本と力学について説明してきましたが、ここで起業家が注意すべきは、起業家と投資家の間には、圧倒的な情報の非対称性が存在するということです。バリューアドの売り文句を鵜呑みにしない、といった注意はほんの序の口にすぎません。

起業家は自分たちが取り組む事業の内容や、事業を取り巻く環境については精通している一方で、たとえば優先株式による資金調達時の投資契約の内容や、その際に行う定款変更が意味することといった、ファイナンスや法律に関する予備知識はほぼ持ち合わせていないというのが実態ではないでしょうか。

過去に起業経験のある**シリアル・アントレプレナーでもない限り、ほとんどの起業家にとって、資金調達は初めて経験することばかり**です。初期のスタートアップであれば、財務に関する知識と経験が豊富なＣＦＯ（最高財務責任者）が社内にいるということも稀でしょう。事業内容に関する知識と投資条件にまつわる知識はまったく異なるものです。どれだけ賢く、良いサービスや商品を開発することができる起業家であったとしても、資金調達において良い条件交渉ができるかどうかとはまったく関係がありません。

一方の投資家側は、投資のプロフェッショナルです。週単位で投資委員会を開き、数多くのスタートアップに対する投資を検討することで各領域の状況を把握し、おおよその相場観を持ち合わせているものです。

必然的に、資金調達の交渉はＶＣが主導権を握りがちな傾向にあります。起業家のなかには自分たちの無知や理解不足がゆえに、知らない間に想定していなかったような条件内容の契約を結んでしまうといった事態も起こり得ます。単純に知識量や経験の有無の問題です。

投資契約書を隅々まで理解できるか

たとえば優先株式で資金を調達する場合、優先株主に対する残余財産の優先的分配といった項目が定款に加えられます。これは、会社が清算されるときに残されている財産を、優先株主が普通株主に優先して得るという内容の条項です（図表３－４）。スタートアップの

図表3-4 「優先分配」の考え方

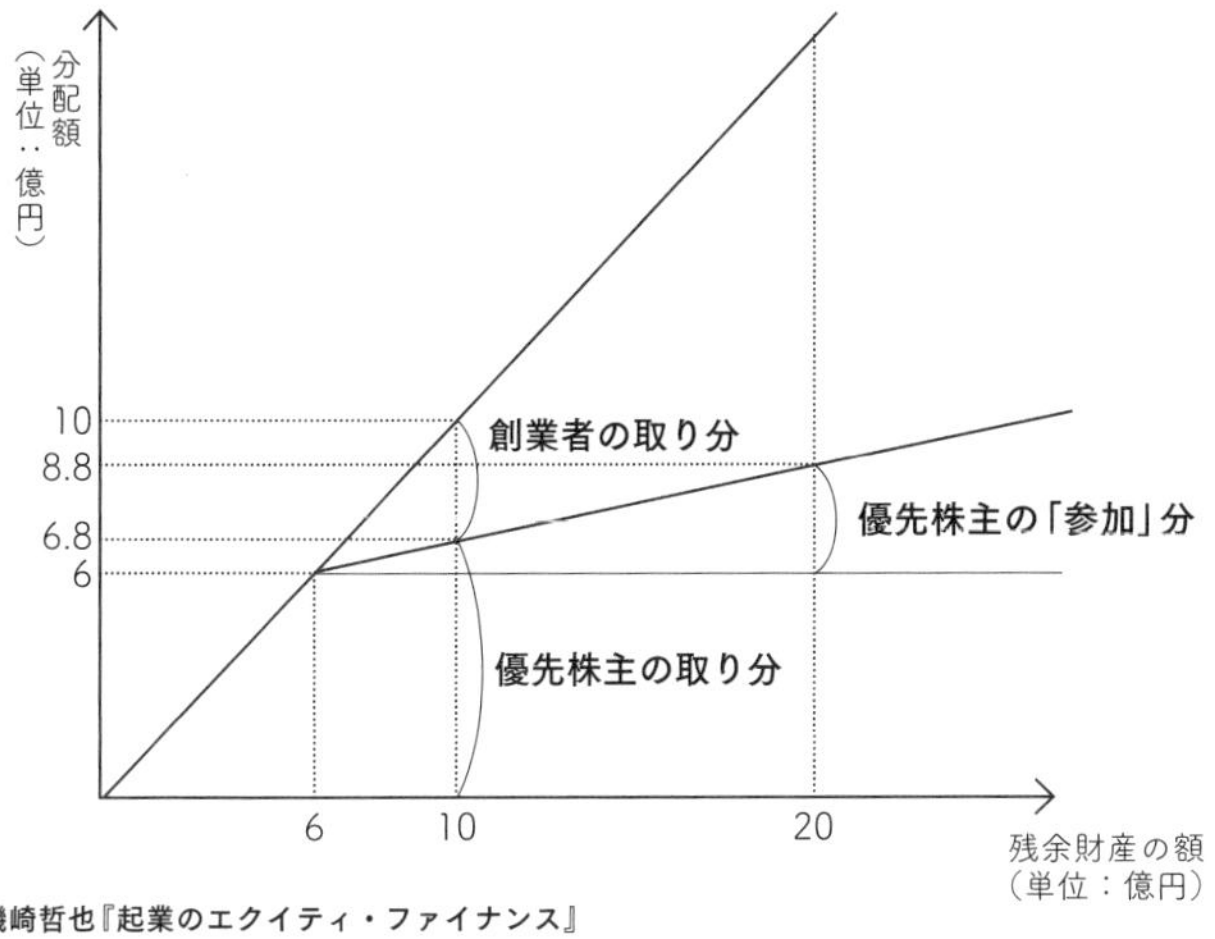

参考：磯崎哲也『起業のエクイティ・ファイナンス』

事業が立ち行かず、清算する場合は、財産などほぼ残っていない状態でしょうから、問題になるケースは少ないようにも聞こえます。

ところが、ここにいわゆる「みなし清算条項」が加わり、M&Aによるイグジットも清算の一種と「みなす」と定められた場合、事情は大きく変わってきます。さらに、残余財産の優先的分配には「参加権」や「倍率」といった概念が付帯します。たとえば「完全参加型・残余財産優先分配3倍」といった条件で優先株式を発行し、2億円の資金を調達するケースを考えてみましょう（持分20%）。M&Aによって会社が買収された場合、優先株主は買収額のうち、2億円の3倍である6億円を優先的に回収し、そのうえで、残った金額を持ち分比率に応じて受け取ります。

大規模な買収であればまだよいのですが、仮に買収額が6億円以下であったとすると、優先株主以外の株主には何も残りません。このような状況下では、優先株主と創業者（および普通株主）の利害がまったく一致しない状態に陥ります。リターンを得られる優先株主は会社の売却を求めるのに対し、創業者はリターンを得るために会社を継続するインセンティブが働くのです。こうした状況下で、あらかじめ「ドラッグ・アロング」と呼ばれる条項が入っていると、創業者や普通株主の意向に関係なく、優先株主は普通株主の株式もろとも、買収者に譲渡することが可能です。優先株式とは、純然たるエクイティファイナンスというよりは、デットファイナンスとエクイティファイナンスの狭間に位置づけられるメザニンファイナンスの一種であり、普通株に対してかくも優越した設計がなされ得るのです。

初めて投資家から資金を調達するような起業家が果たして、投資契約書を読んでこうした内容を理解することができるでしょうか。自分たちのサービスや商品の開発に専念したい起業家であれば、できることなら煩雑な契約内容の確認作業などは敬遠したいと思うものですし、資金繰りもままならない状況で、リーガルチェックなどにコストを割きたくないと考えるのは自然なことです。

資本政策は後戻りができない

しかし、はたから見ていると、知識不足であるがゆえに随分と強引な内容の投資契約を結んでしまっているように思われるスタートアップに出くわすこともままあります。端的に言って、条件交渉の時点で「やられてしまった」感のある契約を結んでしまっているのです。資本政策は一度プロセスを進めてしまうと、後戻りができません。こうした事態を防ぐためには、**たとえ小さな額の調達であったとしても、スタートアップの投資契約に精通した弁護士に相談するなどして、内容を咀嚼する**ことを強くお勧めします。

ただ一方で、日本国内にスタートアップの投資契約に精通した弁護士がまだまだ十分にいないという問題もあります。日本国内ではスタートアップの数自体が少ないためにベンチャーファイナンスの事例が不足しており、スタートアップに向けたリーガルサービスがひとつの領域として成立しきっていないのです。

ベンチャーファイナンスで助言を行う弁護士のなかには、主に大企業のM&Aアドバイザリーを担当してきた方もいらっしゃるそうです。大企業の買収ディールとベンチャーファイナンスは、どちらも株式を発行している点では共通するものの、留意すべき勘所や契約内容の厳密度合い、スピード感が異なり、ややもすればピントが外れたやり取りがなされているようにも聞きます。スタートアップが実務上で重要な理論武装をしたうえで、納得感のある資金調達を行ううえでは弁護士だけでなく、いわば投資家と企業家の間に立つことができるプレーヤーが必要ではないかと思います。

この点について、私は起業経験のあるエンジェル投資家がカギを握るのではないか、と考えています。

個々の契約内容について、単に契約書上の内容を解説するだけでなく、個々の条件が実務上でどのような意味を持ち得るのか、生々しい手ほどきを期待できるからです。また、複数のスタートアップに投資をしているエンジェルであれば、時期やステージ、事業領域などの異なる複数のスタートアップの契約状況を俯瞰的に見ることによって、大まかな相場観を把握することができます。その結果、起業家と投資家の間の、情報の非対称性を是正するプレーヤーとなり得るはずです。

複数の投資家とのやり取りがあるエンジェルであれば、起業家の性格や志向性と相性のよい投資家を見極めて紹介する、水先案内人としての機能も期待できるのではないでしょうか。起業家から見れば、いわばお金をもらってベンチャーファイナンスの助言を得ているようなものです。

「起業参謀」としてのエンジェル投資家の役割

またエンジェル投資家の役割は、何も資金調達時のアドバイザリーに限ったものではありません。経営面における経験者ならではのリアリティあふれるアドバイスやメンターとしての役割も期待できることでしょう。

スタートアップというと、「イノベーション」という言葉の響きから想起されるような、新規性あふれるプロダクトの開発や、世の中を一変させるサービスの展開といった、ポジティブな側面にばかり目が向きがちです。それ自体は至って真っ当なことです。世の中になかったサービスを提供して新たなビジネスをつくり上げていく感覚は、起業家としての喜びでしょう。

一方で、ゼロから事業をつくる過程で付いて回るダークサイドにはなかなか目が向かないものです。スタートアップに携わっていると、何かしらの達成感を享受する以上に、己で事業を背負うがゆえの苦しみを味わう瞬間のほうが多いように思います。現実には、計画通りに進まないプロダクト開発、投資家からの叱責、従業員の離反、日に日に減っていくキャッシュといったプレッシャーに苛まれます。

零細企業経営者にとっては、P／L（損益計算書）、B／S（貸借対照表）、C／F（キャッシュフロー計算書）といった財務諸表は、あまり意味をなしません。数週間遅れで会社の過去の財務状況を知っても意味がないからです。それよりも大切なのは、資金繰り表であり、銀行通帳です。社員にとっては嬉しい給料日も、事業を営む立場に回れば会社のキャッシュが燃える憂鬱な日です。日に日に減っていく会社の現金に胃を痛めつつ、周囲の前では常に明るく振る舞い続けなければなりません。

私自身、スタートアップに携わっていた頃は、意味もなくインターネットバンキングの残高を照会しては、何かの間違いでキャッシュが増えていたりしないかと夢想していたものです。夢のなかでも連日のように資金繰りの計画を立て続けていました。終いにはキャッシュアウトする悪夢で悲鳴を上げ、自分の悲鳴に驚いて飛び起きたことも一度や二度ではありません。

ただ、経営者の立場として一番厳しいのは、事業がうまく進展しないことでも、キャッシュが減少することでもなく、信頼しているメンバー間の軋轢です。スタートアップの現場で繰り広げられる日常風景は、ＳＦめいたイノベーションの舞台というよりも、交錯する人間関係を取り巻くメロドラマとでも呼ぶべきものではないでしょうか。こうした人間群像のなかで事業の舵を取り続けるうえで、信頼できる起業経験者の存在は、当事者にとって大きな支えとなるはずです。

エンジェルの存在は何も、起業家のみを利するものではありません。ＶＣにとっても、両者が合意して締結したはずの投資契約に対して、後々になって内容を十分に理解していなかった起業家から非難されるのは、迷惑このうえない話です。また、自分たちが出資するスタートアップを後押しする存在として、実績ある元起業家が加わることで、会社をより高い次元に引き上げることが期待できるはずです。

改めて強調しておくと、VCはスタートアップの成功を望み、同じ船に乗り込むパートナーです。スタートアップの成功は、投資しているVCにとっての成功でもあります。**基本的に両者は限られたパイを奪い合う関係ではなく、パイをより大きくするために協力し合う仲間**なのですから、誠実に接するのがあるべき姿かと思います。一方で大きくなったパイをどう切り分けるかという点においては、VCと起業家の利害に食い違いが生じるケースもあります。後になって「こんなはずではなかった」といった事態に陥らぬよう、企業参謀ならぬ「起業参謀」として、エンジェル投資家のサポートを得られるのであれば、それに越したことはないと思います。

「志高い起業」が迎える第2の死の谷

さて、本章の前半で「志低い起業」をもっと受け入れるべきと述べましたが、最後に「志高い起業」を目指すうえでの課題点についても触れておきたいと思います。

起業家の方と接していると、「Appleのような規模感の大きい会社をつくりたい」という言葉を聞くことがままあります。また同様に、投資家の方からも「日本からGoogle（現Alphabet）やFacebookに並ぶくらいインパクトのある会社を創出したい」といったお話を伺うこともあります。野心を燃やして大きく成長する事業に取り組むのは素晴らしいことだと思います。ただ実際のところ、新興市場に上場を果たした後に大きな規模に羽ばたくスタートアップの数はそれほど多くはありません。

通常、研究開発が完了した技術シーズを事業化するにあたり、プロダクトの生産や顧客獲得に向けて、スタートアップは多くの資金を必要とします。この段階で必要な資金を調達することができずに頓挫する事業が多いことから、製品開発から事業化に移行する局面でスタートアップが直面する障壁のことを「死の谷」（**図1－1再掲**）などと呼びます。

ところが、晴れてこうした「死の谷」を乗り越えて事業化に成功し、マザーズをはじめ

図表1-1　事業の立ち上げで直面するキャッシュの枯渇

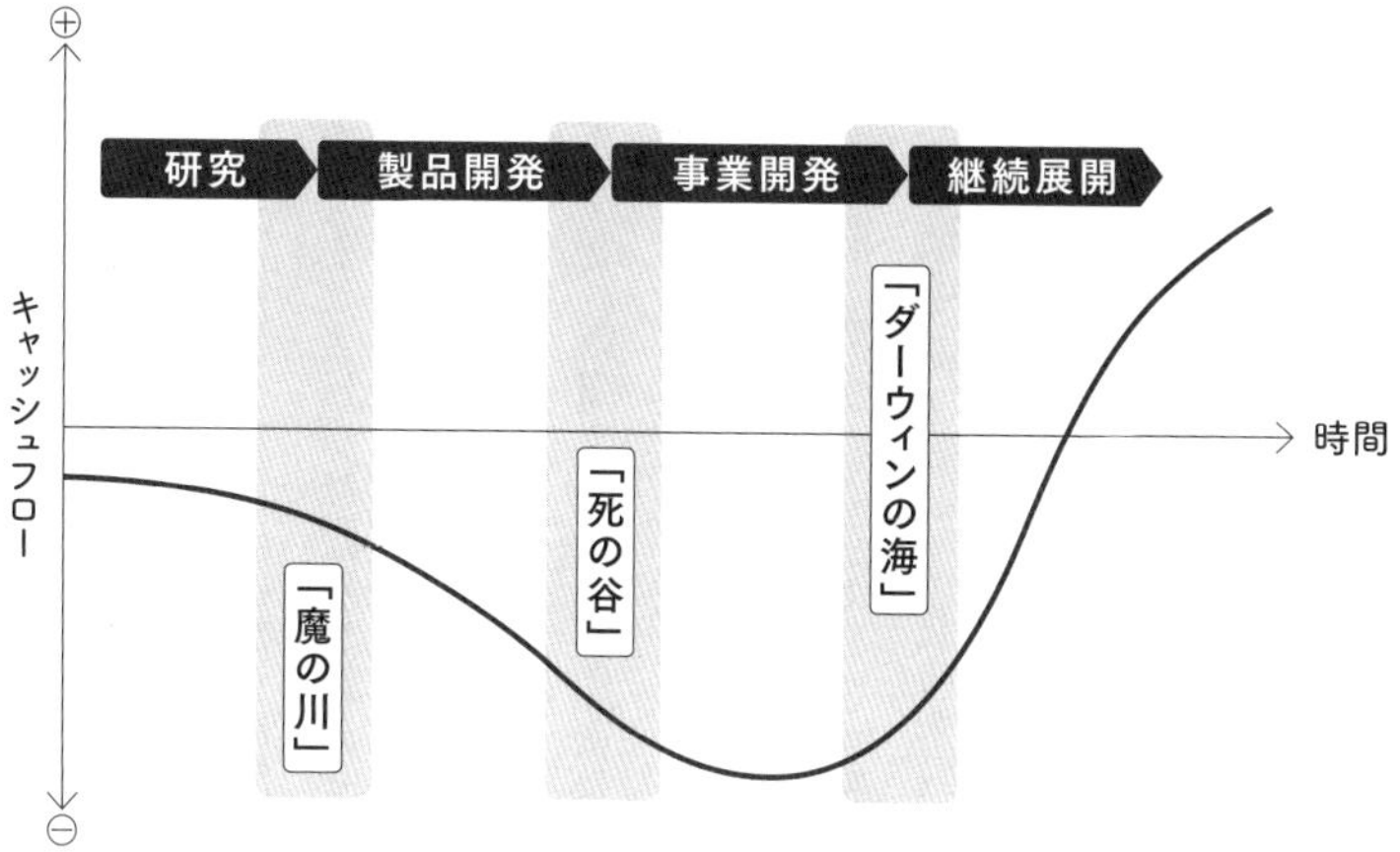

とする新興市場に上場することができたとしても、ここで「第2の死の谷」とでも呼ぶべき状況が待ち構えています。

日本の上場はシリコンバレーのミドルステージ

再三述べてきた通り、外部から資本を調達しているスタートアップは、上場や売却を通したイグジットを前提としています。ただ実際には、日本国内においてスタートアップを買収しようとする企業がまだまだ少ないこともあり、新興市場への上場を目指すのが一般的です。

設立年数が短く、大手企業に比べれば利益額もまだまだ小さいスタートアップの場合、概してマザーズのような新興市場への上場を目指します。マザーズは今後の成長が見込まれる企業を対象とした市場であり、赤字段階であったとしても上場することが可能です。世界的に見ても、上場に向けたハードルが非常に低い市場であると言えます。上場している企業の多くは、時価総額が数百億円前半の企業であり、なかには数十億円の企業も含まれています。この規模感をシリコンバレーのスタートアップに照らし合わせて考えてみると、ミドルステージかアーリーステージの段階に該当すると言えるでしょう。

日本国内でスタートアップに投資される資金の量は、アメリカの50分の1であるといわれていますが、新興市場の一般投資家がミドルステージ以降への投資を代替しているのです。つまり、**アメリカではベンチャー投資のプロフェッショナルであるVCがリスクをとって投資している段階の企業に対し、日本では一般の投資家が資金を供給している**のです。しばしば「日本人はリスクを回避しがちである」といわれますが、個人投資家が新規上場株に殺到する様子は、「リスク回避志向」とはまるで正反対のアグレッシブな投資スタンスに映ります。

VCは通常、保有するスタートアップの株式を上場を機に市場で売却します。その結果、スタートアップは株主であったVCとの関係性が途絶え、外部からのサポートが薄れていきます。外部からお金を預かっている以上、VCには運用期間内で保有株式を売却して現金化しLPに配当する責務があります。しかしながら、アメリカでいうアーリーステージやミドルステージの段階にある企業をイグジットと見なし、スタートアップの株式を放出しているようでは、「日本からGoogleやFacebookクラスの新しい企業を創出する」ことなど、到底ままならないのではないでしょうか。

株式を公開して資金調達に苦しむという逆説的状況

「IPO」と聞くと、華々しい印象を持つ方が多いかもしれません。確かにスタートアップの当事者にとってはひとつの節目ではあります。ですが、IPOとは企業がさらなる成長を目指すために、資金を広く市場から求める契機にすぎません。いわばIPOは企業にとっての幼年期の終わりであり、新たなステージの始まりを意味するのです。会社の価値についても、非公開時とは異なる視点で評価されることになります。第6章でも触れる通り、株主の期待に応え続けるうえで、上場後にも途方もない苦難の道が続きます。そんな局面において、外部の伴走者を失うことは、非常に心許ないことではないでしょうか。

またVCの立場に立ってみれば、仮に投資先がこれから先も成長を続けると信じるのであれば、株式を手放すことは本来、経済合理性のある行為ではありません。公開前に安値で買った株式を保持し続けることが、VCが保有する資産の増加につながるはずです。それでもなお、売却できないロックアップ期間[12]が経過した時点で投資家が株式を売却しようとする背景には、ファンドの償還期限が絡んでいます。株式の長期保有がかなわないという点において、極端に言えば償還期限が諸悪の根源ということになります。

新興市場での資金の出し手にも、問題は潜んでいます。機関投資家は、基本的には時価総額が大きい企業にしか投資をしません。小型株は流動性が低いため、機関投資家の投資対象とはならないのです。そのため、機関投資家向けビジネスが中心の証券会社としても、手数料が見込めない小型銘柄はアナリストにカバーさせていません。

東京証券取引所によれば、2016年6月のアナリストによるカバレッジ率の状況は東証一部が61・7%であるのに対し、東証マザーズは33・5%にとどまります。JASDAQに至っては11・3%という状況です（アイフィスジャパン調べ）。その結果、機関投資家からはますます敬遠されるという悪いスパイラルに入り、主に短期売買を行いがちな個人投資家が中心を占め、株価の動きが不安定になるのです。

また、ひとたび上場して株式の新規発行によって資金を調達すると、それ以降で新株が発行できるのは、現実的には市場変更のタイミングくらいしかありません。株価が絶頂時から下がったタイミングで資金を調達しようとすると、既存株主の持ち分は希薄化してしまうため、既存株主の反発を受けるからで

12 株式公開後、大株主が自由に株を売却できるようになるまでの期間を指す。

す。

その結果、**本来は市場からよりスムーズに資金を調達することを目指して株式を公開しているにもかかわらず、資金が過剰流動気味の非公開企業に比べて、より資金が調達しにくいという逆説的な状況**が生じるのです。

求められるペイシェント・リスクマネー

日本国内のスタートアップ・エコシステムの発展を企図し、より多くの革新的な企業を生み出すためには、起業前や上場前段階の環境整備にとどまらず、イグジットや上場後のサポート機能についても、考えを巡らせる必要があるのではないかと思います。

ひとつの策は先にも述べた通り、M＆Aを通したイグジットの機会を増やしていくことです。買収の成功事例が蓄積してそのノウハウが活用できるようになれば、買収者となり得る大企業にとって、スタートアップの買収が有力な戦略オプションとなることでしょう。

それと同時に、上場したスタートアップの株式の受け皿となる、長期保有を前提としたペイシェント・リスクマネーが求められます。新興市場がアメリカのスタートアップのミドルステージ（もしくはアーリーステージ）に該当するのであれば、ミドルステージに資金を投じるVCと同じ気概で、東証1部、あるいはNASDAQのような海外市場に上場するまで伴走し、付加価値を提供する投資家が必要なのではないでしょうか。それは、**会社を単なる一銘柄と見なし、短期的な売買の対象と考える短期の投資家のスタンスとは一線を画す**はずです。

非公開のベンチャーファイナンスには、すでにスタートアップの増加以上のペースで資金が流入しています。日本のスタートアップ・エコシステムの構築を目指すにあたっては、むしろ新興株式市場にリスクマネーを投じることのほうが、より意義があるのではないでしょうか。本気で21世紀のホンダやソニーを輩出したいと願うのであれば、先発投手であるVCを引き継いで、リリーフエースとなる上場後の投資家が必要だと思うのです。

コラム3

スタートアップの価値評価と資金調達

第3章本文中でも触れた通り、エクイティファイナンスに際してカギとなるのが、企業価値の評価（バリュエーション）です。同じ額の資金を調達する場合でも、評価額次第で既存株主の持分比率が大きく変わるためです。この点、架空のスタートアップX社を事例として具体的に確認してみましょう（図表3－5）。

起業家のAさんが800万円を出資して新たにX社を設立したとします。仮に設立時の発行株式数が800株だとすると、1株当たりの株価は1万円となります。このX社が事業を展開する過程で資金が必要となり、ベンチャーキャピタルYから4000万円の資金提供の申し出を受けたとします。

このとき、Yが出資前のX社の企業価値を3億2000万円と評価したとすると、Aさんが所有する株式の価値は1株当たり40万円（3億2000万円÷800株）となります。もともとは1株1万円だったX社の株式の価値が、評価上は一気に40倍ま

図表3-5　X社の資本政策

	設立		第三者割当増資（第1回）			第三者割当増資（第2回）		
	発行済株式数	比率（%）	増加株式数	発行済株式数	比率（%）	増加株式数	発行済株式数	比率（%）
起業家A	800	100		800	88.9		800	80
ベンチャーキャピタルY			100	100	11.1		100	10
ベンチャーキャピタルZ						100	100	10
合計	800	100	100	900	100	100	1000	100
1株当たり（千円）	10		400			1,000		
調達額計（百万円）	8		40			100		
企業価値（プレ、百万円）			320			900		
企業価値（ポスト、百万円）	8		360			1,000		

仮に、プレが1億6000万円の評価だったら……？

	増加株式数	発行済株式数	比率（%）
起業家A		800	80
ベンチャーキャピタルY	200	200	20
ベンチャーキャピタルZ			
合計	200	1000	100
1株当たり（千円）	200		
調達額計（百万円）	40		
企業価値（プレ、百万円）	160		
企業価値（ポスト、百万円）	200		

仮に1回目に2回分の1億4000万円をまとめて調達していたら……？

	増加株式数	発行済株式数	比率（%）
起業家A		800	69.5
ベンチャーキャピタルY	350	350	30.5
ベンチャーキャピタルZ			
合計	350	1150	100
1株当たり（千円）	400		
調達額計（百万円）	140		
企業価値（プレ、百万円）	320		
企業価値（ポスト、百万円）	460		

で上がったということです。ここで４０００万円を調達するためには、新規に株式を１００株発行（４０００万円÷40万円）する必要があります。Ｙへの第三者割当を行った後、発行されている株式の合計は９００株となります。当初Ｘ社の株式を１００％保有していたＡさんの持ち分比率は88・９％（８００株÷９００株）まで下がるのです。

一方のベンチャーキャピタルＹは、４０００万円の出資と引き換えに、11・１％分のＸ社の株式を取得します。その結果、Ｘ社の企業価値は新たな出資額である４０００万円を加えて、３億６０００万円ということになります。

ところが、仮にプレが１億６０００万円と評価されたとするとどうなるでしょうか。１株当たりの価値は20万円（１億６０００万円÷８００）にとどまってしまいます。ここで４０００万円を調達するためには新たに２００株（４０００万円÷20万円）を発行する必要があり、結果としてＡさんが保有する株数は発行済み株式１０００株（８００株＋２００株）のうち８００株なので、持ち分比率は80％まで希薄化してしまいます。このときのポストは２億円（１億６０００万円＋４０００万円）です。当然Ａさんとしては、できるだけ持ち分比率を高く保ちたいため、同じ４０００万円を調達するにしても、高い評価額を望むことになります。

次に、プレが３億２０００万円の状態で４０００万円の資金を調達し、事業が大きく進展したとしましょう。さらに多くの資金を調達することで会社の成長を加速したいAさんは、別のベンチャーキャピタルZから1億円の資金を調達するとします。この時のX社のプレが仮に9億円だったとすると、1株当たりの価値は100万円（9億円÷900株）となります。その結果、1億円の調達のために新たに発行する株式数は100株（1億円÷100万円）であり、Aさんの持ち分比率は発行済み株式1000株のうちの800株で、80％ということになります。Aさんの株式は当初と比べると100倍の価値になり、1回目の資金調達に応じたベンチャーキャピタルYの株式の価値も、2・5倍（株価100万円÷40万円）に上がっています。起業家AさんとベンチャーキャピタルYは、事業が未熟な段階のX社に資本参加するというリスクをとり、会社の価値を高めたことによって、それぞれの保有する株式の価値が高めることに成功したのです。

ではもし仮に、プレが3億2000万円だった1回目の資金調達時に、2回分の資金である1億4000万円（4000万円＋1億円）をX社が調達していたとしたら、果たして何が起こっていたでしょうか。Aさんの持ち分比率は一気に69・5％まで希薄化していたはずです。資金調達を2回に分けてこまめに実施したことで、調達した合計金額は同じでも、Aさんは持ち分比率を80％で維持することができたのです。

もうひとつ、「ダウンラウンド」の事例をみておきます。極端に高い評価額で資金を調達すると、当初の目論見通りに事業が進展しなかった場合、次の調達時に、前回よりも低い評価額での資金調達を余儀なくされるのです。

先ほどの例で考えてみましょう。

プレが3億2000万円と評価されて4000万円の資金調達を行ったX社の事業が、期待通りには進捗しなかったとします。仮に2回目の調達ラウンドにおけるプレが2億7000万円と評価されると、1株当たりの価値は30万円になり（2億7000万円÷900株）、前回ラウンドの株価40万円よりも下がってしまいます。会計上、ベンチャーキャピタルYは保有するX社の株式を減損処理（簿価と時価の差を損失計上）しなくてはなりません。自分たちが保有する株式の価値が下がり、さらに自分たちが投資実行したときよりも好条件で後から参加するベンチャーキャピタルが新株を引き受けることになり、Yにとってはなかなか受け入れがたい状況になるというわけです。

X社が新たな資金を得て事業が大きく成長する可能性があるのであれば、Yもサンクコストとして割り切るべきでしょう。しかし、こうした状況においても、ベンチャーキャピタルYがX社に対して、次回の資金調達の先延ばしや、人件費などのコスト切り詰めを要求するなどして、ダウンラウンドを回避しようとするケースが散見されるのです。

第4章

成熟・衰退期を迎えた企業の処方箋

Now, here, you see, it takes all the running you can do, to keep in the same place.

——***Lewis Carroll***

組織の「空気」はどこから生じるのか

スタートアップの事業が首尾よく立ち上がると、企業の規模は拡大し、商品やサービスが安定して供給できる体制が整えられます。そのままの勢いを保ち続けることができればよいのですが、現実には事業の成長が鈍化するにつれて、活力を失ってしまう企業が少なくありません。組織の肥大化に伴い、リスクや責任の回避を何にも優先して志向する官僚体質が染みつき、市場で起こっている現実よりも組織内の論理が優先されるようになるのです。こうした停滞期の企業について考えるにあたっては、まずその内側で何が起こっているのかをじっくりと観察する必要があります。

かつて、山本七平は自身の戦争体験を振り返り、旧日本軍の敗因はあまりにも非論理的な精神主義にあると考察しました。また、「戦後、本作戦の無謀を難詰する世論や史家の評論に対しては、私は当時ああせざるを得なかったと答え得る以上に弁疏《べんそ》しようと思わない」という元連合艦隊司令長官の述懐を引き、論理的判断とは異なる得体の知れない「空気」が、国家の存亡を左右するような重大な意思決定を支配していたと指摘しました。

これは戦後70年以上が経過した現代においても、多くの組織に見受けられる現象ではないでしょうか。

企業の本分は商売であり、稼ぐことです。つまり、大前提として企業の経済活動は、経済合理性をベースにして行われるもののはずです。

このことは、商売の過程で生じる企業の副次的な社会的価値を排除するものではありません。個々人が仕事にやりがいを見出すことや、仕事を通して出会った人同士がビジネスの関係を超えた交友関係を育むといった側面は、企業が発揮するコミュニティとしての価値と呼べるでしょう。また、経済活動の舞台である社会と密接な関係を築き、地域の活性化や環境の維持向上に取り組むといった点もまた、現代において企業が担う重要な機能の一部です。企業の本分と副次的に生じる価値のベクトルの向きが合致している状態こそが、本来は誰にとっても望ましいはずです。

しかし、時として両者の歯車が狂い、組織が進むべき方向に齟齬《そご》を来すことがあります。**経済的な合理性と同等以上に、組織を支配する空気が優先されるようになる**と、企業はさながら合理性と空気のダブルスタンダードのなかでの活動を強いられるようになります。こうした状態がさらに進展し、組織に漂う空気がより影響力を持ち出すと、はたから見ればツッコミどころにあふれた、あまりにもナンセンスな意思決定が、大まじめになされるようになるのです。

こうした「空気」は一体どこから生じるのでしょうか。山本七平の言を借りるならば、それは「感情移入」です。「感情移入を絶対化して、それを感情移入だと考えない状態」からこそ「空気」は生じるのでしょう。この「感情移入」を言い換えるならば、組織の歴史的な経緯にひも付く「しがらみ」と呼ぶこともできるのではないかと思います。

「しがらみ」の元になる関係性、創業神話、愛着

たとえば、そのしがらみとは取引先にまつわるものかもしれません。当初は純粋に商売上の判断に基づいて始まった商取引であったとしても、人間が行う以上は関係性が深まるにつれて便宜的な対応が定着していくものです。付き合いの深い相手に累を及ぼすような判断は、通常の神経の持ち主であれば憚られるものです。定常的な関係性から派生する個々人の既得権益が、組織全体にとっての適切な判断を妨げることもあるでしょう。

また、組織の祖業や長い歴史を持つ事業であると、それらがさながら神聖視されて取り扱われているケースもあるでしょう。創業者や古参OBの武勇伝を聞くにつけ、合理性を超えて特定の事業や組織を守り続けなければならないという意識が芽生え、意図せずとも聖域が形づくられていくのです。

神話学者のジョーゼフ・キャンベルは、世界各地にある神話中の英雄譚には、共通するフォーマットがあると指摘しています。すなわち、英雄が危険を冒して非日常の世界への冒険に出かけ、数多の苦難を乗り越えながら勝利を収め、最終的に世俗に帰還するという展開です。おなじみの『桃太郎』をはじめ、日本の昔話を思い起こしてみても、多くの物語がこの類型に該当することが分かるでしょう。会社の沿革や創業物語といったストーリーは、まさに社内における「神話」[1]であり、そのなかにおける創業者をはじめとした人々は、組織内においては理屈を超えた影響力を持つある種の「英雄」です。

このような立志伝中の人物が携わった事業に対して、後進がなかなかNOと言えないことは、想像に難くありません。組織の生い立ちを語る神話は、その組織を統合する力を発揮するとともに、内に向けて現状維持を強烈に働きかける原動力ともなるのです。

その他、事業に対する個々人の愛着や強力な思い入れ、情緒といった要素もまた、「空気的判断」の礎となります。事業や組織に愛着があること、思い入れがあるということ自体は、強力なコミットメント感の発露でもあり、物事が好転している際には大きな推進力になります。反面、裏返して見てみると、ひとたび物事の歯車が狂い出すと、その愛着がゆえに、重大な判断を鈍らせる要因となることもあります。

将来見通しがどう考えても明るくない事業であったとしても、愛

1 神話学者キャンベルは、神話を現世を上手に生きるための道しるべとした。UCLAの教え子である映画監督ジョージ・ルーカスが、キャンベルの思想を『スター・ウォーズ』に投影したことは有名。

着が強すぎると「これだけ頑張ってきたのだから」「これだけ熱い思いを持っているのだから」といった感情論が先走り、事業の意義に対して疑問を投げかけることが、あたかも携わる人々の人格を否定する行為であるかのように受け止められてしまいます。進行する計画を止めようとしようものなら、当然、強烈な反発が生じます。そこに誰かの悪意があるわけではありません。善意と熱意を重ねた結果、回り回って全員にとって不都合な状態に行き着いてしまうのです。

こうした有言無言の抵抗は、何も組織に長く携わる古参メンバーからのみ受けるものとも限りません。組織に加わって比較的日が浅かったとしても、「自分はこの事業に携わるために、この組織に来た」という意識が強い人々は固執感が強くなり、当該事業が衰退したときに、新たな環境に順応しにくくなってしまいます。むしろ長きにわたって組織の浮き沈みを体験している古参メンバーのほうが、環境変化に順応しているということもあるのでしょう。

このような状況を見るにつけ、**自分自身のアイデンティティや自己評価が、携わる事業に対して密接に関係づけられていることは、必ずしも健全な状態と言えない**のではないかとも感じます。事業は事業であり、自分は自分です。特定の事業がその使命を終えたとしても、それは携わる個人の果たしてきた役割や功績を否定するものでは決してありません。組織の内外で起こる諸々の出来事を、過度に自分ごととして受け止める必要もないのですが、これは流動性の低い社会における負の側面なのかもしれません。

また、過度な感情移入が不合理な結論を招き得るということは、ビジョナリーであることやカリスマ性が諸刃の剣であることを示しています。ビジョンやカリスマ性というものは、事態が好転している間は熱狂的な支持と推進力を生む一方で、指し示す理想と現実の間に乖離《かいり》が生じ始めると、転換点における強烈な抵抗を内側から生み出す源泉ともなるのです。第2章において、事業と密結合したミッションが、その組織の選択肢を限定してしまうことに触れましたが、事業にひも付いたビジョンやカリスマ性もまた然りです。

社歴と会社の老化度合いは相関しない

こうしたしがらみは、社歴の長い伝統的な企業に限って生じるものではありません。とりわけ特定の事業で大きく成功したような組織であれば、たとえ社歴の浅い企業であろうとも、一気に数多くのしがらみが生じ、急速に老化が進行するものです。

しがらみを断ち切ることができぬまま「空気」に流され続けていると、事前に「作戦として形をなさない」とまで指摘された戦艦大和の特攻出撃のような、不合理な意思決定がなされ、ズルズルとジリ貧状態に陥ってしまうのでしょう。現状維持の慣性が強く働きすぎるがあまり、顧客にとって意味のある事業なのか、経済合理性のある事業なのかといった、本来顧みられるべき論点が抜け落ちてしまうのです。

この点、外部から観察して明らかな採るべき打ち手を実施できていなかったとしても、そのことをもってして外野からその組織は「ダメだ」と断罪することは、内部の当事者にとってはあまり意味をなしません。多くの場合、外部から見出せるような打ち手は、内部で何度も検討されているものです。できないことにはできないなりの理由があり、往々にしてそこには、外からは窺い知ることができないしがらみがひも付いているのです。逆に言えば、合理性とはかけ離れたロジックに基づいて影響力を持つしがらみを、どのようにして解きほぐすかこそが、「野党」ならぬ「政権与党」である当事者の腕の見せ所であり、力量が試される場面であると言えます。

内輪は〝ゆでガエル〟状態に気づいている

停滞期の組織を表すお決まりのフレーズとして、「ゆでガエル」があります。「熱湯にカエルを放り込むと驚いて飛び上がるが、常温状態の水に入れて徐々に加熱しても水温の変化に気づかず、沸騰したお湯のなかでゆで上がってしまう」というたとえ話です。「現状に慢心して周囲の環境変化に無関心なままでいると、気づいたときには手遅れになってしまう」といった警鐘によく用いられる表現ですが、現実の組織ではどのようなことが起こるのでしょうか。

程度の差こそあれ、組織に所属している人々は自分の組織がまずい状態であることにおおむね気づいているはずです。どんな会社も、近隣の赤ちょうちんの下で繰り広げられる会話は課題の宝庫であり、必ずしも戯画的な「ゆでガエル」が大量発生しているわけではありません。

無論、**まずいと感じていることと、そのことを認識したうえで原因を探求し、解決に向けたアクションを起こすことは別の話**です。実際には不都合を感じていたところで、なかなか具体的な行動には結びつきにくいものです。もっとも、そうした状態も含めて、「ゆでガエル」と呼ぶのかもしれませんが。

内輪の非公式な場では、組織のまずい状態の確認作業が進められる反面、組織内外の公式の場で自分たちの停滞状況を真正面から認めることは、往々にして憚られるものです。代わりに蔓延するのは、自分たちの現状に対する冷めた態度であったり、根拠のない恐怖感であったり、組織に対する不信感であったりといったネガティブな感情です。その一方で特に外部に対しては、感情的な反発も含み、時に過度な現実逃避、自己防衛、正当化がなされることもあります。「政争は水際まで」という国際政治の箴言は、企業組織のセンチメントにも当てはまるのでしょう。

山本七平は、会議室での議論が組織を取り巻く全体の「空気」に支配されてしまいがちであることを指摘し、より本音が出やすい飲み屋での意思表明も統合したうえで、会議室と飲み屋の二段階方式による意思決定を導入すべきだと述べています。このアイロニカルな二段階方式が、当世の多くの日本企業においても有効に機能するであろうことは想像に難くありません。

自分たちにとって都合のよい競合分析

たとえば、こうした「ゆでガエル」状態の会議室で他社との競合比較分析を試みたとしましょう。自己正当化が過度に働くと対象市場を極度に細分化し、あたかも競合とは完全な棲み分けがなされているかのようなポジショニングマップが描かれます。競合を指して、「類似した事業を展開しているが、厳密な棲み分けがなされており、むしろ市場を共に広げるパートナーである」といった、随分と都合のよい分析がなされるのです。また、顧客にとっては些末な違いにすぎない一側面に焦点が当てられ、他社とは明確な差別化がなされているといった主張が起きることもあるでしょう。

各々は「王様は裸だ」と気づきつつも、目の前で起こっているまずい状況を直視せぬよう慮《おもんぱか》り、自分たちにとって都合のよい切り口で現状を解釈してしまうのです。現実を直視するのが苦痛だからなのでしょう。ある種の「言霊信仰」の表れと言えるのかもしれません。

ただ、そうした会社の立ち位置に関する言説が繰り返し語られるうちに信憑性が高まり、当の本人たちまでもが自身の方便を半ば信じるようになります。その結果、ますますタコツボ的に自社の既存商品やサービスに閉じた発想のなかでの議論が交わされ、既存事業の延長線上でしか物事を考えづらい環境をみずから構築してしまうのです。反動的に**「われわれのここがすごい！」といった点がことさらに強調されるようになると、これは一種の危険信号**と解釈すべきなのかもしれません。

経営不振で始まる「犯人捜し」

もうひとつ、停滞期の企業で顕著に観察される症状があります。「犯人捜し」です。以前、登山家の方にお話を伺った際、グループでの高所登山が頓挫する原因のひとつに仲間割れがあると聞かされたことがあります。酸素濃度が著しく低い高所では人間の思考力は低下し、極度に感情の起伏が激しくなります。その結果、些細《ささい》なことが発端で人間関係のトラブルに発展し、登山の継続が困難になるのです。当人たちにとっては甚だ不名誉な理由ということもあり、こうした事情はまずもって口外されることがないのだそうです。

苦境下にある組織の様子もまた、これに似ています。売上や利益、株価、あるいは顧客の利用頻度など、組織によって重視される指標こそ異なりますが、組織を取り巻く環境の悪化は酸素濃度の低下と同様、携わる人々の心理状態や思考を大いに揺さぶるものです。

常識的に考えて、所属する組織にわざわざ害を及ぼしてやろうなどという意図を持った人間など、まずもって存在しません。多少の怠け心はあるにせよ、多くの人は自身の善意や矜持と幾ばくかの自己保身に基づいて、より良い仕事をしたいと願っているはずです。まじめに目の前の仕事に取り組んでいるにもかかわらず、事態が一向に好転しないというのは非常にストレスフルな状況です。

そのうち、**誰もが当事者であるにもかかわらず被害者意識を持ち始め、勢い、苦境を招いた「犯人捜し」に血眼になってしまう**のです。何事にも因果関係を求めてしまうのが人間の悲しい性で、「XX部門がけしからん」、「経営陣が無能である」といった分かりやすく責任を追求できる対象を求めてしまうのでしょう。

特に、組織内でリーダーシップを発揮すべき意思決定者がその役割を放棄していたり、統率が利かなかったりする戦国時代のような状況下では、内部で影響力を持つ人物間の撃ち合いや主導権を巡った「内ゲバ」はより先鋭化します。商売敵など、組織の外に仮想敵を掲げるマネジメント手法が重宝される所以は、こうした不満の矛先を他所に向け得る点にあるのでしょう。

組織は己の意思を実現する

もちろん、経営上の責任が経営者にあることは大前提です。しかしながら、組織の不振について分かりやすく帰責できる特定の人物が存在するのかといえば、多くのケースでそうとも言い難いのではないでしょうか。

低迷の原因の多くは移りゆく環境の変化に対応していない点にあり、それは誰か特定の個人が下した決断というよりも、先に触れた情緒や感情移入に基づく**「空気的判断」を積み重ねた結果として、「環境変化に対応しないこと」「変わらないこと」を集団として選択した結果**であるからです。みながみな、被害者面をしつつも、その実、そうした状況を導く片棒を担いでいたのは自分たち自身なのです。分かりやすい犯人を捜すことは、天に唾することに他なりません。本書の冒頭で「一身独立して一国独立す」という福沢諭吉の言を引きましたが、こうした組織の様を見るにつけ、ますます「会社もまた然り」と感じざるを得ません。

つくづく思うことは、組織というものは、組織の意思に従って移り変わるものであるということです。ここで言う「組織の意思」とは、時には意思決定者のそれであり、時には先述した「空気」の場合もあるでしょう。

藤子不二雄Ⓐの代表作に、『笑ゥせぇるすまん』（中公文庫）というブラック・ユーモア作品があります。セールスマンの喪黒福造が「ココロのスキマ、お埋めします」をキャッチコピーに、無償で「お客さま」の願いをかなえるのですが、話中では毎度、「お客さま」が喪黒との約束を破ったがために、破滅的な結末を迎えます。そしてそれらの多くは、当人の望みにひも付いて副次的に招かれた結果なのです。

なんとも後味の悪い話だなと子ども時分に感じたものですが、現実世界の組織に目を向けてみても、現代の寓話とも呼ぶべき『笑ゥせぇるすまん』の物語と、ある種似たような光景がそこかしこで繰り広げられているように思われてなりません。

組織で起こる出来事の多くは、たとえそれがどれだけ本意に反していて不都合に思えたとしても、組織の意思決定者、あるいは組織を構成する一人ひとりがつくりだす「空気」が、積極的、あるいは消極的な選択を介して招いた結末です。「こんなはずじゃなかった」と頭を抱える傍らで、喪黒は「ドーン！！！」と当人たちを指さしているのではないでしょうか。

モグラ叩きにはまらない

停滞状況にある企業では、ビジネスに関わるものから組織に携わる個々人のプライベートな出来事に至るまで、ありとあらゆる問題が生じるものです。組織全体が低迷しているタイミングである以上、事業絡みのトラブルが絶えないのは無理からぬ話です。

しかし、「よりによって、こんなときに？」と訝しく感じるような、仕事外での個々人のアクシデントもまた、不思議とこんなときに限って起こるものです。「認知バイアス」という言葉で片付けるには、あまりに不可解な符合が多すぎます。組織の健康状態というものは、所属する個々人の日常における心身に大きく影響するからこそ、副次的なアクシデントが生じるのでしょう。

こうした個々のトラブルにひも付き、内部からはさまざまな不満が噴出します。些末な事務手続きに関する不満から、人事制度上の問題、会社の経営方針に至るまで、対象は多岐にわたります。そうした声に耳を傾けることはもちろん重要なことです。影響度合いの大きい深刻な課題については、迅速に対処しなくてはなりません。

一方で戒めるべきは、個々の課題に対してモグラ叩き式に応じることです。一つひとつの課題を解決しても、矢継ぎ早に新たな課題が浮上し、個々の不平を延々と追い続けることになります。キリがありません。

組織を取り巻くさまざまな不都合は、なにも苦境に陥ってから突然生じたわけではありません。元からさまざまな矛盾があったものの、一時の成功の下に覆い隠されていただけです。抱え込んでいた矛盾が、「酸素濃度の低下」によって一気に噴出し、表面化しただけにすぎないのです。

結局、低迷した組織で露見する数々の不都合を解決するのは、事業の好転であり、業績の回復にほかなりません。業績の回復、成長はすべてを癒やします。いくら目の前の事象を追い続けて解決を図ったところでいたちごっこの袋小路に陥るだけであり、根本的な解決に至ることはないということを、肝に銘ずるべきでしょう。

しがらみを黙認する「不作為の罪」を責めよ

いずれにせよ、こうした状況下では、誰かがリングにタオルを投げ込まなければなりません。惰性に任せ、今までと同じ事業を同じやり方で続けるのではなく、そうした連鎖を断ち切り、非連続な成長に向けてジャンプするための変革に向けて、誰かが行動を起こさなければなりません。そして、これこそがなんとも難しいのです。

組織全体を覆う空気に抗い、リングにタオルを投げるための第一歩は、**一切の制約条件を取っ払い、眼前の状況を虚心坦懐に思いっきり相対化し、客観視する**ことから始まるのだと思います。要は目の前の事業がまだ存在していなかったと仮定して、「ゼロからでも同じビジネスをやるか？」、また「同じやり方でやるのか？」を自問してみることです。もしも答えがNOであるならば、それはなんらかのけじめをつけなければならないタイミングだということです。

仮にこの問いに対する答えがYESであったとしても、それは幕を引くことから生じる諸々の軋轢から単に自分が逃げているだけなのではないか、もう一度点検してみるべきです。「仕方ない」という言葉を隠れ蓑にして、なすべき決断を先延ばしにしてはいないか、改めて自問しなくてはなりません。

仮に特定の事業から撤退すると決めたとしましょう。「撤退！」と号令して必要なプロセスが自動的に粛々と進行するのであれば、これほど楽なことはありません。実際には、面従腹背、骨抜き、巻き戻し、サボタージュなど、さまざまな反発を受けることになります。

現状のままで成立しないものは成立しないのであって、そうした事業に手を加えることは、言うなれば自然の摂理に従う行為です。ところが感情移入の過ぎた人々があたかも倫理の問題であるかのように旗振り役を糾弾し出すこともあります。心情的にはなかなか厳しい局面です。こうした応酬をかいくぐるために、押したり引いたりの駆け引きを行い、アメもムチも含めたあらゆる手段を講じなければなりません。

もとより進めている事業を止めることは、甚だ不本意なことです。迷惑をかける相手もいれば、そうした判断に気分を害する人もいることでしょう。それはお世話になった取引先やOBかもしれません。プライベートでも親交のある同僚かもしれません。こうした人々の顔が脳裏をよぎると、矢面に立って決断を下すことが、なんとも億劫に感じてしまうものです。

非上場のオーナー企業において、組織の継続以上に守るべきものがあると判断するのであれば、それもまたひとつの見識かもしれません。自分でつくり上げた組織に自分の代でけりをつけるのもまた、ひとつの筋の通し方でしょう。いずれにせよ、自分たちが商売の追求や組織の存続以上に大事にしたいものが仮にあるのであれば、それが何であるのかについては自覚的であるべきでしょう。

解くべき問いを間違えない

くれぐれも気をつけるべきは、「解くべき問いを間違えない」ということです。たとえ試行錯誤を繰り返したとしても、問いが正しければいつかは解に辿り着くことができます。これが試験問題であれば、あらかじめ定められた時間内で解かなければなりませんが、ビジネスであれば、キャッシュが続く限り異なる解法を試し続けることができます。コストを削り資金を調達することで、命のロウソクが燃え尽きるまでの時間を引き延ばすこともできます。ところが、そもそもの問い自体を間違えていれば、その過程の努力が報われることはありません。

実際には、当事者の多くが解くべき問いが何であるかについて、すでに気づいているのではないでしょうか。けれども、そうした問いを直視し、指摘することが辛いために、誰も根本的な問題に向き合おうとしないのでしょう。英語では、みなが見て見ぬふりをする問題のことを、「Elephant in the Room（部屋のなかの象）」と呼びます。部屋のなかに象がいるという明らかに奇妙な状況を、誰も指摘できないのです。

取り戻しようのないサンクコストを「サンクコストだ」と宣言する勇気がなかったり、自分自身の執着心や意地に流されてしまったり、周囲の人たちを制止して嫌われることを恐れたり、そうした小さな怠惰心の積み重ねが、部屋のなかの子象を巨象に育て上げてしまうのでしょう。

決して解けることがないと分かっている問いに対して、あたかも真剣に取り組むかのようなポーズに逃げ込んでしまうのです。なんとも誠実さに欠ける態度ではないでしょうか。

本気で活力ある組織を取り戻したいと願うのであれば、返り血は覚悟で本丸に切り込む気概を持つべきだと思うのです。

この点、**組織において外様であること、異端であるということは、自社に対する理解度合いに欠け、協力者が少ないというネガティブな点がある一方で、経営者としての職務を全うするうえではプラスに働く**面もあります。組織内のロジックに染まっていないからこそ、客観的に組織を俯瞰し、自分たちの行為を否定しやすい立ち位置にあるからです。組織の事情に精通しすぎていないために、情実に縛られることもなく、またポジションに固執することも少なく済むのです。

日本企業のトップに就任した外国人経営者が、瀕死の企業の業績回復を果たしたり、歴代の経営者が関与してきた不祥事を告発できたりするのは、経営手腕やコーポレートガバナンスに対する見識もさることながら、もともとしがらみが少ない外様である点も大きく寄与しているのでしょう。少なくとも自分に回ってきた任期を大過なくやり過ごしたいと思っている人であれば、到底なし得ないことです。

本来であれば、会社にとって神話の英雄であるところの創業者や、それに近い人物がこうした矢面に立つ役を買って出るのが説得力もあり、理想ではあります。ただ、現実にはそうした当人こそがしがらみのなかでがんじがらめになっていることもあります。こうした人々にその役割を期待するよりは、その威光を異邦人が活用するほうがより現実的なアプローチかもしれません。

このような状況下で、経営者は一体何を為すべきなのでしょうか。

経営手腕に欠けていると評されることは、経営者としてはもちろん不名誉なことです。しかしながらそれ以上に、やるべきことを分かっていながら手を下さないこと、いわば「不作為の罪」を犯すことは、経営を生業とする者として、これ以上なく恥ずべきことではないでしょうか。組織内の空気を心地よく保つことが目的なのか、商売で勝つことが目的なのか。経営者に求められる役割の意味を考えれば、答えはおのずから見えてくるはずです。

タイムリミットによって処方箋は異なる

経営者の役割に関連して、「ビジネスは、組織の内側ではなく外を見て行われなくてはならない」とする言説をしばしば耳にすることがあります。原則としては非常に正論ではあるのですが、深刻な低迷状態にある企業においては、外向きの課題よりも、むしろ内側をどう治めるかのほうが、得てしてより緊急で重大な懸念事項です。時と場合を見極めぬままに一般論を額面通りに受け取ったとしても、リアリティのある対応はできません。

真っさらな目で改めて停滞期の会社を観察してみると、おかしな現象があちらこちらで起こっていることに気づくでしょう。会社の停滞には外部環境の変化が影響しているのもさることながら、組織の内側にも多くの要因を見出すことができるはずです。

かといって、自分たちの組織のことを悲観的に捉えすぎる必要もありません。過去の成功体験をベースに考えると、組織の現状は極めて厳しいものかもしれませんが、ゼロベースで考えてみると、その場を活用してできることも多々あるはずです。

会社には金銭的なものも非金銭的なものも含めて、なんらかの資源や価値があります。

たとえばそれは、顧客基盤や販路、キャッシュといったような識別しやすいものかもしれません。あるいは、開発力やブランド、社風といった、目には見えないものかもしれません。

注意すべきは、今までの会社に対するありきたりな視点から会社の価値を拾い上げ、そうした価値を活かさなければならないと思い込んでしまうことです。特定の資源や価値に拘泥《こうでい》して組織を捉えてしまうと、それがまた新たな「しがらみ」となり、非連続な成長を実現する足かせとなってしまいます。あくまで発想の起点は、自社を取り巻く環境です。色眼鏡をいったん外して考え、今まで気づいていなかった価値を見出すことができるかどうかによって、組織の方針は大きく異なります。中途半端に今までの組織の拡張工事をしようとするのではなく、むしろ土台から新たにつくり直すような気概を持つべきです。

さて、停滞期の会社をしがらみから解き放ち、変革するためには、まず事業の成長ステージや企業の財務状況を確認し、残されている時間がどの程度あるのかを見極める必要があります。

これは単にキャッシュがいつ尽きるかという問題だけではありません。どのタイミングまでであれば再起を期すことができるのか、どの状態を過ぎると緩やかに死を待つしか選択肢がなくなるのか、顧客や社員の定着度合い、事業環境の変化の速度といった諸状況を勘案しながら、タイムリミットを設定せねばならないのです。

残された時間に余裕があれば、必ずしもことさら性急な打ち手を講じる必要もありません。じっくりと腰を据えて、組織の体質改善や業態のシフトを図る漢方治療的なアプローチを採ることもできます。逆にタイムリミットが差し迫っている場合には、外科手術も含めたよりドラスティックな手法を選ばざるを得ません。このように、採り得る選択の幅は与件によって異なります。誰も好き好んでハードランディングのアプローチなど選びたくはないものです。

「慢性的な赤字」と「健全な赤字」を切り分ける

それでは、事業や組織の変革を促していくにあたり、カギとなるのは何でしょうか。

私は企業を構成する事業ごとの健康状態を的確に判断することが肝要だと思います。業績数値の面から見れば同じ「赤字」であっても、事業構造に起因する「慢性的な赤字」であるのか、もしくは先行投資によって生じる「健全な赤字」であるのかを切り分けて捉え、それぞれに適した対応をすることです。

成長の可能性が乏しく、なおかつ売上とコスト構造のバランスが崩れているがために生じる「慢性的な赤字」と、将来の屋台骨となる新規ビジネスを創出するための試行錯誤の過程で生じる、前向きな投資による「健全な赤字」とでは、同じ赤字であったとしても、組織にとっての意味合いがまったく異なります。何をもって両者を切り分けるかは判断を要しますが、前者を放置しておくことは、組織の命取りになりかねません。

仮にテコ入れを図っても再生が期待できない慢性的な赤字を抱えた事業と判断するのであれば、コスト構造を見直すなり、場合によっては事業の存続の意義そのものを検討する必要が出てきます。特に衰退が進行している企業においては、こうした構造的な赤字に対処する優先度合いは高くなります。

何事も、**物事は始めるよりも終わらせるほうが難しい**ものです。対象となる事業が聖域化した祖業であったり、長期にわたって存続している事業であったりすると、事業を引き締めるプロセスはなおさら困難なものになるでしょう。組織内にはなんとしても現状を維持しようとする強力な慣性が働くからです。多くの関係者や当事者のしがらみや情緒を断ち切ることは、一筋縄ではいきません。

とはいえ、こうした状況にメスを入れないまま放置し続けていると、いつしか不健全な状況が常態化し、「当たり前」のものと受け止められてしまうようになります。こうした悪い状況に感覚が慣れきってしまう前に、なるべく早く手を打たなくてはなりません。

価値ある挑戦の芽を摘まない

慢性的な赤字の止血を図る一方で気をつけなければならないのが、防戦一方にならないことです。目の前の事業が振るわないと、どうしてもすべての判断が保守的なものに偏りがちですし、気がつくといつも足下ばかりを見つめて悲観的な思考スパイラルに陥ってしまうものです。

業績が極度に悪化している状況下では、一時的に後ろ向きの施策が集中するのもやむを得ない側面はあります。しかしながら、赤字解消に取り組んでいるだけでは縮小均衡の域を脱することはできません。締めるべきところは引き締めつつも、夢を描いて張るべきところには張る、メリハリの利いた投資判断が求められます。

特定の事業に予算を大きく投じるなり、新たな企画や商品、事業の開発といった前向きな施策にも並行して着手するのです。新規事業の開発であれば、自社内の人材やすでにあるアセットを活用することもあるでしょうし、はたまた親和性のある外部の企業や事業を自社内に取り込むといったこともあるでしょう（既存企業のイノベーションについては次の第5章参照）。

いわば、B／S（貸借対照表）上のキャッシュをキャッシュフローに置き換えるアプローチです。組織の将来を支えるための投資の過程で生じる赤字については、必要なプロセスであると割り切り、むしろこれを歓迎しなくてはなりません。

言わずもがなですが、企業内で新たな取り組みを始めるといっても、闇雲に挑戦すればいいというものではありません。一方で、新たな試みというのは得てして頓挫するものであることも大前提として織り込んでおくべきです。

百発百中を狙っていては、結局何の行動も起こすことができません。もしも絶対に失敗を回避したいのであれば、唯一の方法はそもそも挑戦しないことです。しかし、新たな取り組みの失敗と同等か、もしくはそれ以上に、事業の機会を取り逃がしてしまうことは組織にとって恐れるべき大きな損失です。

果たして無鉄砲な暴挙なのか、価値のある挑戦なのか、投資判断には常に葛藤が付きまとうものです。判断の精度を高めていくことには、どうしても限界があります。むしろ、**どの規模感までであれば、すべての試みが失敗に終わったとしても致命傷に至らずに済むのか、その線引きを明確にすることのほうがより実践的**ではないかと思います。一定水準を満たした案については致命傷に至らない範囲内で試行錯誤を繰り返すのです。

慢性的な赤字事業を抱える組織、とりわけその組織にとっての本業とも呼ぶべき基幹事業が業績不振に沈み込んでいる場合、そうした事業への対処と並行して新たな事業を開発するということは、さながら「ノアの方舟」を準備するような行為です。あるいは、タイタニックから脱出用の救命ボートを下ろす行為と呼んでもいいでしょう。

日本企業の場合、業績が悪化した場合であっても厳格な解雇要件を満たすことが求められます。雇用調整策としてレイオフが容認されるアメリカとは状況がまったく異なり、正規従業員の雇用維持に対してはより強い責務を負います。そのため、いくら本業が傾いたからといっても、そうした事業に従事する人々の雇用を守らなくてはなりません。したがって、既存事業の横で継続的に新たな事業を開発するという行為は、本来であれば米国企業以上に日本企業にとってより深刻な論点となるはずです。必要に迫られた際に迅速な救助活動が実施できるよう、機動的な配置転換や事業開発について、より知見を蓄え実践する必要があると言えるでしょう。

また同時に、ともに船に乗り込む乗組員たちに対しても、荒波を乗り越えるうえでの決意を促す必要があります。単に惰性で今の会社に残るのではなく、これから新たに会社に入り直すとしても、積極的に自分たちの会社を選ぶ気があるかどうかを問わなければなりません。そのためにも、経営者は自分たちが置かれている厳しい状況を真摯に伝えたうえで、自分たちは一体どちらの方角を目指しているのか、その航路を示す必要があるのだと思います。

ブレーキとアクセルを同時に踏む

このように、事業や組織の変革にあたっては、「慢性的な赤字」と「健全な赤字」を切り分けたうえで、両者に並行して取り組んでいくことを社内外に向けて宣言することが求められます。前者に向けては、垂れ流される赤字を食い止めるために、構造そのものを変える必要がありますし、後者に対してはより積極的に新たな可能性に向けて投資していく意思を示さなくてはなりません。万人を納得させることはかないませんが、自分たちが何をしていくのかを、反対する人たちに対してもストレートに提示するのです。そのうえで、実際に企業の変革を進めていくにあたっては、事前にある程度のお膳立てが必要となります。

① 管理会計の整備

たとえば、全社の事業を俯瞰するための管理会計の整備です。各事業単位の採算状況を把握することなくして、実情に即した意思決定を下すことは極めて困難だからです。各事業の実態をできるだけタイムリーに理解できることが重要です。

1カ月近く遅れて前月の実績値を眺めてみても、時宜に適った施策を打てているのか把握できませんし、そんな数値を基に議論をしても、白けてしまうだけです。**多少は厳密性を損なってでも、なるべく鮮度の高い情報に基づいて打ち手を講じたい**ところです。至極当たり前の話ではあるのですが、多くの企業で存外ここまで手が回っていないのではないでしょうか。

会社の実情に即した管理会計を実際に構築するというのはなかなか厄介なもので、その過程では、事業の区分をどこで切るか、内部取引をどう反映するか、本社費の配賦をどう行うかといった各論で紛糾しがちです。

組織の全体最適に向けて、個々の事業を動機付けるようなロジックを構築するのが理想ですが、あまりに複雑化しすぎると集計に過度の負担がかかり、運用面で支障を来しかねません。ある程度のざっくり感と割り切ったうえで、現場とのコミュニケーションに活用していくべきでしょう。

② グッドコップとバッドコップの分担

加えて、事業の実態に即した打ち手を組織内にコミュニケーションしていくにあたり、グッドコップ（良い警察）とバッドコップ（悪い警察）を複数人で分担することも、ひとつの勘所ではないかと思います。

同じ組織のなかで片や支出を絞り、片や積極的に投資を行いと、事業ごとに一見すると相矛盾するような対応は、現場の当事者からすれば必ずしも直感に沿うことではありません。すでに成立している事業のコストをゴリゴリと削る一方、現時点ではキャッシュを生んでいない新規事業に予算を投じ続けるのは、いわばブレーキとアクセルを同時に踏むような行為です。

なかなか腹落ちしにくいものですし、勢い、コスト削減対象となる事業と予算を投じる対象となる事業の当事者間で、心理的な葛藤が生じてしまいがちです。こうした取り組みについてコミュニケーションを図るにあたり、できることなら異なる人物がブレーキの役割と、アクセルの役割を演じ分けることが望ましいのでしょう。そうした分担が、より円滑な打ち手の遂行につながるのです。

また、実際に変革を図る過程においては、**なるべく早期に「小さな成功事例」を創出することが理想**です。仮に「成功」とは呼べない結果であったとしても、方針に従って着実にアクションをとっていることはせめて示すべきです。方針を定めた後も言いっ放しで終えるのではなく、実際にやっている様を見せることによって、変革に取り組む本気度を示すことができますし、その後の情報発信にもより強い説得力を持たせることができます。

③ 試行の回数を増やす

繰り返しになりますが、環境の変化に併せて企業は常に対応し、変化し続けていかなければなりません。できることなら状況に差し迫られて組織の変革を企図するのではなく、平時から自己変革し続ける基本動作を組織に植えつけておくに越したことはありません。

企業の継続的な発展性を占うにあたって、有効なバロメーターになるのは組織内における試行の回数ではないでしょうか。挑戦のために、打席に立つ回数です。往々にして、キャッシュの多寡や人材の質・量以上に、打席に立つ回数こそが組織の発展性をより大きく左右するのではないかと思うのです。

野球であれば、自分の打順が回ってこない限りはバッターボックスに立つことができません。ですが、ビジネスであれば、やり方次第である程度は打席に立つ回数を増やすことができます。

野球もビジネスもチームで勝利を目指すことに変わりはありません。しかし、後者においては、極論すると打率を気にする必要はありません。どれだけ**打率が悪かろうとも、なるべく多くの打点を稼ぐことができればいい**のです。打率を気にしすぎるあまり、打席に立つ機会を組織みずからが閉ざしてしまうようでは本末転倒です。リスクと上手に付き合いながら試行の回数を増やしていくことが、組織を老朽化させないポイントではないでしょうか。

仮に目の前の業績が好調であったとしても、リスクやできない理由が真っ先に並べられて新たな試みが退けられる状況が続いているのであれば、それは組織にとって危険信号なのかもしれません。

根本的に体質を変えるには外圧か敗北しかない

停滞期の組織において採るべきアクションには、タイムリミットまでの時間軸に応じた比較的短期の打ち手もあれば、中長期の施策もあります。この点、真に組織の永続的な発展を目指すためには、業績の回復と同等か、あるいはそれ以上に、組織の風土や体質を根本的に改善することにこそ、考えを巡らせるべきでしょう。これは一朝一夕になし得ることではありません。目の前の事業に関する取り組みを変えるだけではなく、その前提となる思考そのものを改めなければならないからです。

考え方や基本動作というものは、「変わろう」と思って変わるものではありません。「馬を水辺に導くことはできても、馬に水を飲ませることはできない」といいますが、各自を取り巻く外部環境を整え、内発的な変化を促すほかないのだと思います。

仮に今の組織が変わることができないのであれば、外部から血を取り入れて、血そのものを入れ替える覚悟が求められます。外部から中核となる人材の登用を試みることもあれば、M&Aを通じて組織そのものを取り込むこともあるでしょう。

この際に改めて振り返るべきは、自分たちの組織の風土であり文化です。たとえばM&Aを成功させるには、組織間の文化のフィットが大切だと一般的にはよくいわれています。常識的にはまったくもってその通りだと思います。両者が拒絶反応を起こさぬよう、統合前から相性を見極め、また統合過程においても慎重を期すべきでしょう。

独自の風土や文化は守るに値するものか?

一方で、ここでいう自社の風土や文化と呼ぶものが、果たして本当に守るべきものであるのかどうかは、「文化のフィット」という言葉の本旨を汲み取るにあたり、批判的に再検討すべきではないでしょうか。組織に長くいる人であれば、「自分たちは今までこういうやり方をしてきた」といった固定観念を持って自分たちの組織を捉えてしまいがちです。事業に対するアグレッシブ度合いや視点の長さなど、「組織の型」とでも呼ぶべき慣性に基づいて、意思決定もなされているはずです。問題は、そうした文化が自分たちの置かれた競争環境に適したものであるかどうかです。

組織に染みこんだ体質はそう易々と変わるものではありませんが、トップレイヤーの意思決定までもがそうした体質に支配される必要はありません。空気を読まずに、「そんな文化を守る必要があるのか?」と問うてみるべきです。この点では、他の組織と横比較をし、無邪気に文化の良し悪しを問うことができるよそ者のほうが、かえって適任なのかもしれません。

仮に、目の前の風土を一変したいと願うのであれば、あえて既存の文化に染まらぬ異分子となる人物や集団を投じることにも意義はあるはずです。既存の組織の体質がイワシなのだとすれば、そのイワシの群れのなかに異分子となるクロマグロを放り込むような蛮勇を振るうこともまた、組織の風土や体質の抜本的な改善を図るための有力なオプションとして検討の俎上に載せるべきではないでしょうか。自分たちが会社を変革するうえで足かせとなるような文化なのであれば、そんなものは食い尽くされてしまえばいいのです。後生大事に守る必要はありません。

墜ちよ、負けよ、それ以外に生まれ変わる道はない

風土を変えていくうえでは、絶望的な敗北状況を味わい尽くすこともまた、有効なプロセスです。坂口安吾ではありませんが、堕ちること、堕ちきることをもってしか、自分たちの存在意義を見直すモメンタムを得ることはできません。

負けきることなく、表層的に中途半端な回復を果たすと、結局は骨が変な付き方をしかねません。人間は喉元を過ぎれば熱さを忘れてしまう生き物です。業績や事業の損害が軽度で済むに越したことはありませんが、とことん負け抜き、負けを直視しきって組織の変質を促し、肉体を改造することが、遠回りでも永続的な組織を築く糸口になるのではないでしょうか。

確実に言えることは、**苦難を乗り越えて変革を成し得た集団は必ず強くなります**。戦時の組織ではそこかしこで混乱が生じますが、危機は組織を根本から変える好機でもあります。こうしたプロセスもまた、ジョーゼフ・キャンベルが言うところの「神話」となり、組織の結束やレジリエンスをより強める源となります。その意味では、変にうわべを取り繕うのでなく、混乱を混乱としてそのまま受け止めることも必要ではないかと思うのです。

組織の停滞は未然に防げるのか

さて、停滞期の会社でいかにして変革を進めていくかについて考えてきました。ただその性質上、組織を変えていくのはそもそもにおいてひどく億劫で憂鬱なプロセスです。純然たる投資家であれば、会社を変えようとするのではなく銘柄としての会社を入れ替えることで済ませるでしょうし、顧客であれば商品を買わなくなることでしょう。彼らは会社に見切りをつけ、ただ黙って立ち去っていくのみです。

もとより、変革などというものは本来せずに済むのであれば、それに越したことはありません。孫子が「戦わずして人の兵を屈するは善の善なる者なり」と述べたのと同様に、「変革」などという仰々しい言葉が取り沙汰される以前から、変わり続けることが当たり前の基本動作として植え付けられ、変革など無用の状態こそが目指すべき姿なのだと思います。

未完成を常として衰退を避ける

それで思い出されるのが、自然状態の木の上下を逆向きにした「逆さ柱」で知られる日光東照宮の陽明門です。東洋思想では完成の瞬間から崩壊が始まると考えられており、この逆さ柱はあえて柱を未完成の状態にとどめることで、衰退を防ぎ、災いを避ける意味が込められているのだそうです。

現代の企業組織には、この「逆さ柱」の思想が求められているのではないでしょうか。すなわち、「変革」という御託が取り沙汰される以前から、常態的に組織を揺り動かし、「完成」を防ぐことです。

でき上がってしまった組織は、得てして変化を拒むようになります。**成功体験が大きければ大きいほど、組織の固定化、よどみもまた、深いものになる**ことでしょう。「成功の復讐」です。成功体験に安住しきってしまう前の段階から予防医療に取り組むことこそ、組織の健康状態を維持するうえで本来は重要です。「天気の良い日に嵐のことなど考えてもみないのは、人間共通の弱点である」と言ったのはマキャヴェッリだそうですが、望月の欠けたることもなしと思える段階から、常に先々を想像し、システマチックに組織への揺さぶりを起こす仕組みを構築するのが理想でしょう。夏休みの宿題と一緒で、ため込みすぎた課題を一掃するのは実に面倒なものであり、苦痛を伴うものであるからです。

たとえば、それは常に自社内で一定のリソースを割き、新たな事業領域の探索や技術開発を続けることなのかもしれません。既存事業を批判的に振り返るチェックポイントを設けることなのかもしれません。人事ローテーションを通じて、人と事業が極度に密結合せぬよう、予防線を張ることかもしれません。施策レベルにとどまらず、社風や文化といったレイヤーに働きかけることも重要でしょう。そのうえでカギとなるのが、望む方向に組織を導くための環境づくりなのだと思うのです。

競走馬のごとく課題に向き合わせる

本書冒頭で述べた通り、私は10代半ばの頃、オーストラリアの競馬場と北海道の牧場で、現役の競走馬やデビュー前の新馬の調教・育成業務に従事していました。

来る日も来る日も鞍《くら》にまたがり、馬の世話をしながら自問していたこと——それは、個々の馬に対して与えるべき最適な負荷がどの程度かということです。

サラブレッドは経済動物です。活躍する馬は数億円あるいは数十億円単位で評価される一方、そうでない馬は淘汰される運命にあります。競走馬の育成に携わる者の役目は、馬主からお預かりしている馬が競走馬として大成できるようトレーニングすることです。

このトレーニングでポイントになるのが、負荷の与え方です。馬にとってレースは非日常の空間であり、非常にストレスがかかる体験です。レースで最高のパフォーマンスを発揮させるためには、ストレス耐性を身につけるべく、日頃から身体・精神の両面に一定の負荷を与える必要があります。

反面、あまりに負荷の度合いが過ぎると思わぬ負傷を招き、競走馬としての可能性をつぶすことになりかねません。「名伯楽」と称される調教師にとっては、個々の馬の適性や限界を見極め、負荷のさじ加減を調整することが腕の見せどころとなります。

私が馬と接するうえで常に意識していたのは、**克服すべき課題に向き合わざるを得ない環境をつくる**ことでした。

たとえば、乗り手の制止を振り切って走りたがる馬であれば、他馬の背後につけて前の馬が蹴り上げる土をかぶせることで、我慢せざるを得ない環境をつくります。

水を嫌がる馬であれば、あえて水たまりの上を通る進路をとり、水に触れざるを得ない状況をつくります。慣れないうちは水たまりの前でぴたっと立ち止まったり、飛び退いて抵抗したりするものです。こうした反応に対し、自分が水たまりに入ってみせたり、水を前脚にかけるといったことを何度も繰り返し、声に出して励まし続けたりすることで、少しずつ馬を順応させるのです。

細かな経験を積み重ねるうちに、以前はできなかったことがいつしかできるようになります。取り巻く外部の環境を整え、意図する行動を反復させることで、課題の克服に導く。これが、競走馬の育成プロセスです。

こうした育成のエッセンスは、馬のみならず、人間や集団の行動にも大いに適用し得る内容ではないでしょうか。

人を動かす環境をつくる

物の本をひもとけば、組織を動かすにはビジョンを示すことが重要であると説かれています。まったくもってその通りだと思いますし、第1章でも組織のミッションやバリューの意義について触れましたが、その一方で、言葉を尽くせばその通りに組織が動くのかといえば、そう簡単には物事が進まないこともまた事実です。

自分の胸に手を当てて宮仕えしていた頃を思い返してみても、素直に上司のメッセージを受け止めていたかといえば、決してそんなことはありませんでした。「そんなきれい事ばかり言っちゃって」と斜に構えていた不良社員というのが、偽らざる己の姿であったように思います。

口で話しただけで意図した通りに相手を動かすことができれば、こんなに楽なことはありません。しかし、現実にはどれだけ働きかけたところで、表面上は取り繕いつつも、実際には「馬耳東風」というケースが多いのではないでしょうか。「話せば分かる」と言いますが、分かった頃に時機を逸していたのでは話になりません。そもそも、相手が自分の言葉に十分に注意を払い続けていると考えること自体が悲しいかな、自惚れであり勘違いというものです。

膝を詰めて対話を重ねた結果、誰もが腹落ちして行動に結びつくのであれば、それに優ることはありません。なるべくそのように努力すべきです。しかし、限られた時間のなかでカリスマならぬ凡人の自分にそんな芸当を期待するのは、現実味に欠けるというものです。

ただ、凡人が無力かといえば、そんなこともありません。**言葉を尽くすことは大前提としたうえで、当人への働きかけと併せて、当人や組織を取り巻く周囲の環境に働きかける**ことで、期待する行動に導くこともできます。仕事の場において、孟母三遷[2]の教えを実践するのです。

①　スピンオフ

組織の構造を例にとりましょう。たとえば、中央集権化が過度に

2 環境による教育への影響を示すたとえ。孟子の母が、子どもの教育のため、住まいを墓所の近くから市場の近くへ、さらに学校の近くに3度移したことから。

進んだ組織で、現場に活力を取り戻すために権限委譲を図るとします。現場の裁量が拡大すれば、全体の統制は損なわれる一方で、機動力は増し、やる気がある現場の人の士気は高まるものです。

意思決定の機会が増すことで、人材育成の副次的効果も期待できます。この権限委譲をさらに一段押し進めると、組織のスピンオフ、分社化に至ります。

「外部環境を整える」という観点でスピンオフが持つ大きな意義のひとつは、従来は架空の管理会計であった銭勘定がリアルな財務会計に変わるということです。大きな組織の傘下で、部門業績が赤字であることを指摘されても、当事者が感じ取ることができる深刻度合いにはどうしても限界があります。

ともすれば、「それは数字のうえの話です」「悪いのはうちの部門ではなく隣の部門です」などと居直ることもあれば、「計算のロジックがおかしい」といった反発が起きることもあります。

ところが、**部門が分社化されると、今までは擬似的な会社経営だったものが、本物の会社経営に一変**します。赤字が続けばキャッシュは底を突き、会社はつぶれます。そうした当然のことすらも、寄らば大樹の陰となると見失ってしまうものです。集団のなかで成果と責任が混ぜ合わされると、どうしても各自の責任感は薄れてしまうのです。

キャッシュが燃えていく様を目の当たりにすれば、とても「数字のうえの話」など悠長なことは言っていられません。売上を伸ばすためにどうすべきか、コストを削減するためには何をすべきか、自分ごととして必死で考えざるを得ない状況になります。

「べき論」としては、管理会計上の擬似的な会社経営であっても、本物の会社経営と同等の真剣さを持つことができるような創意工夫や組織の風土づくりにこそ努めるべきなのでしょう。ただ、そうも言っていられない状況下であれば、こうした施策は効果的な劇薬として作用します。

② アウトソーシング

別の例を挙げましょう。

組織が巨大化すればするほど、そこに働く慣性の力も強まります。今まで続けてきた事業から新たな事業に向けて舵を切ろうとしても、そう簡単に事は運びません。どうしても人は、慣れ親しんだ事業や業務に執着してしまうものですし、慣性を振り切って新たな行動を促そうとすれば、有形無形の抵抗は避けられません。

たとえば、こうした局面で事業譲渡や特定業務のアウトソーシングを行ったとします。環境整備という面でこれらが意味することは、今まで内製されていた業務が外部に移管され、組織内からなくなるということです。

既存の業務を残したままだと、人はどうしてもそこに執着してしまうものですが、**目の**

前の業務がない以上、新たな事業や業務に取り組むことを真剣に受け止めざるを得ません。

得てして案ずるより産むが易しで、ひとたび新たな環境に移ってしまえば、個人差はあっても、意外と人間は順応するものです。困難なのは順応することではなく、最初の一歩を踏み出すことにあるのではないでしょうか。

人間は環境の奴隷である

アメリカでは人材獲得を目的としたスタートアップの買収を〝Acqui-Hiring〟とも呼びますが、M&Aもまた、組織を揺り動かすための環境を構築する要因となり得ます。

鯉は天敵のいない池のなかでは弛緩《しかん》して丈夫に育たず、天敵のナマズを放つと緊張感で機敏に泳ぎ回って元気を取り戻すのだそうです。

日本電産の永守重信会長兼社長は、社長自身がナマズとなって社内を泳ぎ回れとおっしゃるそうですが、ナマズとなり得る会社や人材を自社に取り込むことで、意図的に組織をかき回すこともまた、組織に緊張感をもたらすための環境づくりと捉えることができるでしょう。

どうしても、人間は横並びで比較される対象がないことには、思考が内向きになり、力を発揮しづらいものです。外部から事業を取り込むということは、比較対象があるという強烈なメッセージになり得ます。

改めて考えてみると、人間は誰しも与えられた環境の奴隷と言えるのではないでしょうか。環境次第でまったく本領を発揮できないこともあれば、逆に水を得た魚のように生き生きすることもあるということを、多くの人が自身の体験や周囲の人々の観察を通して知っているのではないかと思います。

ここで述べた内容は、いわば「強制的に自主性を発揮せしむ」ためのアプローチであり、走らない馬を走らせ、動かない組織を動かすための一種のポリティクスでもあります。

環境を整えるうえでは、アメのアプローチもあればムチのアプローチもあるでしょう。極力穏便に進めるに越したことはありませんが、**重要なのは、どういったアプローチを採るかよりも、実際に行動が変わるのか、結果が出るか否か**です。

「自分ごと」でなければ切羽詰まらない

少々飛躍しますが、日本経済の低迷が指摘されて久しいにもかかわらず、私たちが抱える数多の論点を解決する兆しが一向に見えてこないことの根本的な原因は、生活者としての日本人の大多数が、実際にはそれほど切迫した変化の必要性を感じていない点にあるのではないでしょうか。

「失われた10年」というフレーズが、気づけばいつの間にか「失われた20年」にすり替えられていましたが、こうした経済の低迷は10年や20年といった一過性の問題ではなく、人口動態から単に日本が衰退フェーズに入っただけなのではないでしょうか。「あるべき何か」を失ったわけではなく、単に緩やかに衰退しているというだけの話です。

本来であれば、進展する高齢化などの構造的な課題を直視して、根本的な解決を図るべきはずですが、どうも対症療法に終始しているように思われてなりません。日本全体に働く数々の慣性を振り切ろうと企てるには、今の日本の暮らしはあまりにも居心地が良すぎます。かくいう私も含め、大多数の人にとってはいまだに日本を取り巻く種々の課題が自分ごとになっていないということです。

黒船が来航して国論が二分するほどまでに事態が至れば、政敵に対して実力行使に及ぶ者も出てくるでしょうし、ヤケクソじみた「ええじゃないか」の群衆も出現するのでしょう。けれども、寡聞《かぶん》にして日本国内で群衆が決起して打ち壊しを起こしているなどというニュースは耳にしません。

日々の生活のなかで不平はあっても、大多数の人々にとっては生死に関わるほど切羽詰まっているわけでもないし、何か行動を起こすほどの痛切な必要性を感じてはいないということの証左ではないでしょうか。見方によっては、大変に幸せなことなのかもしれません。

しかし、本気で日本の行く末を案ずるのであれば、耳触りのよい言葉を並べるのではなく、全体の問題を一人ひとりが自身の問題として受け止めることができる環境をいかに構築するかにこそ、思いを致すべきではないかと思うのです。

空気に流されず、率先して空気をつくる

大前研一氏は、「人間が変わる方法は3つしかない」と述べています。いわく、「ひとつ目は時間配分を変えること、2つ目は住む場所を変えること、3つ目は付き合う人を変えること」だそうです。これらに加え、「最も無意味なのは、『決意を新たにする』こと」と

氏は述べています。

　自分の行動ですら、自分の意思ではままなりません。いわんや他人の行動をや、です。「将を射んと欲すればまず馬を射よ」といいますが、人の行動を変えようと思えばまずは取り巻く環境を変えるべきなのでしょう。仮に組織に働く慣性の一側面を「空気」と呼ぶならば、**空気を読んだうえで空気に流されず、率先して空気をつくる**ということです。「外部環境を整えることで期待する行動を引き出す」というのは露悪的な表現ではありません。あくどく響くかもしれませんし、多分に打算的な発想であることは否めません。

　しかし、どれだけ崇高なビジョンや卓越した戦略を掲げても、実行されないことにはまったく意味がありません。なりふり構わず本気で組織を動かさねばならないと痛切に感じるのであれば、備えるべきは集団を取り巻く不条理を乗り越えるための知恵であり、きれいごとでは済ませられないリアリティだと思います。一方で、環境次第で人はいかようにでも変わり得るということは、福音とも捉えられるでしょう。

　この点で、リクルート創業者である江副浩正が掲げた同社のかつての社訓「自ら機会を創り出し、機会によって自らを変えよ」という言葉は、希望に満ちあふれています。果たして社訓に著作権が成立するのかどうかは知りませんが、第2章末のコラム2でも紹介した通り、日本中の企業がこぞって自社のものとしてそっくりそのまま拝借すべき箴言ではないでしょうか。

第5章

既存企業のイノベーションに対する渇望

思慮に富む武将は、配下の将兵を、やむをえず戦わざるを得ない状態に追い込む。

――ニッコロ・マキャヴェッリ

大企業が直面する「持つ者」特有の弱み

経営学の父といわれるピーター・ドラッカーは、企業の基本的な機能はマーケティングとイノベーションであると述べています。「イノベーション」という言葉は、日本語では「技術革新」と訳されることが多いようですが、改めて考えてみると、世の中にある商品やサービスを段階的に改善することではなく、むしろそうした既存の商品・サービスが一気に陳腐化するような、異次元の真新しい価値を提供することではないでしょうか。必ずしも技術に限定された言葉ではなく、無から有を生み出すことばかりとも限らないことを思うと、〝Invention（発明）〟ともまた異なる概念です。ソニーの「ウォークマン」やアップルの「iPhone」を引き合いに出すまでもなく、イノベーションというのは何も新興企業の専売特許ではありません。歴史ある企業にとってもまた、避けては通れない重要なテーマです。

特性によって寿命の長短こそあれ、事業は陳腐化します。時代の変遷や市場環境の変化に対応し、顧客の期待に応え続けるうえで、既存の商品・サービスを段階的に改善することもあれば、従来の事業の延長線上には存在しない、真新しい事業の立ち上げに挑戦する局面もあることでしょう。

この点、大企業の場合は、事業開発に必要となる人材や知財、キャッシュ、ブランド、そのほかの有形・無形の資産をすでに保有しています。人もいない、お金もない、信用も実績もないといった〝ないない尽くし〟のスタートアップの経営資源を思えば、一見すると非常に恵まれた環境が整えられているように感じられます。

それにもかかわらず、誰もが名前を知るような超大企業においてさえ、新規事業への取り組みは、なかなかままならないもののようで、企業内で事業開発に尽力なさっているイントレプレナーの方々とお会いしても、その多くが成功の糸口を見出すのに苦心なさっています。

組織の大小にかかわらず、新たな事業を起こすということ自体が、そもそも大変な困難を伴う試みであることは間違いありません。ですが、そうした一般的な困難とはまた別に、既存の企業は、すでにビジネスや組織ができあがっているがゆえの特有の課題を抱えているようにも思われます。

すでに**事業の基盤があるということは、組織にとっては活かすべき資源を保有しているという点で強みであるとともに、何かしらの守るべきもの、斟酌すべき事情がある**ということを意味します。これは何も制約条件のない真っさらな状態の組織に対する一種のハンデとも言えるでしょう。大組織は、「持つ者」特有のこうした弱みに対峙していかねばならず、新興企業とは異なる課題に取り組む必要があるのです。逆にそうした弱みにこそ、「持たざる者」であるよちよち歩きの新興企業が割って入る隙があるのでしょう。

言い換えてみれば新規事業の開発にあたり、できあがってしまった企業であるがゆえの「しがらみ」をいかにして排除するかという命題に、大企業は立ち向かっていかなければならないのです。

端的な例は、カニバリゼーションに対する臨み方です。すなわち、自社が展開する収益性の高い既存事業と、将来的に競合し得る新規の事業案に対して、ＧＯサインを出すことができるかということです。

単に収益を分け合うだけならまだしも、これが既存事業の収益性を極端に下げてしまうような破壊的な事業案であればどうでしょうか。

たとえば、既存商品の開発や販売に要している設備や人的リソースを一切必要とせずに提供できる代替商品が、新規事業の担当部門で開発できたとしましょう。果たして、そうした代替商品を既存商品と比べて大幅に安い価格帯で世の中に提供するといった意思決定ができるでしょうか。

社内事業間のカニバリを歓迎する心意気

言うまでもなく、既存事業部門にとっては自分たちの仕事を無価値化しかねない〝とんでもない〟話であり、社内で大きな摩擦が生じるであろうことは想像に難くありません。また、対象となる既存事業が会社の収益の柱である場合は、会社全体の業績にも少なからぬ影響を及ぼすことでしょう。

少々極端な例ではありますが、似たような話はいくらでもあります。**「既存部門との調整がつかない」というのは、この手の話題で頻出する定番のフレーズ**ではないでしょうか。自分たちの社内事情を鑑みれば、既存事業に大きな影響を及ぼし得るドラスティックな事業案に手をつけることはなかなか困難です。短期的な視座に立てば、そうした事業を見送るという判断にも一定の合理性はあると言えるでしょう。

一方、同じ市場で顧客に商品・サービスを提供しているのは、何も自社だけではありません。シェアを分け合う競合企業もあれば、眈々と新規参入の機会を窺う事業者もいることでしょう。たとえ自社が取り組まなかったとしても、いずれは競合や新規参入者が既存事業をまったく無意味化するような商品、サービスを仕掛けてこないとも限りません。自分たちがやらなければ他社にやられるだけです。これは何よりも恐れるべきことではないでしょうか。

そう考えれば、むしろ競合に仕掛けられたら嫌なことを積極的に探り、率先してみずからの事業として取り組むことこそ、最大の防御となるのではないでしょうか。どのタイミングで事業化に持ち込むかといった点は見極めを要しますが、原則としては「カニバリ上等」の精神で、既存事業を代替するような事業にこそ取り組んでいくべきなのだと思います。

コラム2でも触れた通り、かつて松下幸之助は、新製品を開発した直後の担当者に、「ご苦労さん。ええもんができたな。さあ、今日からこの商品が売れなくなるような新商品をすぐにつくってや」と語りかけたそうです。

製品担当者の身になってみれば、たまったものではないでしょう。ですが、過去の栄光は過ぎ去ったものです。いつまでも過ぎ去った栄光で食べていくことはできない以上、後生大事にすがりつくべき対象ではありません。

事業環境は自分たちの社内事情を中心に動いてはくれません。顧客があってこそのビジネスであり、自社商品は常に競合商品と比較される対象です。この点で、ビジネスは顧客あってこその「地動説」の発想で捉えるべきです。自社を中心に据える「天動説」の発想では、厳しい競争環境で生き残っていくことはままなりません。常に目線を先々に据え、自己否定を繰り返しながら、自分たちが提供する価値を更新し続けることが重要なのだと思います。

既存事業とのシナジーは幻想である

カニバリと同様に論点となるのが、シナジーに対する考え方です。すでに軌道に乗っている事業がある場合、真っ当な発想の持ち主であれば、先行する事業を土台として活用したり、相乗効果が期待できる事業を開発しようと考えたりするものです。実際にそうした取り組みが功を奏することもあるでしょう。

ただ、既存企業での新規事業開発が常にシナジーを前提にすべきなのかといえば、それは違うのではないでしょうか。両者の連携がうまく進むか否かには、既存事業と新規事業を担当するそれぞれの人物の思惑や動機付けが大いに関わっています。既存事業であれ、新規事業であれ、通常はそれぞれ別の担当者がいるものです。便宜上、兼任するケースもありますが、**個々の事業に集中してうまく進捗させるためには、できることならば組織も担当者も分けたほうがよい**でしょう。

既存事業の担当者には、責任下にある事業を伸ばすうえで取り組むべき施策があり、そうした個々の施策の優先順位を日々意識していることでしょう。そんななか、ある日突然、新たに手がける事業との連携を図るようにと指示されるとどうなるでしょうか。

既存の優先順位を入れ替えてまで新規事業のサポートに取り組もう、などとはなかなか思わないことでしょう。特段の悪気がなくとも、「1番目から10番目まで優先順位が決まっているから、まぁ13番目くらいに取り組めばいいか」という程度に、かなり消極的に捉えてしまうものです。

自身の評価にダイレクトに影響でもしない限り、既存事業部門の担当者にとってこうした新規事業の取り組みというのは、極論すれば取るに足らない試みであり、どうでもいいことです。

部門の分け隔てなく全社で協力して事業を構築していくべきだと頭では思っていたとしても、わが身にとって差し迫って重要でもない取り組みに対して、自分たちの担当業務を滞らせてまで援護射撃しようなどと考える人は、なかなか存在しないのが現実ではないでしょうか。組織全体における一部分の最適化を命題として負っている組織人の身に立ってみれば、すこぶる当たり前の話ですし、それ以上を期待するのは酷というものです。

大企業は自前主義と決別できるか

一方で「兵は拙速を尊ぶ」といいますが、新規事業にとってスピードは命です。限られた時間のなかで、トライ&エラーを重ねながら勘所を捉えることができるか否かが、勝敗の分かれ目です。このスピード感という点において、**既存事業部門と新規事業プロジェクトの間では、出発点において大きな温度差が生じる**ものです。

この温度差は、新規事業の成功を妨げる大きな要因になりかねません。既存事業の足並みに合わせて事業開発の進行が停滞している間に、取り返しのつかない遅れが生じかねないのです。

このように、既存事業部門の担当者の本気度合いが結果に大きな影響を及ぼすのは、何も新規事業開発に限った話ではありません。

たとえば、他社との事業提携を専属して担当するアライアンス部門の人間がいくら新しい提携案を持ってきても、既存の事業部門がそうした提案に対して積極的に取り組まないために、提携に関するプレスリリースは打ったものの、実態としては一向に事業連携が進まないというのは、大組織に所属する方にとってはおなじみの光景ではないでしょうか。

また、近年では大企業がスタートアップと資本面のみならず、事業面でも積極的に連携することで、新たな事業を開発していこうとする動きが見られます。大企業間においても、クロスライセンス開発など、自社に閉じない事業開発が積極的に見られるようになりました。こうした「自前主義」「自社内完結主義」から脱却する取り組みのことを「オープンイノベーション」と呼びます。これ自体は非常に歓迎すべきことですが、大企業側の対応が遅々として進まないと、スタートアップ側にとっては死活問題に発展しかねません。

シナジーは後からついてくる

収益面における事業シナジーが初期段階から期待できるか否かは、組織の制度や社風に相当依存するのだと思います。日頃から社内外でのやりとりが頻繁に行われており、こうした連携に慣れていたり、トップの号令が高い精度で現場に反映されたりするような組織であれば、事業間のシナジー創出は比較的図りやすいことでしょう。

逆に、事業責任者に対して大幅に権限が委譲されている場合や、事業単位の業績と評価が強くひも付いている場合であれば、シナジー創出の難易度はより高まるものだと言えます。組織形態はどちらも良し悪しがありますが、新規事業開発にあたり、シナジーは過度に意識しないほうがよいのではないかというのが私の持論です。

もちろん、狙い澄ましたシナジーをうまく創出するエクセレントカンパニーも世の中には存在します。ですが問題は、自分たちの会社が果たしてそうしたエクセレントカンパニーであるかどうかです。

対外的には、既存事業との連続性について説明が求められるシーンもあることでしょう。ただ、発想の前提としてあまりにも厳密にシナジーに囚われすぎると、できるものもできなくなってしまいます。下手に1＋1を3にしようとすると、2にもならないものです。

考え方次第ではありますが、まったくゼロの状態から裸一貫で事業を起こすのと異なり、総務や法務、労務といったバックオフィス機能やオフィスなどの施設が整っている時点で、すでにコストサイドのシナジーは発揮されていると捉えることもできます。

むしろシナジーというものは、後々になって気づいた頃に生じているといったケースのほうがより実態に即しているのではないでしょうか。実際に社内の新規事業が好転し始めると、既存事業部門もこうした動きを見逃せなくなり、新規事業に一枚噛むことで勢いに乗じたいと考えるものです。

既存事業部門サイドから新規事業部門サイドに対して、連携の申し出が行われるようになれば、より両者の足並みがそろった状態での施策実施が期待できることでしょう。それも、あくまで後日談に類するものであって、**シナジーについて投資銀行のバンカーなどの口からまことしやかに語られる外向けの俗説や後付けのストーリーは、あまり真に受けすぎないほうがよい**のではないかと思うのです。

抜擢と自治権がカギになる

既存企業での新規事業を開発するうえでの前提は、「しがらみ」を解き放つことであると先述しました。せっかくこれまでの延長線上からジャンプして新たに事を始めようとしているのに、既存の事業や仕組みに迎合し、それが足かせになるのでは本末転倒です。新規事業開発を始めるにあたって注意を払うべき具体的なポイントを考えてみましょう。

結論から申し上げると、「意欲ある人物の抜擢」と「自治権の確立」——この2つが結果を大きく左右するのではないかと思います。

すでに**軌道に乗っている事業を安定的に運営することと、新たに事業を立ち上げることでは、求められるスキルセットもマインドセットも異なります。**成熟した事業であれば、重視すべきはミスの削減やオペレーションの磨き上げに寄っていくことでしょう。

しばしば、「エスタブリッシュメント」と称される企業の評価軸は「減点主義」に偏重しているとの批判がなされます。こうした評価体系の下では、人々はリスクを取った行動をできる限り避けるように動機付けられるというのです。もっともな指摘ではあります。

しかしながら、エスタブリッシュメント企業の内部で本流とされる事業の成熟度合いと重要性を鑑みれば、こうなるのも致し方ない側面が多分にあるように思われます。消費者としても、提供するサービスがすべからく斬新で実験的すぎるインフラ企業などというものが存在すれば、危なかしくて安心して利用できないことでしょう。

対して、新規事業の開発においては、すでにある商品やサービスの安定供給ではなく、失敗を織り込んだうえでの試行の回数こそが重視されます。事業に取り組むにあたっての基本動作が異なるのです。

新規事業にエース人材が向いているとは限らない

同じ「経営者」というくくりでも、ゼロから1を立ち上げる「起業家」と、成長した複数の事業を並行してマネジメントする「(狭義の)経営者」に対して求められる資質は必ずしも合致しないものですが、それと同じことです。優劣の問題ではなく、向き/不向きの問題です。

新規事業の立ち上げにエース級の人材を指名すれば、確かにプロジェクトがつつがなく進行する蓋然性は高まるかもしれません。しかし、既存事業で力量を発揮している人物が、事業立ち上げにおいても同じように能力を発揮できるかといえば、そうとも限らないものです。

たとえ優秀なビジネスパーソンであっても、本人の意向や資質と関係なく登用したところで、新たなルール下での動き方に馴染むにはそれなりの時間と労力を要します。既存事業における高評価が、新規事業開発への適性を担保するものではありません。

したがって、**新規事業開発における登用は、既存ビジネスでの実績や評価以上に、当人の意思こそを重視すべき**だと思うのです。実現したいビジネスアイデアがあるような人物であれば、なおさらよいでしょう。これは温情云々ではなく、あくまで成功確率を高めるうえでの要請です。

以前、「新規事業を任され、上司から『チャレンジしろ』と言われたものの、何をやればいいのかまったく分からない」という新規事業の企画担当者とお会いしたことがあります。当人の身に立てばお気の毒には感じますが、「新規事業企画室」の名刺を持ちさえすれば斬新なアイデアが湧いてくるという奇跡は、残念ながら望むべくもないことです。決裁者や担当者自身の意思なくしてシリコンバレーにヒントを求めても、徒労に終わるだけです。本気で社内から新規事業を創出したいと考えるのであれば、建て付けそのものを根本から見直すべきなのだと思います。

混ぜるな、危険！ 独立した「特区」の創設

組織からの新規事業創出にシステマチックに取り組んでいる代表的な国内事例としてしばしば挙げられるのが、リクルートの「New RING」制度[1]です。国内企業で取り組まれる新規事業公募制度の多くは、本制度の亜流であったり、多かれ少なかれ本制度の影響を受けていたりすることでしょう。

1 リクルートにある新規事業の創造を支援する制度。1990年からスタートし、『ゼクシィ』や『ホットペッパー』『R25』などが生まれた。2014年4月に、ITを基盤としたビジネス創造に特化する制度として大幅刷新された。

さすがに25年の長きにわたって存続している制度だけあり、関係者のお話を伺う限りでは、さまざまな試行錯誤を経て「New RING」の今の姿があるようです。世に数多くある新規事業プロジェクトが立ち消えていくなかにあって、今もなお本制度が存続し、成功事例が生まれている要因のひとつは、応募者の自主性を旨とし、それをサポートする仕組みづくりが機能している点にあるのではないでしょうか。

こうした仕組みの肝は何かといえば、**意欲ある人物に対して既存部門からの干渉なく自由に活動できる環境を整える**ことであると思うのです。すなわち、「自治権」を確立するということであり、いわば、組織内部に独立した「特区」を設けることです。歴史ある企業であればあるほど、内部に設けられた自主規制もまた時代の風雪を経て厚みを増していくものです。そうした制約条件から解放された場を用意することが必要なのです。

既存企業内に「特区」を設けるにあたっては、できることならば日々の活動の環境自体も、既存の事業部門から物理的に分けることが理想です。前述したように、できあがった事業の運営と新たな事業を開発するのとでは、基本動作がまったく異なります。

自転車に乗るのと同じで、止まっているタイヤをひと漕ぎして回転させるには、すでに回っているタイヤを動かす以上の負荷がかかるものです。こうした負荷は、必然的に働き方のスタイルやノリに反映されます。

今までと変わらない労働環境のなかで、今までと同じ働き方のスタイルを維持している同僚たちに囲まれながら、今までと違うスタイルを求められるのは少々酷な話です。仮に担当者たちが意欲に満ちあふれており、当初はがむしゃらに頑張ることができたとしても、周囲の様子が変わらないままだと、そうした気勢もなんだか白けてしまうものです。早晩、周囲のノリに押し流されてしまうことでしょう。

また今までと同じ環境のなかで奮闘していると、周囲の人々も、何が行われているのか気になってしまうものです。前向きな激励であればよいのですが、冷やかし半分に「で、今日はどんなイノベーションが生まれたのよ?」などと日ごとからかわれていると、まじめに業務を進めるのも悲しくなるというものです。

上司の「ご指導」を聞かずに済む環境づくり

先述したシナジーとも関連する話ですが、新規事業を開発する過程では、しばしば関係各位からの「アドバイス」を頂戴することになります。同期同士の軽口であるならともかく、これが役員やシニアな社員からの「アドバイス」であろうものなら、軽々と聞き流すわけにもいきません。

伝えている当人は善意のつもりでも、担当者が「○○本部長のご指導をいただきまして……」などと慮り、こうした「アドバイス」を反映し続けているうちに、気がつけば、当初の原形をとどめない、ツギハギだらけの事業が仕上がってしまいます。できあがりを見れば、一体何がやりたかったのか、訳が分かりません。悲しいかな、それが勤め人の性というものです。

上長のアドバイスを無視できるような肝の太さを望むべくもない以上、**あらかじめそうしたちょっかいを受けずに済むような環境づくりにこそ意識を向けるべき**でしょう。

新規事業の責任者は、事業の「オーナー」であるべきです。顧客のことを考え抜き、事業が単体で機能することに集中すべきであり、シナジーのことなど気にかけるべきではありません。商品・サービスを選ぶにあたり、提供者の内部のシナジーを気にかける顧客がどれだけいるでしょうか。まずもって、顧客にとってはどうでもいい話です。「新規」であればこそ、社内事情は一切無視し、顧客中心の「地動説」にのっとって発想しなくてはなりません。

ここで言う「特区」とは、何も意思決定ラインの分離に限った話ではありません。たとえば「失敗を許容する」ことひとつを考えても、新規サービスの失敗によって既存のブランドが毀損しようものなら既存事業部門の反発を受け、今後の新規事業サイドの活動に支障を来しかねません。

こうした事態を避けるためには、単に「失敗を許容する」とお題目を唱えるだけでなく、ブランドや外形的な提供主体を分けるといったお膳立てが必要になります。これもまた、「シナジーを前提としない」ことのひとつの表れです。

たとえるならば予備校の自習室のように、周りの雑音を遮断して事業開発に集中できる空間を整えることができれば、それに越したことはありません。良かれ悪しかれ、朱に交われば赤くなるのが人間というものです。

たとえばインターネット上の検索サービスとして始まったGoogleはAlphabetとして組織を再編し、いまやスマートフォンのOSや動画共有サービスをはじめとしたさまざまな領域で事業を展開するインターネット総合カンパニー然とした様相を呈しています。Googleの新規事業の代表的成功事例であるAndroidとYouTubeは、もともとは外部で運営されていたサービスであり、運営していたスタートアップを買収して得た事業です。これらの事業は買収後も組織が別に隔てられ、独立した運営を保ったことがひとつの成功要因と言えるのではないでしょうか。逆に、当初からトップの肝いりで大々的に始まったGoogle+は、Facebookを代替するほどの普及には至りませんでした。

基本的に、既存事業部門と新規事業開発部門は「混ぜるな危険」と心得るべきかと思います。新規の部門は既存の部門から引き離し、意図的にガラパゴス化を図るべきなのです。

変革は傍流から起きる？

組織の「傍流」や「外様」と見なされている部門から、新たな事業の芽が出るというのは、よく聞く話です。より上流の研究開発の段階においても、上層部から停止すると判断された研究開発を現場の担当者がこっそりと進めた結果、思わぬ発見があったというエピソードもまた枚挙に暇がないことです。

このようなエピソードを受けて、担当者がこっそりと研究を進める方法でしか新たな事業の芽を見出せなかったことを指し、組織の体質を嘆く向きもあることでしょう。しかしながら逆に考えれば、こっそりと開発を進めたからこそ、「外様」であったからこそ、本流部門の意向を忖度することなく、気ままに探求を進めることができ、新たな発見や事業の成功につながったと解釈することもできます。

そうであるならば、擬似的な「こっそり研究」を進めるための環境を、組織のなかにどうやって意図的に用意するのかにこそ、経営者は頭を使うべきではないでしょうか。

歴史を辿ってみても、政治や文化の大きな変革は、得てして周縁から起こるものです。新規事業にしても、組織の保守本流、王道のエリートコースとされるところからは、かえって新しいものが生じにくい構造になっているのではないでしょうか。

抜擢は出世リスクのヘッジとセットで

意思のある人材の抜擢と自治権の確立を実現するうえでは、人事制度も併せて見直す必要が出てきます。新規事業開発における失敗によって、担当者が既存の人事評価制度上で不利な扱いを受けぬよう、折り合いをつけておかなければなりません。

たとえば、最終的に新規事業が撤退の判断に至った際も、担当者が戻れる場所を事前に準備しておくべきでしょう。そうしないことには、海のものとも山のものともつかないプロジェクトに、誰も喜んで乗ってきません。些末な話に聞こえるかもしれませんが、勤務形態の縛りや成功した際の報奨の仕組みも、できるだけ実態に合わせて変更すべきです。**担当者本人にとって、いわば、「ノーリスク」と「ミドルリターン」の環境を整備**するのです。

個人における「リスク」と「リターン」についてですが、大きな組織のなかでは後者よりもむしろ前者のほうが重要な論点になるのではないでしょうか。

そもそも会社の傘の下で取り組む以上、本質的に「ノーリスク」であることは間違いないのですが、組織のなかで保守本流のキャリアを辿ってきた人々からすれば、得体の知れない新規事業とやらに飛び込むこと自体が十分に「リスク」と言えます。

この点、社内の極めて保守的な人々を惹きつけることはかなわないまでも、多少のやんちゃ心を持った人の気を引く程度には、新規事業での取り組みによって無用な傷がつかぬよう、お膳立てしておくことが重要です。

「失敗したら、どうせ冷や飯食わされるんでしょ」という疑念を払拭しないことには、いくらアメを用意したところで肝心の人材は集まりません。完全に払拭するには至らないまでも、せめてそのための努力を制度設計者は果たすべきです。

少々まどろっこしく感じますが、できあがった組織のなかに新たなレールを引くとは、そういうことなのでしょう。

リターンでやんちゃ者の背中を押す

ノーリスクをノーリスクたらしめる準備を行ったうえで初めて、興味を持ったやんちゃ心の持ち主たちの背中をそっと押すリターンの設計が意味を持ちます。どんな組織であれ、自分で新たなビジネスモデルを考案したり、新たな事業に取り組んだりすることに魅力を感じる人は一定数いるはずです。そうした気持ちをどうやって鼓舞するかです。

社外でゼロから事業を立ち上げて成功した際に得られるリターンには及ばないまでも、現行の報酬水準を度外視し、成功の度合いに応じた報酬の設計や、一定の収益水準を超えた暁にはスピンオフすることを見据えるといった動機付けを行うべきでしょう。

組織内の新規事業に携わることから得られるリターンの低さを指し、「新規事業のアイデアがあれば、さっさと外に出て自分でやる」と指摘する方もいますが、これは実際には相当なレアケースだと思います。

社内で新規事業を担当するのがばかばかしくて独立したという人の話は、寡聞にして耳にしません。逆に社内で「やりたい」と言った事業を手がけることができず、会社を飛び出した人の顔はいくらか思い浮かびます。**既存企業の新規事業開発においては、「リターン」よりも「リスク」の設計こそがより肝になる**と考える所以でもあります。

まずは小さく始める

『西遊記』の冒頭、雲に乗って地の果てまで飛んでいったはずの孫悟空が、実はお釈迦様の手のひらの上を飛び回っていたというくだりがあります。この「お釈迦様の手のひら」

をうまく設けることが、既存企業の新規事業開発における要点かと思います。

すなわち、新規事業開発部門が存分に暴れ回っても許容される枠の設定です。新規事業の失敗が会社の業績にダイレクトに影響するようでは、「失敗を許容する」なんてことは言っていられません。新規事業開発の試み自体が頓挫してしまうことでしょう。

あらかじめ最悪の事態を想定したうえで、**「この範囲であれば全損しても大丈夫」というラインを引いておけば、少々の失敗では狼狽《ろうばい》しない程度に、心持ち穏やかにプロジェクトの推移を見守ることができる**はずです。自動車のハンドルやブレーキペダルに遊びがあるように、組織にもまた遊びの余地を設けるべきでしょう。

ソフトウェアの開発では、万一、開発中のプログラムに瑕疵《かし》があってもシステム全体に影響を及ぼさぬよう、サンドボックス（砂場）と呼ばれる制限された環境で開発を進めます。新規事業開発もこれと同様に、サンドボックスを用意し、そのなかで存分に大暴れしてもらうべきです。

新規事業の意義と、新規事業にリソースを割くことによって生じる機会コストを比較考量し、予算や期限の具体的な範囲をセットすれば、「撤退ラインをどう設定するか」といったポリシーもおのずから見えてくるはずです。多くの場合、「まずは小さく始める」というスタイルに収斂《しゅうれん》するのではないでしょうか。

失敗より取り残されるリスクを恐れよ

逆に、営む事業の規模が大きい企業の場合、提案される事業のスケールが小さいことをもって、「そのような事業案は当社の間尺に合わない」といった指摘がなされることもあるでしょう。リソースの最適配分という観点を鑑みると、なかなか難しい論点です。一概に正否を判断できるものではありません。

しかしながら、２０１６年時点で創業１２４年を誇る伝統的大企業であるＧＥですら、『リーン・スタートアップ』（エリック・リース著、井口耕二訳、日経ＢＰ社）を教科書にし、まだ発展段階にあるＩｏＴ（Internet of Things）の領域にリソースを投下することで主導権を握るべく、挑戦を続けています。

まさにこれから立ち上がろうとしている市場の場合、参入機会を逃すことは後になってダメージがじわじわと効いてきます。未成熟な段階であっても早期に参入し、市場が育つまで「待つ」と割り切るのも、ひとつの見識ではないでしょうか。

世界で初めて検索連動型広告ビジネスを展開したOverture Servicesの創業者であるビル・グロス氏は、新規事業を始めるにあたって最も重要な要素は「タイミング」であると述べています。

ことほどさように事業開発において、立ち上げ時期を見極めることは極めて重要なポイントではありますが、スタートアップと異なり体力的に余裕のある大企業であれば、有望な事業領域に「張って待つ」というのも、できない話ではありません。

そもそも新たな事業を立ち上げるということは、はなから面倒なプロセスです。さしあたって見込める収益も、既存事業に比べればたかが知れたものでしょう。新規の事業計画が、当初の目論見通りに進捗するということもなかなか期待できません。一方で、あまり規模感に固執すると、できる事業もできなくなってしまいます。

「やらない」という判断は、決裁者個人のキャリアを考えれば顕在化しにくいリスクではありますが、組織にとっては長期的にリスクを伴う判断であることを認識すべきでしょう。

いずれにせよ、予算や投下するリソースといった面で新規の取り組みが本業に累を及ぼさぬよう、事前に設計しておく必要があります。「新規事業案」自体の成否は、どれだけ検討の精度を高めたところで、やってみないと分からないものです。

アンドリーセン・ホロウィッツのマーク・アンドリーセン氏が言うように、「新しいアイデアを試して、その成功率が50％を超えるようだったら、その会社は必要なリスクをとっていない。保守的にすぎる」と心得るべきなのでしょう。

一方で「新規事業開発プロジェクト」全体の設計は、あくまでリスクをどうコントロールするかという観点からなすべきです。これが博打であってはなりません。

グーグルの「70：20：10ルール」

世の中にはさまざまな考え方があるもので、進化論の考え方が行き渡った現代においてなお、宇宙・自然界の仕組み、生命といったものが〝偉大なる知性〟によって設計されたと主張する人々がいます。こうした説を「インテリジェント・デザイン」「創造科学」と呼ぶそうです。ロマンをかき立てられるストーリーではあるのですが、生物進化の過程を「偶発性」に求める進化生物学の観点からは完全否定されている考え方です。

生命の神秘において何が真実であるのかは、それこそ「神のみぞ知る」世界ですが、事業開発であれば、私たちは偶発をある程度は人為的に仕掛けることができるはずです。

スタートアップであれ大企業であれ、多くの事業やブレークスルーは当初に狙い澄ました内容がそのまま実現するというよりも、得てして思いがけない出来事や試行錯誤のなかから偶然に生じるものです。

百発百中を狙うことがかなわないのであれば、いかにして百発のなかからブレークスル

図表5-1　Google　イノベーション創出のための70：20：10ルール

リソース配分率	投資対象	2000年代半ばの投入事例
70%	コアビジネス	検索エンジン機能の強化と広告
20%	本業の延長	Gmail、Google Map、Google Earthなど
10%	新規事業	Orkut（2014年サービス終了）、YouTube

ーが生じる蓋然性を高めるかを考え抜くことが、組織として新たな事業を生み出すプロセスをマネジメントするにあたって求められる態度ではないでしょうか。

事業の幅が広がり、組織が成熟し、その規模が拡大するにつれて、企業の経営は徐々にファイナンス的な観点、ポートフォリオ・マネジメント的な観点に寄っていくものだと思います。自社の現在価値を最大化することを目的とした、リソースの最適配分です。こうしたリソース配分のなかに、将来の収益の柱を見据えた「遊び」の余地を設けることができるかどうか。ここが、永続性の分かれ目になるのではないでしょうか。

たとえばGoogleでは、イノベーションを創出するにあたっての「70：20：10ルール」（**図表5－1**）という原則を守っているそうです。すなわち、会社のリソースの70％をコアとなるビジネスに費やし、20％を本業の延長線上にある関連プロジェクトに投下し、残りの

10％を今までのビジネスとまったく関係ない事業に充てることだそうです。２０００年代の半ばであれば、70％は検索エンジン機能の強化と広告に該当し、20％はGmailやGoogle Map、Google Earthなどが該当したそうです。10％には、２０１４年にサービスを終了したOrkutなど、さまざまな挑戦が該当します。YouTubeも、当初はこの10％の一部と見なされていたようです。

「70：20：10」という比率自体が、どの組織にも当てはまる新規事業開発の黄金比なのかどうかは定かではありませんが、少なくともリスクを制御しながら、組織のなかからイノベーションを生み出そうとする意思が、この原則には込められているように感じられます。

トップのコミットメントが成否を決める

ここまで大組織から新規事業を創出する方法について考えを巡らせてみましたが、なんだかんだと言ってみても、何よりも重要なのはトップのコミットメントであると思います。トップがどれだけ新規事業を重要視し、本気で取り組むかです。

繰り返し申し上げた通り、事業開発に必要なヒト・モノ・カネといった諸条件が整っている点において、既存企業は新興企業よりも圧倒的に恵まれた環境にあるはずです。では、ボトルネックとなっているのは何か。

それはリソースではなく、組織として本気で新規事業に取り組むという意思決定を下せるかどうかです。**せっかくのリソースを生かすも殺すも、トップがリーダーシップを発揮し、新規事業の取り組みを守りきれるか否か次第**ではないでしょうか。

担当者の任命ひとつとってもそうです。既存部署の上長にしてみれば、優秀な部下が突然自分の管掌範囲から離れ、新規事業開発部門に配属されてしまうのは面白いことではありません。

新たな戦力を補強できればまだよいのですが、現実的にはなかなかそう簡単に代わりとなる人材を充てることはできないでしょう。今までよりも少ないスタッフで既存事業の担当者が業務を回すことを求められると、新規事業の取り組みそのものが槍玉に挙げられてしまいかねません。

こうした事態を避けるために、常日頃から組織内の流動性を保ち、人材が特定の業務や上司部下と密結合しすぎないよう、環境を整えることも予防策としては考えられるでしょう。

忍耐、忍耐、忍耐……そしてエールを

しかしながら本質的には、トップが腹をくくることができるかどうか、どれだけ反対や不満の声が上がっても、新規事業の重要性を説き、断行する気概を発揮することができるか。ここに尽きるのではないかと思うのです。

新規事業のプロジェクトの現場で奮闘なさっている方々のお話を伺うと、自身で関与できる領域の狭さにやきもきされている様子がひしひしと伝わってきます。できない理由を尋ねていると、結局は意思決定者がGOサインを出すかどうか次第ということが往々にしてあります。「それを言っちゃおしまいよ」の世界ではありますが、トップの腹決め次第ということが往々にしてあるのです。

新規事業を黙って見守るには、相当の忍耐を要します。失敗することを当然のこととして容認しなくてはなりませんが、かといって失敗すると、社内外から「それ見たことか」と非難の声が集中します。そうした声に毅然と向き合いつつ、新規事業部門に対してはやきもきしながらもエールを送り、外野の声から守る必要があります。

もちろん、トップには取り組むべき課題が山ほどあります。細かな進捗状況まで把握す

ることは不可能でしょう。ですが、もしも他の課題に埋もれ、新規事業の取り組みがなおざりになってしまうのであれば、つまるところ、その程度の本気度合いでしかないということなのだと思います。

スタートアップとしての大企業の優位性

そうした現実を考えると、既存企業が新規事業を検討するにあたって『リーン・スタートアップ』などを参照するのも大いに結構ですが、むしろより効果的なのは、一倉定《いちくらさだむ》[2]の経営説法を再発見することではないでしょうか。

「電信柱が高いのも、郵便ポストが赤いのも社長の責任である」「企業内に良好な人間関係が維持されているということは、革新が行われていない実証である」など、今の時代に発言すれば袋叩きに遭うこと請け合いの極論と、むせ返るようなマッチョさがあふれ出ていますが、そうした刺激的な言説のなかに、企業の将来に向けて手を打つことがトップの務めであること、そのための心得といったものが切々と説かれてい

2 経営コンサルタント(1918~1999)。経営者を叱り飛ばす強烈なスタイルで知られ、5000社もの企業を指導したという。ファーストリテイリングの柳井正会長兼社長など今でも信奉者は多い。

ます。

中堅・中小企業を念頭においた内容ではありますが、規模の大小を問わず、守るべきものを持ってしまっている人の心に突き刺さる箴言にあふれています。テクニカルなイノベーション論よりも、少々アナクロな精神論のほうが、日本の既存企業にいる人々にとって、よほどリアリティがあるのではないでしょうか。

総じて日本の既存企業で課題となるのは人間心理の綾であって、高等教育を受けた人材の数や、特許の数、投資資金の規模ではないと思うからです。

人材や投資余力は武器になる

こと「イノベーション」となると、新興企業から大企業に至るまで、シリコンバレーをモデルケースとして想起しがちです。

もちろん、そこから学び取るべきことも多分にあるでしょう。しかし、シリコンバレーの隆盛は第3章でも述べたように、人種の多様性や雇用慣習といった社会的な背景と不可分です。

日本においても、より多くの新しい企業の輩出を企図すべきであると切に思います。また、大企業が新興企業と協調し、取り込むことで新たな事業領域を開拓する余地も大いにあるであろうとも思います。

一方、果たしてこれから本当に新興企業の数が急増し、日本におけるイノベーションの牽引役の主体になるのかと問われれば、答えに窮するところです。シリコンバレーのような流動性の高い社会になることが国民感情として受け入れられるとも思いません。

実際、一部の新興産業を除き、**日本においてこれまでインパクトのある新たな商品やサービスを世に出す主体となってきたのは大企業**でした。少なくとも、今後のイノベーション創出において、大企業が重要な役割を担うことは間違いないでしょう。そうであるならば、既存企業における新規事業の取り組みのプロセスについて自覚的に点検し、方法論を確立することは極めて重要なことだと思います。

投資額の面から見ても、イノベーション創出における大企業の影響力は非常に大きいものがあります。日本国内における未公開企業の資金調達額は1500億円超といわれていますが、日立製作所は2016年度より研究開発費に年間約5000億円（売上高比4〜5%）を投じると報じられています。

基礎研究に費やす資金も多分に含んだ計画でしょうが、これだけ見ても、日本において既存企業がイノベーションの創出に多大なる影響を及ぼし得ることは一目瞭然ではないでしょうか。

さて、第3章で「スタートアップ」という言葉について、「持続可能で拡大する新たなビジネスモデルを探索するための組織」「急速な成長を意図する企業」とする定義を紹介しました。こうした拡大、急成長の原動力となるのがイノベーションです。この定義を鑑みれば、「スタートアップ」とは必ずしも新興企業のみを指す言葉ではありません。

本章冒頭のドラッカーの言葉に戻るならば、イノベーションとは企業活動の本質であり、伝統を重ねた大企業もまたスタートアップたり得るのです。

第6章

資本市場に翻弄されないために

I am a better investor because I am a businessman and a better businessman because I am an investor.

——**Warren Buffett**

資本市場に併存する2つのマーケット

企業には、事業の運営主体であると同時に、投資家にとっての殖財のための「金融商品」であるという側面もあります。前章までは、主に企業の前者の側面に光を当てて、考えを述べてきました。本章では主に金融商品としての企業という側面に視点を移し、資本市場における経営者と株主のあり方について考えてみたいと思います。

企業が事業に必要となる資金を調達する取引形態は、「直接金融」と「間接金融」の2つに大別できます。前者は株式や債券などを発行して企業が投資家から資金を直接調達する方法であり、後者はお金を借りる人とお金を貸す人の間に第三者が介在する銀行融資に代表される方法です。

資本市場を語る際の取引形態は前者の直接金融を指しますが、この資本市場もまた、「プライマリーマーケット（発行市場）」と「セカンダリーマーケット（流通市場）」に分類されます（**図表6－1**）。

プライマリーマーケットは、新たに発行される株式や債券などを売買するマーケットの

図表6-1　株や債券を売買する2つのマーケット

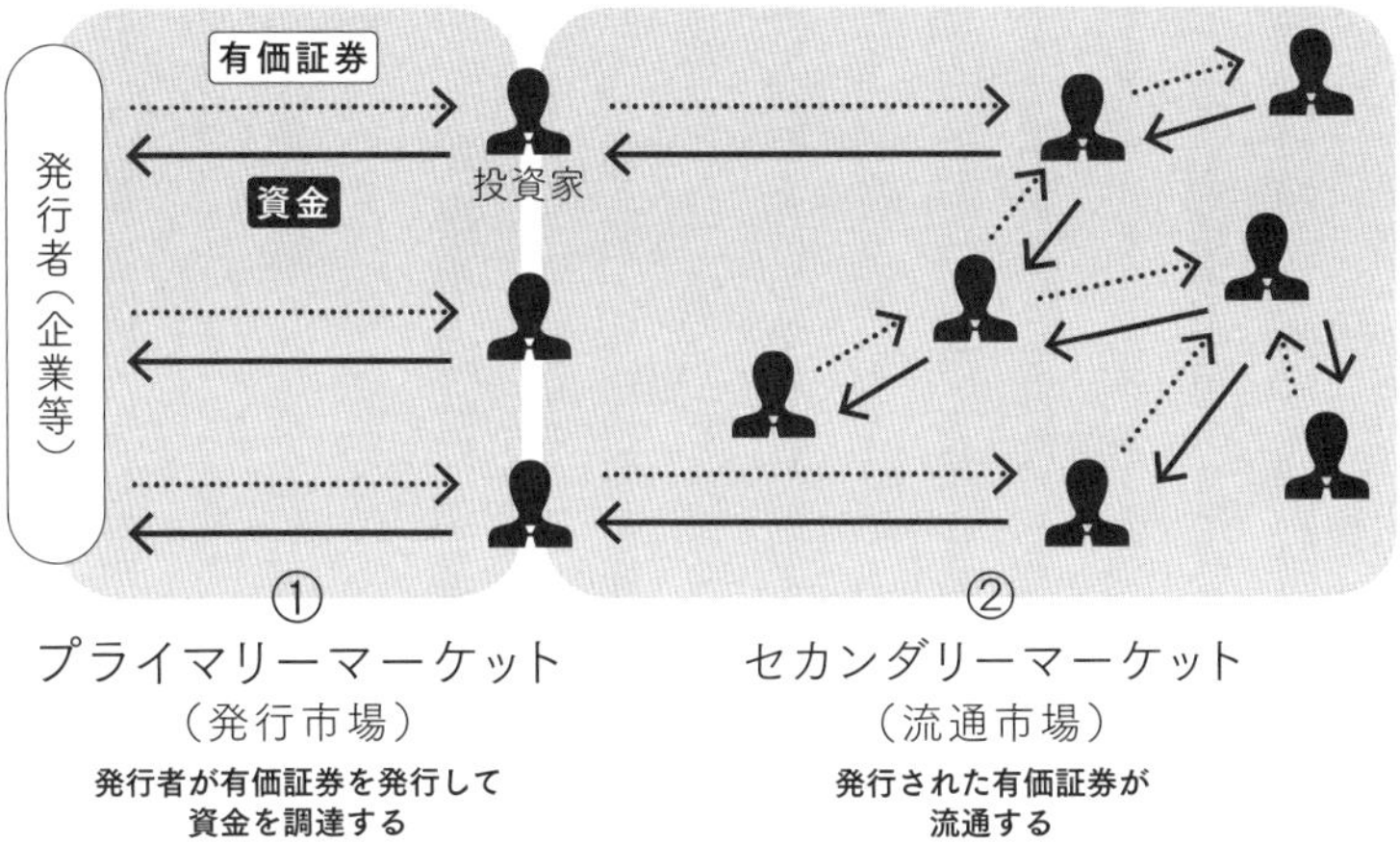

ことであり、企業が事業資金を調達する際、投資家から直接的に資金を得る機会を意味します。株式であれば、IPO時や上場企業の増資時などに新規発行される株式が売買される場のことです。この際の価格（公募価格）は、発行会社と証券会社によって決められます。

それに対して、セカンダリーマーケットはすでに発行されている株式や債券が投資家間で時価取引される場です。「流通市場」とも呼ばれる文字通りの2次市場であり、**セカンダリーマーケットから会社が事業資金を得ることはありません。**株式であれば、セカンダリーマーケットにおける需給関係によって価格（株価）が形成され、その株価がプライマリーマーケットで増資する際などの価格の基準となります。

この2つのマーケットがうまく機能するからこそ、株式や債券の価格形成と流動性が担保され、企業は必要な資金を円滑に調達できるのです。これが資本市場の基本的な仕組みです。

企業の経済活動と縁遠いセカンダリーマーケット

さて、まず個人的な趣味嗜好に属する話ですが、この2つのマーケットの存在を考えた際、私はどうしてもセカンダリーマーケットよりもプライマリーマーケットの機能に、より強い関心を持ってしまいます。

「資本市場」と聞いて多くの人々が想起するのは、むしろセカンダリーマーケットのことではないでしょうか。自己の資産を運用する一般の投資家にとって、株価の変動こそがより重大な関心事であるはずだからです。

もちろん、セカンダリーマーケットが真っ当に機能するからこそ、プライマリーマーケットでの資金調達が円滑に進むということや、この市場の期待に応えることが好条件での資金調達につながるといった企業側の恩恵も、理屈のうえでは理解できます。

一方で、セカンダリーマーケットは投資家間の売買の場であるため、どれだけ活発に売買されようとも、またどれだけ株価が上がろうとも、会社の口座のキャッシュが増えるわけではありません。

ともすれば、市場の動きというものは、企業の現実の経済活動からはどこか遠く離れた世界で起こっている出来事のようにも感じてしまうのです。

摩訶不思議な資本市場

その昔、「欧州情勢は複雑怪奇」と発言した首相がいたそうですが、経営者にとって資本市場とはなんとも複雑怪奇な代物ではないでしょうか。これは買い要素だろうとにらんだ内容が評価されず、かと思えば、思わぬタイミングで自社の株価が高騰するのが株式市場というものです。

経営者は本来、企業の最大のインサイダーのはずです。しかしながら、当のインサイダーをもってしても、株価の上がり下がりを正確に見通すことはかないません。時に、決算内容が増収増益であっても、株価が大幅に下がることがあります。逆もまた然りです。

市場で取引されている上場企業の株価を形成する重要な要因として、将来の収益に対する「期待値」が挙げられます。この「期待値」というのはなんとも厄介な代物です。株式投資家の多くは、各証券会社のアナリストが発表する業績予想を参照しながら投資判断を行います。こうした業績予想の平均値である「コンセンサス（合意）」が、投資家が会社に期待する業績の大まかな水準となります。したがって、決算内容がたとえ前年と比べて良い結果であったとしても、コンセンサスよりも悪ければ株価は下がることもありますし、たとえ芳しくない結果であったとしても、期待されていた結果よりも良ければ上がる可能性もあるのです。

一方で経営者の身に立ってみれば、この**「コンセンサス」の数値というのは、あくまで証券会社のセルサイドのアナリストの平均値であって、経営者が株主と合意した内容ではありません**。アナリストの予測を見ては、「あまりに買いかぶりすぎだ」とか、逆に「随分と見くびられたものだな」と感じることもあるでしょう。会社としての見解を業績予想として開示したうえで、良い点も悪い点も含めて、会社の実態をなるべく正確に市場に伝えるのがＩＲ（インベスター・リレーションズ）の仕事ではありますが、とはいえ、約束してもいない「コンセンサス」に振り回されるというのは、なんとも不思議なものです。

企業も投資家からみれば「銘柄」である

また自社株式が市場で取引される以上、企業もまた外国為替やコモディティ、不動産といったさまざまな金融商品と比較されるひとつの「銘柄」でもあります。仮に会社の中身が何ひとつ変わっていなかったとしても、気候の変動、資源価格の変動、国際情勢、主要国の金融政策など、会社の内部事情とはほぼ関係のないさまざまなマクロ要因にさらされて、株式は相対的に評価されるものです。頭では理解できるものの、一つひとつの事象は会社が取り組む事業内容からはあまりにも遠い出来事であり、まさに「風が吹けば桶屋が儲かる」の世界です。事業にコミットしている人間からしてみれば、会社の実態が何も変わっていないにもかかわらず、複雑な因果関係によって会社の評価が日々移り変わっていくのは、なんとも妙な感覚です。

こうした株価の動きについて、『ロビンソン・クルーソー』の作者であるダニエル・デフォーは資本市場の黎明期に以下のように述べています。

「株の価格はその本来の価値には少しも関係しないし、また実際の会社の経営内容にも少しも関係しない。たとえば会社が損をしていても株価が上がるときもあるし、よく売れ、良い船が到着しても株価が下落することもある」

企業活動と資本市場の関係性を、実に鮮やかに喝破した洞察ではないでしょうか。もっとも、このデフォー自身、後に「南海泡沫事件《なんかいほうまつじけん》」[1]と呼ばれる株価の急騰と暴落を引き起こした南海会社の設立に携わったといわれており、浮き沈みの激しい人生を送った人物でもあるのですが。

株主に対する経営者の責務

企業の価値を向上し、株主の期待に応えることが経営者の重要な役割であることは言うまでもありません。しかし、時として上場企業ならではの一般投資家とのやりとりは直観に反することもあります。

たとえば、ＩＰＯ時に新規発行した株式や売り出した株式を購入し、長期にわたって保有している株主に対して貢献しなければならないということは、非常に理解しやすい道理です。会社はこうした株主から調達した資金を活用して事業を展開しているのであり、そうした人々の負託に応えることは、道義的に

1　1720年にグレートブリテン（現英国）で起こった投機ブームによる株式市場の混乱。

も明白であるからです。

　一方で、セカンダリーマーケットで株式を購入した株主に対する責務という点においては、即座に理解しづらい面もあります。投資家が市場で株式を購入したとしても、事業に直接的に活用できる資金が、キャッシュとして会社に入ってくるわけではありません。日単位や週単位で、短期間に株式の売買を繰り返す投資家の意見が、長期にわたって社を支えている株主の意見と同等に扱われるという点も、すんなりとは得心しにくいものがあります。ともすれば、**会社の事業内容をまったく知らない株主に対しても、「金融商品」としての自社株式のパフォーマンスの優位性を説明しなければなりません。**「四半期」という、事業の成長サイクルとはまったく関係のない期間の単位にも縛られることになります。それが上場企業のＩＲなのです。

　もちろん、市場での短期売買を否定するものではありません。市場で流通する株式を購入する投資家がいるからこそ、プライマリー市場で発行される株式を引き受ける投資家がいるのであり、会社がセカンダリー市場の恩恵を大いに受けていることは、理屈のうえでは理解できる話です。ただ、事業に心血を注いでいる者の身からすれば、感覚的にはどうしてもしっくりこない部分が残るのです。

企業は株主を指名できない

株主総会の議事内容を見るに、「会社の最高意思決定機関」と呼ぶにはいささかお粗末なやりとりが、往々にして多くの会社でなされているようにも見受けられます。

端的な例が、「証券会社に勧められたから年金をはたいてお宅の株を買ったら、こんなにも株価が下がってしまった。どうしてくれるんですか!?」という、株主総会にありがちな一幕です。同じ会社であっても、「世の中に価値のある事業を届けるためのビークル」という経営者側の観点と、「資産運用のための一銘柄」という投資家の捉え方には大きな乖離があるのでしょう。こうした乖離が浮き彫りになる場面が、株主総会では多々見られるのです。

そんなとき、上場企業の経営者のうち少なからぬ方が内心は思っていても口に出せないのがこの言葉でしょう。

「投資は自己責任です」

企業は株主を指名することができませんが、株主は会社を自由に選ぶことができます。経営者が善管注意義務[2]を怠っている、あるいは会社が虚偽の事実を伝えているといったケースはもってのほかで

2 会社から経営の委任を受けた取締役が通常期待される注意義務を怠った場合、損害賠償や契約解除を適用されることが会社法で定められている。

すが、会社の事業方針が不服なのであれば、わざわざその会社の株式を購入したり、持ち続けたりする必要もありません。手放すなり空売りするなりといった選択の余地があるという点で、投資家のほうが本来はより自由度が高いと言えます。

株式は馬券ではない

資本市場に限った話ではありませんが、人間の本質というものはつくづく馬券オヤジの姿に凝縮されているものだと感じることがあります。すなわち、「俺の予想が当たれば俺の手柄。俺の予想が外れれば騎手が悪い」というメンタリティです。ドストエフスキーの『賭博者』を引くまでもなく、古今東西、人間の素というものは、なけなしの手金を投げ込む鉄火場にこそ表れるものなのかもしれません。

昔、上場企業の現任社外取締役を務める方からこんなことを言われたことがあります。「俺たちが株主総会のことを何と呼んでいるか知ってるかい？　『被害者集会』って言うんだよ」と。

年に一度だけ集まり、事業に関する議論はそっちのけで、下がってしまった株価の見通しと取締役の責任追及に終始する株主総会の出席者を指して、そう揶揄するそうです。随分な言い草です。現任の取締役が株主に対してとる態度としては、不遜であると言わざるを得ません。ただ、なかば怒号が飛び交う株主総会の姿を思うに、「被害者集会」などと呼ぶ意味も、理解できないこともないのです。

株式投資を競馬にたとえるならば、会社の株式を買うことを、あたかも競走馬の馬券を買うのと同じくギャンブルのように捉える人もいることでしょう。ですが、**実際の株式投資は、馬券を買う賭け事というよりも、むしろ馬の一口馬主の権利を買うのに似ています。**株式を買うということは、単に馬券の当たり外れで終始するということではなく、競走馬の獲得賞金の一部を利益配当として得ると同時に、馬の所有権の一部を得る状態により近いからです。会社の利益配当を受け取る権利のことを「自益権」と呼びますが、株主は議決権の行使などを通じて会社経営に参画する「共益権」を有しています。

２０００年代以降、「貯蓄から投資へ」のかけ声の下、より多様な資産運用を促す啓蒙活動が盛んになされています。資本市場を機能させるという意味においては、意義のある活動ではあります。ただ、株主から見れば株式は利殖の手段であると同時に、一オーナーとして会社の経営に関与する手段でもあるという側面についても、より理解を促していくべきではないかと感じます。

「株主のことなんて考えたことがない」で許されるのか

このように経営者の立場からすれば、資本市場というものは複雑怪奇な代物です。しかし、たとえ感覚的にはすんなりと得心しがたいシステムであったとしても、上場企業として資本主義のルールにのっとって経済活動を行うと決めた以上、株主価値の向上に努めることは経営者の責務です。

第2章で、あらゆる組織は「理念の追求」と「永続性」という両輪のバランスをとっていかねばならないと述べましたが、ひとたび株式を上場すれば、経営者はこれらに加えて「株主への還元」という第3の輪にも、注意を払っていかねばなりません。

市場から資金調達をする恩恵を得ておきながら、株主におざなりな態度をとるのは身勝手というものです。

この点、少なからぬ数の日本企業で、株式会社の本旨に照らし合わせると、ややもすれば株主の存在を軽んじるような態度がまかり通っているように感じることがあります。

以前、上場企業創業者の口から「正直、今まで株主のことなんて考えたことがない」という言葉を聞かされたことがあります。さすがにこのときは開いた口が塞がりませんでした。株主の負託を受けた経営者としての自覚があれば口が裂けても言えないはずですが、こうした言葉がことさら悪びれることもなく無邪気に発せられています。**悪気がないからこそ、なおさらタチが悪い**のです。

近年では、経営方針やそれにひも付く役員人事を巡り、取締役間の意見対立が表面化するといった事態が生じることも珍しくなくなってきました。経営方針に対する見解が分かれ、役員間同士で侃々諤々《かんかんがくがく》の議論が行われることは、決しておかしな話ではありません。むしろ会社の成長を真に見据えて建設的に意見を戦わせること自体は、会社としてあるべき姿です。そうした見解の相違について、株主総会で是非を問う場面があってもよいでしょう。何かと調和が重んじられる日本社会ですが、「お家騒動」と揶揄されるのを嫌い、事なかれ主義に徹しているようでは、本来の経営者の役割を果たしているとは言えません。

大株主である創業経営者と一般株主の対立

ただ、ここで注意すべきは、大株主でもあり取締役でもある創業者が、当事者としてこうした意見対立に関与している場合です。過半数に近い株式を保有する創業者であれば、数の論理で反対意見を押し切ることもできるでしょう。しかし、取締役である以上は、たとえ創業者であったとしても、株主の負託を受けたひとりの「雇われ経営者」です。本来は株主全体の利益を代表すべき一取締役が、自身の嗜好を反映して強硬に自説を押し通すことが、果たして上場企業の意思決定のあるべき姿と言えるでしょうか。

大株主である創業経営者と一般株主の利害対立がより顕著に現れるのが、創業経営者が自社の非上場化を試みるＭＢＯのケースです。「経営者」としての創業者は、本来は極力会社の株式を高く評価してもらうように努める責務があります。一方で「買収者」としての創業者には、なるべく安い価格で自社株式を買い取るインセンティブが働きます。立場上の利益が完全に相反しているのです。

こうした状況下では一般株主の権利をいかに守るかが重大な論点であり、当事者を除いた残りの株主（マイノリティ）のうちの過半数（マジョリティ）、すなわち「マジョリティ・オブ・マイノリティ」が賛同するか否かが重要な判断材料となるといわれています。

先述したような、創業経営者が経営方針を巡って他の取締役と対立する局面においても、本来であれば「マジョリティ・オブ・マイノリティ」の意向を尊重する姿勢を示すべきではないでしょうか。

事業の衰退局面に衝突する各ステークホルダーの利害

事業が軌道に乗って順調に成長している段階であれば、ここまで極端なステークホルダー間の利害関係の相違は顕在化しないものです。パイが拡大し続けている限りにおいては、誰もが利益を享受することができるからです。企業を取り巻く人々の間の矛盾が露わになるのは、得てして事業がうまく進捗せず、衰退局面に移行したタイミングの企業です。パイが縮みゆく状況に転じて初めて、議論の中心がいかにパイを大きくするのかから、いかにパイを切り分けるかに移行するのです。

このような事態において、利害調整を図りながら各ステークホルダーを同一の方向に向け、会社の再起を図るのが停滞期における経営者の役割のはずです。しかし、こうした痛みの配分は、往々にして先延ばしにされるものです。その結果、**なし崩し的に割を食っているのは、日本においては得てして株主ではないか**と思います。

社会主義運動の理論的支柱となったカール・マルクスは『資本論』において、「資本家による労働力の搾取」を指摘し、資本主義社会の矛盾を糾弾しました。一方、現代の日本においては、時に「労働力の搾取」以上に「株主からの資本搾取」が横行しているのではないでしょうか。

第2章で企業のゲマインシャフト的な側面について言及しましたが、上場企業の株式は不特定多数の人々が保有しています。非公開企業と異なり、株主一人ひとりの顔が見えにくいため、取引先や従業員といった目の前にいる人々の便宜を過剰に図ってしまいやすい状況にあります。だからこそ、「株主のことなんて考えたことがない」などといった本音を平気で口にできるのでしょう。

VCから資金を調達している非公開企業の場合、外部の投資家から社外取締役が派遣されているケースが少なくありません。顔の見える投資家から月次の取締役会で事業の進捗状況をモニタリングされ、事業方針について議論を交わすわけです。意図した通りに事業が進めば共に喜びを分かち合い、経営状況が芳しくなければ追及を受けて、直接的にプレッシャーをかけられる関係です。顔の見えないどこかの誰かではなく、少なくとも担当者レベルにおいては顔の見える株主と向き合う関係です。

この点、皮肉な話ではありますが、外部から資金調達をしている非公開企業のほうが、不特定多数の株主のいる上場企業よりもむしろ、ガバナンスが効いている状態と言えるのではないでしょうか。

本来であれば、銀行などの金融機関が、ガバナンス面においてもより強い影響力を及ぼし得るはずですが、まだまだ成長途上の段階にあり、担保の乏しい新興企業の場合、上場企業といえども銀行との接点は少ないように映ります。

経営者が持つべき、株主の利益に対する気概

「会社はすべて株主のもの」などと主張する気はありません。会社には果たすべき使命があります。通常、それは顧客に対する商品やサービスの提供を通して実現されることのはずです。しかしながら、「顧客のことを考え続けて商売をしていれば、回り回ってそれが株主への利益にもつながる」と考えることと「株主のことなんて考えない」と思うことでは、天と地の開きがあります。

停滞期の会社においては、どうしても各ステークホルダー間の利害関係が不安定になってしまうこともあるでしょう。ですが、せめて各当事者間のバランスを考慮し、偏った状態は是正するという姿勢を示して然るべきです。そうしないことには、投資家は安心して会社に投資をし、経営者に事業の浮沈を委ねることができません。投資家からの信頼を失い、資金の流動性が下がったり、株価が下落したりすれば、回り回って当の会社の経営にも大きな支障を来すことになります。

資本市場における株取引を指して、「マネーゲーム」と呼ぶことがあります。マネーゲームの是非についてここで論じる気はありませんが、そもそもそうした市場に身を投じると決めるのは、ほかならぬ会社の意思です。株主の利益に資する気概の欠けた経営者は、

国民の生命財産を守る気のない為政者と変わりません。

仮に経営者が市場のコマとなることを是としないのであれば、資金を集めて適正な価格でＭＢＯするか、さもなくば職を辞するのが筋と言うべきでしょう。

株価と会社の価値は連動しない

さて、わが身を振り返ると、企業の根源的な価値の向上を意識する一方で、日々の事業運営において、株価の値動きに惑わされることがないように心がけていました。長期的に企業価値を高めていくにあたって必要なことは、あくまで愚直に優れた事業を築き、持続的に成長する会社の基盤を整えていくことにほかならないと考えるからです。

日々の株価を過度に意識することは、時として長期的な企業価値の向上と相矛盾する意思決定を導きかねません。

たとえば、役員のインセンティブとして設定される業績連動型報酬を想起してみるとよいでしょう。

アメリカの場合、多くの上場企業で株価に連動した取締役の報酬が手厚く設定されています。そのため、経営陣には株価を上げようとするインセンティブが働きます。より株主の利益を代表する役割を果たしやすい動機付けがなされているのです。

アクティビストと経営者の共犯関係が生じるとき

さて、短期的に株価を引き上げる好材料としては、高配当や自社株式の取得を通した株主への還元といった方法があります。こうした株主還元が適正な範囲内でなされている場合であればよいのですが、前述した取締役のインセンティブ構造が過剰に機能した場合、本来はR＆Dや新規事業投資に向けられるべき資金までもが社外に放出され、結果として企業の長期的な成長が損なわれるといった事態に至りかねません。

実際、アメリカではS＆P500を構成する大企業を中心に、「株主還元」の名の下で大規模な自社株買いが横行しています。取締役のインセンティブが株価と深く結びついていると、株主還元を強く要求するアクティビストと経営者の間で、ある種の共犯関係が生じるのです。

この点、世界最大の資産運用会社、ブラックロックのローレンス・フィンクCEOは2015年、米主要企業500社のCEOに対し、「アクティビストの圧力が企業の長期的価値の創造を損なっている」とし、「安易な株主還元をやめて会社の長期的な成長に注力すべきだ」とする書簡を送っています。また、この書簡のなかでフィンクCEOは、「イノベーションや優れた従業員への投資など、企業に不可欠な投資がないがしろにされてしまう」との懸念を示しています。

当の株主である運用会社から見ても、株主還元の名の下に実施されている米国企業の配当や自社株買いは目に余る行為として映るようです。会社のキャッシュは、その時々の経営戦略と、それを支える財務戦略上の最適な資本構成の観点から、使途を見極める必要があります。配当や自社株式の取得は株主に貢献する方法ではありますが、仮に資金をとどめて再投資することが、会社の事業価値を長期的に高めるうえで最適の方法であると考えるのであれば、その期は株主に配当しないのが株主に対して最大限貢献する道であるということもあります。目先の株価を上げることと、会社の価値を高めることとは、意味が違うのです。

たとえばAmazonは創業以来、売上面において急速な成長を続ける一方で、純利益は低水準にとどまっており、赤字に転落した期もあります。これは同社が事業を通して得たキャッシュを意図的に長期的な成長に向けて再投資しており、その結果としてコストが嵩み、純利益がほぼ出ない水準にとどまっているからです。実際、AmazonのＩＲページには、次のように明言されています。

"We have never declared or paid cash dividends on our common stock."
（当社は普通株の配当金の支払いを宣言したこともなければ、支払ったこともありません。）

Amazonの配当政策の是非については見解が分かれるところではありますが、結果として株価はおおむね上昇傾向にあり、多くの株主が同社の方針を支持している様子が見て取れます。

目先の株価はあえて追わない

日本企業の場合、業績と経営者の評価の連動度合いが米国に比べて低く、先述した取締役とアクティビストの共犯関係は生じにくい状況ではあります。むしろもう少し株主の利益とひも付くようなインセンティブ設計を行い、株主への還元をより積極的に考えていくような仕組みづくりが必要な状況と言えるのかもしれません。とはいえ、自社の株価をあまりにも気にかけてしまうと、どうしても近視眼的な打ち手を講じる誘惑に駆られてしまいかねません。

誤解を恐れずに言えば、**株価の上下動が激しい時期においては、あえて目先の株価を見**

ないこともまた、経営者にとっては重要だと思います。どのような状況下であれ、粛々と足腰の強い組織をつくり上げていくことが会社のためであり、それがひいては株主のためでもあると考えるからです。

業績が低迷している企業において、株価や業績が改善の兆しを見せ始めると、社内のお通夜のような状況が一変し、攻勢に転ずるモメンタムが生まれます。

こうした熱狂は、会社に正のエネルギーを吹き込む好機でもありますが、同時に株主の期待が今までの延長線上を突き抜けて高まっていることをも意味します。

馬に乗っていて最も恐ろしく感じるのは、馬が飛び上がるときでも駆け出すときでもありません。自分でコントロールできる感覚を失う瞬間です。たとえ歩いている状態であったとしても、その挙動を通じて御せる自信を失う瞬間ほど恐ろしいことはありません。株価の急騰も、こうした感覚に似たものがあります。

前述したように、株価が上がる前後で、事業内容が変わったわけでもなければ会社の中身が入れ替わったわけでもありません。そうであるにもかかわらず、会社に対する期待は極度に高まっているのです。

事業の成長も会社の成長も、日々の積み重ねです。株価もまた身の丈に合わせて、本来は漸進的に上昇するのが理想です。急すぎる期待値の高まりは、組織にひずみを生みかねません。市場にはできるだけ冷静な対応を求めたいものですし、経営者は浮かれているどころではありません。実体の伴わない株価の上昇に浮かれているのであれば、それは自分を見失っていることの証しです。

株価を操る魔法の杖はない

以前、興味本位で何人かのヘッジファンドのマネージャーに、「あなたが経営者だとして、自社の株価をつり上げようと思ったら何をしますか？」と尋ねたことがあります。意外にも、共通して返ってきたのは「良いときも悪いときも丁寧に市場とコミュニケーションをとり、コツコツと事業の価値を高めていくしかない」という至極当たり前の回答でした。

どうやら株価をコントロールするうえで、金融工学の知見に基づく魔法の杖などというものは存在しないようです。市場との向き合い方は、結局こうした当たり前の答えに帰着するのだろうと思います。株価は事業を成長させた結果として後からついてくるものと捉えるべきなのでしょう。

経営者として時価総額を上げていくことは重要です。しかし、株価はみずからコントロールする指標としてはあまりにも遠すぎて、捉えどころのないものです。資本市場はある意味で、「風が吹けば桶屋が儲かるの世界」と述べましたが、「桶屋」である経営者は、風を自在にコントロールすることはできません。

そう思うと、あくまで事業の価値向上を図りながらも、**「市場は複雑怪奇なり」程度に心得て、ドシンと構えて気長に向き合っていく姿勢というのも、経営者の心構えとしてはそれほど的外れではない**ように感じるのです。

低迷していた会社であったとしても、ひとたび業績が改善すれば、怒号飛び交う「被害者集会」の影もなく、過ぎたことは株主もケロッと忘れてしまいます。人間というのはそんなものです。今度こそ「どん底」だと思い苦しんでいても、過ぎてしまえば存外どうというものでもありません。

そうした人間の姿というのは、捉えようによってはなかなかチャーミングでもあります。生々しい人間の姿に向き合いながら、舵を取り続けることもまた、上場企業経営者の醍醐味のひとつと言えるのではないでしょうか。

コーポレートガバナンス・コードの意義

第2次安倍政権下で2013年より検討が進められてきた「日本再興戦略」において、重大な柱と位置づけられたのがコーポレートガバナンスの強化です(図表6－2)。以来、2014年には「スチュワードシップ・コード」が公表され、それに続き2015年には「コーポレートガバナンス・コード」が東京証券取引所で制定されました。

同年には東芝の長年にわたる巨額の粉飾決算が表面化したこともあり、企業統治に対する関心が高まった1年であったと言えるのではないでしょうか。

コーポレートガバナンス・コードの肝心の中身はといえば、資本生産性の向上を目的とし、会社の持続的な成長と中長期的な企業価値の向上のための原則を示すものです。具体的には2人以上の独立社外取締役の選任を求めるといった内容が含まれています。「会社の持続的な成長と中長期的な企業価値の向上」というのは、本来上場企業であれば追求すべき至極当然の基本動作に聞こえます。それを改めて官主導で明文化されているあたり、これらが民間セクターでは必ずしも重視されていなかったということの裏返しと言えるのかもしれません。

図表6-2　一般的なコーポレートガバナンス体制

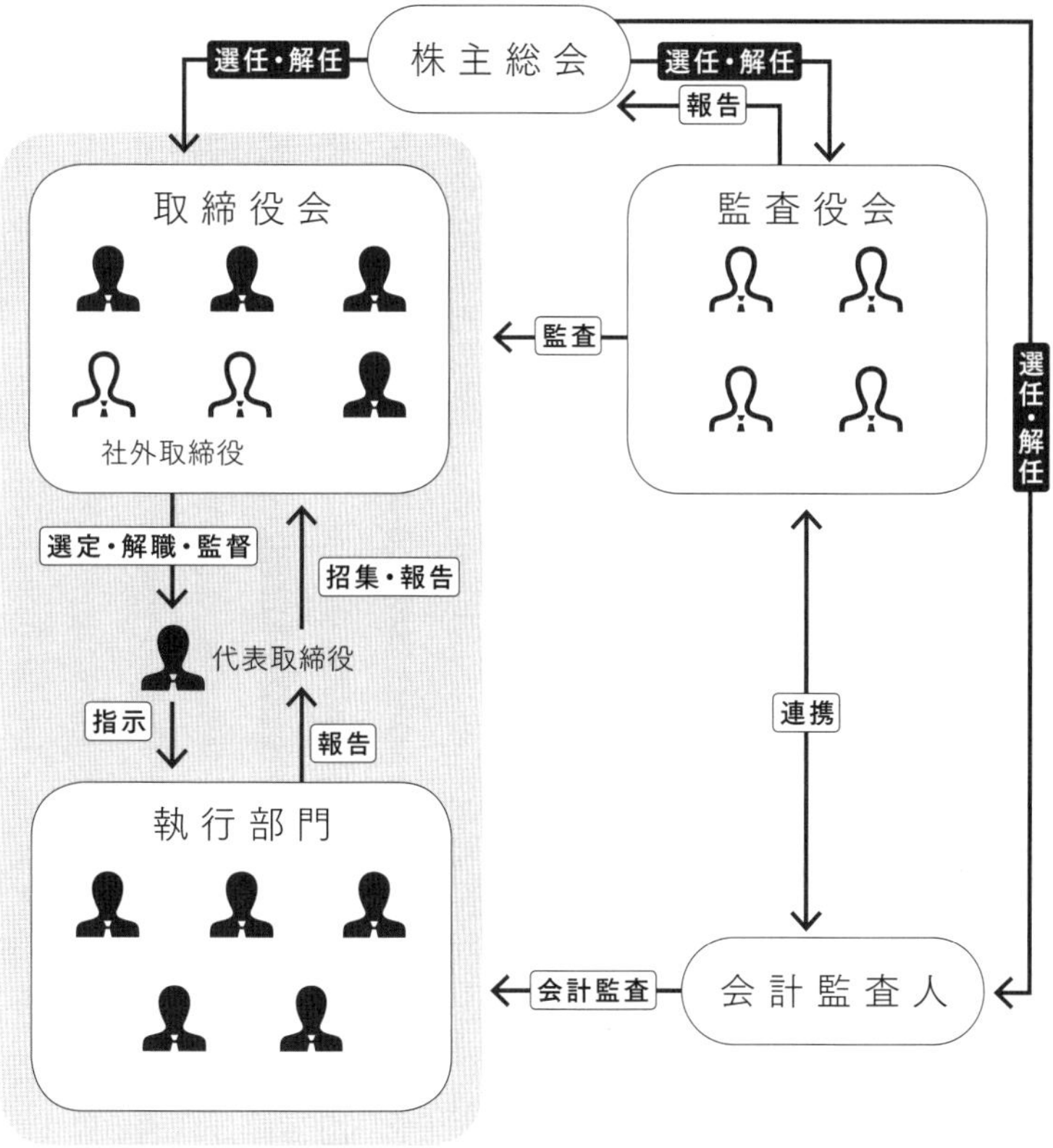

「原則」と述べましたが、コーポレートガバナンス・コードは法的な強制力を持つ「ルールベース・アプローチ」ではなく、「プリンシプルベース・アプローチ」を採用し、"Comply or Explain"を掲げています。

すなわち、「従うか、さもなくば従わない理由を説明せよ」という方針です。一見自主性を認めるかのように聞こえますが、これがなかなかの曲者です。**「右へ倣え」体質の強い日本企業においては、実質的な強制と言っても差し支えない**でしょう。このあたり、策定者の人間洞察力とすごみを感じます。

コーポレートガバナンス・コードにあえて従わない理由を正面から理路整然と説得力を持って説明できる経営者がいるのであれば、そうした経営陣はむしろよほど心強いと言えるのかもしれません。

果たしてこうした内容が十全なものであるか、その有効性を巡っては賛否が分かれるところではあります。ただ、かたちとして示されたという点において、まずは大きな前進であることは間違いありません。

とはいえ、外形的な制度面を整えるだけでは、理想とするコーポレートガバナンスは実現しません。この点、コーポレートガバナンス強化を図るうえで何より重要なのは、取締役に求められる職務を担い得る人材層の充実と、そうした適材が取締役の職務を実際に担うことではないでしょうか。

取締役と執行役員以下は異なる〝職種〟

日本では取締役があたかも出世競争の延長線上にあるかのように捉えられています。「課長、部長、本部長と出世してきたから、次は役員の椅子だ」と考えるのが、オーソドックスな日本のサラリーマン的キャリア観というものではないでしょうか。

しかしながら、業務の遂行に責任を持つ役割と取締役では、向くべき相手も求められるスキルセットも異なります。少なくとも執行役員以下の立場から新たに取締役に就任することは、根本的に違う職種に移るに等しいという認識を持つべきでしょう。**「昇任」「昇格」というよりも、むしろ「転向」と呼ぶのが正しい**表現ではないでしょうか。

本来的にはサラリーマンの直線的なキャリアのゴール付近に、取締役の椅子が自然と据えられているということはないはずです。ましてや論功行賞の具として取り扱われるべきものではありません。

善管注意義務を十分に果たしていなければ、株主からいつ何時責任を追及されてもおかしくないのが取締役の立場です。実際にアメリカでは取締役を相手取った代表訴訟が少なくありません。責任の重大さを思えば、軽々に引き受けられる役割ではないはずです。島耕作的なサラリーマン人生観とコーポレートガバナンスの精神は、なかなか相容れないものがあるように感じる次第です。

また取締役と併せて、監査役の層の厚さも重要でしょう。特に常勤監査役の場合、兼務が禁じられていることもあり、現役世代では良い引き受け手を見つけるのがなかなか困難です。

いきおい、常勤監査役のポストは現役世代を終えた方の〝上がり職〟になってしまいがちです。なかには任期が近づくにつれてポストに固執し始める方も見受けられます。

本来、株主総会で選任されたうえで、取締役の職務執行を監査することが監査役の役割です。ですが、株主総会における監査役選任の議案を決議するのは取締役会です。こうした手続き上の事情もあって、監査役が現職に執着するような事態が生じると、果たすべき役割が十分に果たし得ない可能性が出てきます。

もちろん、監査役の多くは、高度な職業倫理に基づき、自身の職務を真摯に遂行されているはずです。しかしながら、現在の監査役の仕組みが、決して完璧なものではないという点については留意すべきでしょう。

不作為の罪とモノ言う株主、どちらが健全か？

一昔前に比べれば、経営者によるあからさまな乱脈経営や会社の私物化が横行するといったケースはさすがに減っているはずです。一方で、経営者が「何をしたか」のみに着目していると見落としてしまいがちな点があります。それは、「不作為の罪」です。

企業の業績が低迷した際、改善するためには何も奇をてらった策ばかりが必要とは限りません。基本は、売上を伸ばすための施策と、無駄なコストを削減する施策といった常識的で地道な取り組みの連続です。

ただし、こうした地道な改善施策は遅々として進まないものです。多くの場合、それはなすべきことの見当がつかないからではないでしょう。往々にしてその原因は、組織内部の人間関係にひも付くしがらみが多いがために、実行に踏み切れないといった情理面に見出すことができるのではないでしょうか。

人間は誰しも変化を嫌う生き物です。着手しなくてはいけないと分かっていても、変化に反対する人々の顔が思い浮かぶと、どうしても及び腰になってしまうのが人情というものです。特に社内でのキャリアが長い人物であれば、私的な付き合いがある人も含めて、そうした抵抗勢力の顔がなおさら多く思い浮かぶことでしょう。誰も顔の見える社員や取引先からは嫌われたくありません。

雇われ社長であれば自身の任期をなるべく大過なく終えたいと思うのは自然な感情です。組織の命運に対するオーナー感覚が薄れると、夏休みの宿題よろしく、取り組み難い重大な課題が先延ばしにされてしまいかねません。そうしたマインドが連綿と受け継がれていけば、組織は段階的に弱体化していきます。

これでは経営者としての責務を果たしているとは言えません。第4章でも触れましたが、取締役として厳しく責任追及されない状況にあぐらをかき、打つべき手を打たないことは、「不作為の罪」を犯しているに等しいと言えます。

こうした「不作為の罪」を防ぐためにも、株主自身が会社の成長に向けた取り組みを行うよう主張し、企業経営者に適度なプレッシャーを与え続ける必要があるのではないでしょうか。**真に長期的な企業価値の向上を訴える、健全な「モノ言う株主」の出現が求められている**ように思うのです。

「モノ言う株主」という言葉は、一般的に好ましいものとして受け止められていません。自己の利益のために自社株買いや極端な配当性向の引き上げを要求し、企業の長期的な成長を毀損するグリーンメーラーのイメージが付いて回るからでしょう。

しかしながら、本来、短期的な自己利益のために活動するグリーンメーラーと、企業の長期的な発展のために経営方針に対して積極的に意見を寄せる「モノ言う株主」は、まったく異なるプレーヤーたり得るはずです。そもそも株主は企業にとって非常に重要なステークホルダーであり、企業に関与しようとする姿勢を指してことさら「モノ言う」などというレッテルを貼ること自体、語義矛盾も甚だしいと言わざるを得ません。

会社に要求する内容の筋の良し悪しを評価するのであればともかく、現任経営陣とは異なる意見を主張することをもってして、いたずらにその存在を色物扱いすべきではないでしょう。経営陣が適度な緊張感を持って経営に取り組むためにも、株主がにらみを利かせ、時に会社の成長に向けた提言を行うことが重要だと思うのです。

おかしい経営に株主は異議を唱えよ

民主主義を機能させるためにはコストがかかります。選挙や議会の運営費用など、公費で賄われるものもあれば、立候補者の活動費用などの私費もあります。有権者が自分の意見を代表する立候補者を選択するのにかける労力もまた、「民主主義のコスト」の一部と言えるでしょう。

これと同様に、資本主義やマーケットを健全に機能させるためには、どうしてもコストが生じるものなのだと感じます。そうしたコストを誰が負うのかといえば、それは本来、最終的な便益を得るべき投資家なのではないでしょうか。**株主がおかしい経営に対して「おかしい」と声を上げない限り、いつまでたっても株主は軽視されたまま**でしょう。

極端な例ですが、取締役と株主の間の緊張感が極度に高まる瞬間は、善管注意義務を果たしていない経営者に対して、株主が代表訴訟[3]を起こすタイミングだと思います。会社全体が訴えられるのではなく、個々の取締役が個人としてバイネームで責任を問われれば、取締役に対して強烈な緊張感がもたらされるはずです。

株主が代表訴訟を起こすためには、何も対象企業の過半数や3分の1以上の株式を押さえる必要はありません。株主提案を行うには1%以上の株式を保有する必要がありますが、取締役を相手取った代表訴訟であれば、株式を半年以上保有していれば提起することができます。徒党を組む必要もありません。1人でもできるのです。

半年という期間の長短をどう捉えるかは見解が分かれるでしょうが、長期にわたって会社に寄り添う意思を持つ投資家に対して機会を与えるという趣旨自体は、非常に理にかなったものではないでしょうか。

「株式掲示板」で経営者の不行き届きを腐して溜飲を下げるくらいなら、みずから行動を起こして会社の健全化に貢献するほうがよほ

3 会社の利益を損なっている取締役・監査役等の責任追及のために、6カ月以上株式を保有する株主が会社に代わって訴えを提起する訴訟。

ど建設的です。そうした積み重ねが健全に機能する市場をつくり、何より自分の資産形成にもつながるのです。

機関投資家に望まれる役目とは？

もっとも、上場企業の取締役の視点に立てば、そう頻繁に株主代表訴訟が起こされたのでは落ち着いて経営に専念もできません。株主権の濫用を励行するものではありませんし、ましてや総会屋行為をよしとするものでは決してありません。

また、コーポレートガバナンスは何も株主のみを保護する概念ではない点にも留意すべきでしょう。コーポレートガバナンス・コードにも明記されているように、株主以外のステークホルダーの立場もまた、同様に尊重される点は認識すべきです。

ただ、今の日本では、株主が軽んじられる傾向にあり、ステークホルダー間のバランスを欠きがちだとも思うのです。経営者に期待されているのは、企業の骨太な成長を果たすことであって、株主優待を配布することではないはずです。そうした状況を、株主自身が正していかねばならないのだと思います。

現実的には一般投資家が旗振り役となって経営陣に対して異議を申し立てるのは難しい

でしょう。だからこそ、機関投資家がリーダーシップを発揮し、「モノ言う株主」としての牽制を働かせるべきではないかと思うのです。

経営者と投資家の視点を持つ

ウィンストン・チャーチルは「民主主義は最悪の政治と言える。これまで試みられてきた、民主主義以外のすべての政治体制を除けば」と評しました。資本主義もまた、これを代替し得る有望な経済制度がない一方で、手厚いメンテナンスを要する欠陥の多いシステムと言えます。人々の間の富の拡大といった副次的な影響を持ち出すまでもなく、そもそもの制度趣旨そのものを成立させることに困難を伴います。

「株主からの搾取」と述べたような経営側に起因するバグに対し、コーポレートガバナンス・コードのようなパッチプログラムを当てることで対応していかなければなりません。それと同時に、投資家起因によるシステムの不備に対しても手当をする必要があります。

既述の通り、上場企業は継続することが前提として埋め込まれています。果たすべき役割の追求や、投資商品としての株主に対する貢献と同時に、継続そのものが半ば目的化しているのです。ブラックロックのローレンス・フィンクCEOが指摘したように、株主の短期的な利益のために長期視点での投資を犠牲にして保有資産を吐き出すようなことは、その本来の趣旨に反すると言えるでしょう。

ひとくくりに「株主」と言っても、投資期間は大きく異なるものです。経営者もデイトレーダーのために経営しているわけではありません。特定の株主を利するために、他の株主を犠牲にするようなことがあってはならないでしょう。株主の要求に単に盲従することが、株主に対する貢献ではないはずです。

新規事業、多角化を巡る意見の相違

ただし、これが現業を超えた投資ということになってくると、長期投資家の立場からも見解が分かれることでしょう。長短こそあれ、事業には寿命があるものです。資源投資や不動産運用のように、足が長く、半永久的に成立するような事業もあれば、コンテンツ事業のように、個々の商品が短期間で消費され尽くしてしまうものもあります。

いずれにせよ、時代の変化に合わせて事業内容を段階的に変化させていかなければ、事業は陳腐化していきます。また、既存の事業領域が飽和した状況においては、現在の事業から大きくジャンプした新たな事業領域に取り組む必要に迫られる局面もあります。

事業の陳腐化を企業の衰退に直結させないためには、自社の再定義と新規事業領域の開拓を続ける必要があります。その結果として行き着くひとつの姿は、多様な事業を抱える総合商社のようなものであり、ホールディングス的な経営体制であるでしょう。

しかしながら、投資家にとってこうした会社の姿勢は、必ずしも望ましい姿には映りません。うまくいくかどうかも分からない事業に資金を突っ込むのではなく、株主に還元すべきとする見解にも、確かに説得力があります。なかには「社長が下手に余計な事業を手がけるくらいなら、遊んでいてくれたほうがまだいい」といった声まで聞くこともあります。投資家は会社の未来に期待をして投資を行いますが、ここで「未来」と呼ぶものはあくまで現業をベースとする「現在」や「過去」の延長に位置する「未来」であって、突飛な新規事業を織り込んだものではないからです。

また、自分のポートフォリオを随時組み替えながら資産を運用する投資家の観点からすれば、一投資先である企業の事業ポートフォリオが拡大することは、自由なポートフォリオ形成を阻害し、コングロマリット・ディスカウント[4]を引き起こす要因ともなります。

ここに、**会社の永続的な成長にコミットする経営者と、持ち株の価値の向上を志向する投資家の間で、方向性に対する微妙なずれが生じ得る**のです。こうした状況下で、経営者が説明責任を果たすのは一筋縄ではいきませ

4 多角化した企業の時価総額が、個別の事業の価値の和より割安な状態。

ん。この点ではむしろ、非公開のオーナー企業のほうがかえってゴーイング・コンサーンを全うしやすいという逆説的状況が生じているように思います。

投資家視点と経営者視点の統合

こうした矛盾を解消するうえでカギとなるのが、経営者が投資家の視点を身につけ、それと同時に投資家もまた、経営者の視点を持つことなのではないかと、私は考えています。

前者は非常に直観的なものでしょう。経営者は株主の負託を受けた役割です。株主から資本を搾取することがあってはなりません。また、すべての経営者は投資家であるとも言えます。経営とは自社の現在価値を最大化することを目的とした、資源の最適配分であると捉えることもできるでしょう。特に**会社の規模が大きくなれば、その視点はよりファイナンス的な思考に寄ったものになっていく**はずです。すなわち、今ある資産を元にして、会社がキャッシュを生み出し成長し続ける状態をつくることです。投資家的経営者が求められる所以はこの点にあります。

それと同時に投資家もまた、経営者の視点を身につけることが理想ではないでしょうか。投資先に縮小均衡を期待する投資家などまずもって存在しませんし、投資家には会社の経営方針が意に沿わなければ、保有する株式を手放す余地があります。会社が継続することを前提として据える以上、目先の資源配分が少々非効率に見えても、会社の将来のための投資を応援すべきではないかと思うのです。上場企業と比べるとより素朴で原始的なベンチャー投資の世界では、実際に行われていることでもあります。**経済の主体となるのは投資家ではなくあくまで事業者**です。主客が転倒して、金融事業者のロジックが前面に出すぎると、経済の歪みにつながりかねません。

日本の近代資本主義の父であり、第一国立銀行の設立者でもある渋沢栄一は、間接金融を通して、日本興業銀行、東京海上保険会社、東京瓦斯、東洋製鉄、王子製紙、帝国ホテル、東京商工会議所、東京株式取引所など、500以上に及ぶ事業の設立、育成に携わりました。渋沢栄一のように、実業を育てる気概を持って直接金融に参加する投資家が現代には求められているのではないかと思うのです。

以上はあくまで理想論にすぎません。ですが、投資家的経営者と経営者的投資家がそろうことによって初めて、われわれはイギリス東インド会社以来、5世紀にわたる事業と資本市場の緊張関係を解消できるのではないでしょうか。

社外取締役が担う2つの役割

この点、経営者と投資家の両者の視点を持ち、なおかつその両者の溝を埋めるプレーヤーとして、社外取締役には積極的な役割が期待できるのではないかと思っています。社外取締役は現場の執行から一歩離れた位置から、株主の利益を経営方針に反映する立場です。それと同時に、完全な外部の株主からはより近い立ち位置で、経営者の意思決定に寄り添い得る立場でもあります。社外取締役はこうした2つの役割を並行して担うのが理想ではないかと思うのです。

一義的には、会社の長期的成長を企図し、株主利益の代弁者として経営者に結果を求め、評価するのが社外取締役の役割です。取締役が社内の出身者ばかりであると、社長や会長といった実質的な意思決定者が息のかかった人物を取締役に据え、取締役会が馴れ合い構造に陥りかねません。ともすれば、「平取締役は代表取締役の部下」といった了見違いさえ生じることでしょう。こうした状況に牽制をかけるのが、社外取締役の重要な使命です。

社外取締役は、必ずしも執行上の実務を熟知している必要はありません。会社の方向性を左右するハイレベルな意思決定に関する大枠の考え方を示すことや、その結果を受けて、執行や意思決定の評価をすることのほうが、よほど重要であろうと思います。そうした過程において、承服できない内容に関しては、社長に対してもNOを突きつけなければなりません。究極的には社長をクビにする気概なくしては務まらないことでしょう。

したがって、社長のイエスマンでは社外取締役の責務は全うできません。会社のために自分が正しいと思うことを主張すべきであり、取締役の椅子に固執しないというのが持つべき矜持のはずです。ポジションに固執してはいけないという点で、職業としてはなかなか成立しづらいかもしれません。

意見は割れても、意思決定は早く！

以前、ある新聞記者の方と取締役会のあり方について話していた際、「社外取締役が増えることで取締役会の意見が割れたら会社のスムーズな事業展開に支障を来すのではないか」と問われたことがあります。一般的な感覚なのかもしれませんが、これは大変な誤解であると思います。

意見がまとまらないのであれば、侃々諤々と討議を尽くせばよいことです。会社の重大な問題は、得てして物議を醸すものです。そうした論点を避けて、全会一致でつつがなく進行することや、波風を立てずに取締役会の場を切り抜けることが目的化しては、本末転倒です。

議論の場において、一人でも反対意見が出れば、議決を次回に持ち越すというのは、多くの会社の取締役会で見られる光景ではないでしょうか。もちろん十分な議論を行うことは重要ですし、判断を左右する情報が抜け落ちているのであれば、継続的に検討することも時には必要となるでしょう。しかしながら**意思決定のスピードもまた、企業の命運を左右する重要なファクター**です。議決を先延ばしにするということは、言い換えれば「先延ばしにする」と決めたに等しい意思決定であり、それ自体が誤っている可能性もあります。たとえ賛否が二分しようとも、早い段階で決議したほうが、より早く次の行動に移ることができます。

アップルの取締役を17年間にわたって務めたビル・キャンベルは「年に2～4回ほど、自分以外のすべてのボードメンバーが間違ったことを言っていると思い論争するようであれば、CEOとして正しい仕事をしている」と言ったそうです。役員会をシャンシャンで終えてばかりいるのであれば、それはむしろ危険信号と捉えるべきなのでしょう。

経営経験を積んだセコンド役

　こうした必須条件に加えて、重大な意思決定の局面において、そっと経営者の背中を押すことができる人物が、社外取締役の理想像なのではないでしょうか。単にコンプライアンスといった形式面や守りの点のみに牽制を利かせるのではなく、経営者のセコンドとして、ともにファイティング・ポーズをとることができる人物像です。

　リーダーシップを扱った第1章でも述べた通り、高度な意思決定の場においては、単なる経済合理性では判断のつかない問いが多々あります。吉と出るか凶と出るか、考え尽くしても先が見えない不透明な状況下にけりをつけるのが経営者に求められる決断です。

　こうした局面に際して、孤独な経営者に寄り添うグレイヘア・コンサルタント的な機能を果たし、時に経営者が胸襟を開き、短期的な経済合理性の判断を超えた次元で話し合うことができる関係が理想なのだと思うのです。できることなら、自身も経営者として死地をくぐり抜けた経験のある人物であれば、その言葉にはより厚みが増すことでしょう。

第7章

個として独立するための原則と心意気

おまへのいまのちからがにぶり
きれいな音の正しい調子とその明るさを失って
ふたたび回復できないならば
おれはおまへをもう見ない
なぜならおれは
すこしぐらゐの仕事ができて
そいつに腰をかけてるやうな
そんな多数をいちばんいやにおもふのだ
——宮沢賢治

人生の岐路で考えるべき3つの原理原則

　ここまで、会社という組織を軸にして、ステージごとの組織の様子やそこで発揮されるべきリーダーシップ、市場について触れながら筆を進めてきました。最後に、そうした組織や市場のなかにいる個人のあり方について、私なりの考えを述べたいと思います。

「リスクをとって起業すべきか、会社勤めを続けるべきか」

「起業するなら学生のうちがよいか、会社に勤めてからがよいか」

ありがたいことに、知り合いの方々からこのようなご相談を受けることも少なくありません。

　どのようなキャリアを辿るべきか、あるいはどのような夢や志を立てるべきか。「キャリア」と聞くとなんだか打算にまみれた立身出世にまつわる処世術のように響きますし、「夢」や「志」という言葉も青臭くてなんともこそばゆい感がありますが、それでも個々人にとっては重大な問題です。だからこそ悩ましい。人生の岐路に立ち、“Should I stay or Should I go?”という問いを前にして、頭を抱えている方はさぞかし多いことでしょう。

こうした問いに対して万人に共通する解があるはずもありません。起業しようが会社員人生を歩もうが、人生いろいろ。他人がつべこべ言うべき類いの話ではないでしょう。**「好きにすればええがな」というのが、ご相談を受けるたびに感じる正直な気持ち**です。

そもそも本気で何かをなしたいと思う強い気持ちがあれば、周りの誰が何と言おうと一顧だにせず、振り切ってでも突き進むに違いありません。相談相手に止められて思いとどまるくらいの「夢」や「志」であるならば、所詮その程度のもの。それこそやらないほうがいいというものです。

とはいえ、多くの方はそこまで強い確信を持つ一歩手前で、どうすればいいのかに思いを巡らしているのではないでしょうか。また人にはそれぞれ、人生の長い階段を上るうえでの原理原則のようなものがあるはずです。他人のそうした考えを知っておくことは、自身の身の振り方を検討するうえで、それなりの参考にはなるかもしれません。

本書冒頭でも触れましたが、私は中学卒業後、オーストラリアに渡って競馬の騎手候補生としてトレーニングを受け、北海道で競走馬の調教助手を務めた後に東京大学に進学し、外資系の経営コンサルティングファーム、零細スタートアップ、上場ＩＴ企業と、異なる環境で働いてきました。そうしたわずかばかりの個人的な体験にひも付けつつ、自分なりの原理原則に触れてみたいと思います。

キーワードは3つ——「動機」「選択基準」「代替案」です。

① 動機：ポジティブもネガティブもあり！

まず大事なのが、動機です。腹の底から「やりたい！」と思える動機があるかどうか。何はともあれ、これが一番重要です。**苦しいときでも起点の動機が強ければ、その思いが自分の背中を後押ししてくれる**ものです。

動機のなかにも、ポジティブなものもあれば、ネガティブなものもあります。

わが身を思い返すと、私が騎手を目指した際のポジティブな動機は、ただただ馬が好きだったこと、乗馬やスポーツとしての競馬が好きだったこと、そしてアスリートとしての騎手に憧れていたこと、という非常に単純なものでした。

併せて騎手という仕事は、己の腕一本で自立して生きていきたい、という自分の志向性にもフィットしたのだと思います。自営業者の家に生まれたこともあってか、私は独立した個人であり続けたいという気持ちを強く持っていました。騎手は実力本位の世界です。実力があり、それが認められて良い馬に乗る機会があれば勝つことができます。また競馬は世界各地で開催されている競技でもあり、仮に自国に活躍の場がなくなっても、腕が確かであれば世界中のあらゆる競馬開催地で食べていくことができます。当時の自分には、こうした生き方が非常に潔く映りました。もしも自分に力量がないのであれば、それは自分が原因であると諦めもつきます。

こうしたポジティブな動機と同時に強かったのが、ネガティブな動機です。中学生当時の私は「自分にとっての幸せとは何か？」「なんで高校に進学しなければいけないのか？」といった問いを悶々と考え続ける少々風変わりな子どもでした。なかなか答えを見出すことはできませんでしたが、納得いく回答を示す大人に巡り会うこともなかったので、自分なりに考えてみるしかなかったのです。

考え抜いた揚げ句、「良い高校」に進学するのは「良い大学」に進学するためであり、「良い大学」に進学するのは、「良い会社」に就職し、生きていくうえで満足できる程度のお金とステータスを得て、「良い暮らし」をするためであると考えるに至りました。それでは、改めてなぜ「良い暮らし」をするのか、もしくは「良い暮らし」とは何かを突き詰めて考えてみると、それは結局、世間一般の尺度で測った価値にすぎないと思うようになったのです。

中学生なりの拙い考えではありましたが、そう思った途端、高校に進学することが自分にとって随分と取るに足らない、無意味なことに思えてしまいました。うまくレールを進んだ先に得られるものが、自分の尺度で測った幸せではないのですから。私は誰かに褒められるために生きていたわけではありません。

そう考えると、他人と同じレールからは早々にドロップアウトし、他人から見た尺度にははまらなくても、自分のやりたいことを追求したほうがよほど自分にとっては幸せだろうと思うようになったのです。周りの同級生たちが高校に進学していくなかで、あたかも「脱藩」するような心持ちでした。

今になって振り返ってみると、随分と生き急いでいたようにも感じます。仮に今、同じような相談を中学生から受けたら、「まぁ落ち着けよ」となだめる程度には年も取りました。ですが、どんな内容であれ、内から湧き出る強い動機は行動を起こす源であり、継続する力になることは間違いありません。

② 選択基準：みずからが納得するために

次に選択基準です。

右に進むか左に進むか、分岐点で決断を下す際に選択基準が定まっていれば、たとえ決断の結果が芳しくなかったとしても、自分なりに納得がいくはずです。自分が一体何を大切にしているのかを、意識的に言語化することです。肝心の選択基準は人それぞれですが、私にとってそれは「先々に後悔を残さない道を選ぶこと」でした。

映画『ウォール・ストリート』のＣＭコピーは「本当の失敗は挑戦しないこと」でし

た。主要キャラクターである強欲な投資家、ゴードン・ゲッコーとは友達になれそうにありませんが、このCMコピーには大いに共感します。

アメリカの作家、マーク・トウェインは、以下のような警句を残しています。

“Twenty years from now you will be more disappointed by the things that you didn't do than by the ones you did do. So throw off the bowlines. Sail away from the safe harbor. Catch the trade winds in your sails. Explore. Dream. Discover.”

（20年後、あなたは自分がやったことよりも、やらなかったことに対してより失望するようになる。だから、もやい結びを解き放ち、安全な港から船を漕ぎ出し、貿易風を帆にとらえよ。探検し、夢を描き、発見せよ。）

たしかスミソニアンであったかと思いますが、20代の中頃にどこかの博物館の入り口にこの言葉が書かれたパネルを目にし、大変感銘を受けたものです。

挑戦した結果が失敗に終わったとしても、まだ諦めはつくでしょうし、吹っ切ることもできるでしょう。ですが、**後になって「あのとき、ああやっておけばよかった」と後悔することだけは、どうにも我慢ができません。**

何かを「やった」結果として表面化する分かりやすい失敗と違い、「やらなかった」ことは、ほかの誰からも責められることはないかもしれません。それでも自分はいつまでも自身を責め続けることになるでしょう。私にとってはこれこそが取り返しのつかない、本当の意味での失敗です。

年を経て、己の来し方を振り返ったときに満足することができるかどうか。自分は心の底からやりたいと思うことに全力で取り組んだと思えるかどうか。こうした自分の納得感こそが、私にとって成功を測る尺度です。ですから、やりたい気持ちがふつふつと湧いてくるのであれば、うまくいくかどうかは二の次で、つべこべ言わずに食らいつくことを自分の信条にしたいと思っています。

③ 代替案：人生の致命傷を避ける

そして最後に、代替案、プランBです。

自分の挑戦が実を結ばなかった場合に備えた〝転ばぬ先の杖〟です。失敗を前提にするだなんて、随分とふがいなく聞こえるかもしれません。ですが、こうした退路があるからこそ、安心して思い切った決断ができるのではないでしょうか。

私が中学を卒業した後に渡豪して騎手を目指すと宣言した際、周囲からは散々反対されました。百歩譲っても、せめて高校を出てから考えても遅くはないんじゃないか、とも言われました。極めて常識的な反応だと思います。

このとき考えていたのは、自分が騎手になれなかった場合、どうなるのかということです。恐らく、一度は降りたレール上に再び戻り、大学進学を目指すことになるのでしょう。だとすると、現実的に考えると、高校を卒業して騎手になれなかった場合、ブランクが空いた状態ですんなり大学に進学できるとは到底思えませんでした。大学受験というものはどうやら大変らしいということを中学生なりに薄々と感じてはいたのです。

一方、中学卒業後にブランクが空いたとしても、選り好みをしなければ、高校進学はいかようにでもなります。レールの上に戻った末に控える将来の就職を考えてみても、出身大学を参考にする採用担当者はいても、出身高校まで気にかける人は稀でしょう。失敗した際の代替案という観点からも、高校卒業を待たずになるべく早い時期に挑戦するほうが挽回しやすいだろうと考えたのです。元来、私は臆病な性格です。だからこそ、安心して挑戦できるように、絶対に手詰まりにならない方法を考えます。

起業の場合でも、事業がうまく立ち上がらなかった場合の状況を考えると、どうしても二の足を踏んでしまうのは無理からぬことです。ですが、あらかじめ失敗したときの挽回策について身を助ける当てがあれば、どうにかなるものです。それは資格かもしれませんし、友人や以前の取引先との信頼関係かもしれません。勤務先での実績かもしれませんし、人によっては家業ということもあるでしょう。

失敗した際の挽回という点では、学生時代に起業するのは悪くない考えではあります。事業がうまく軌道に乗ればそのまま続ければいいですし、志半ばで終わっても、それをネタに就職活動に勤しめばよいのですから。事業を進めていく過程ではお世話になる方々に泥をかけぬよう、注意しなくてはなりませんが、信頼関係を失わぬ限りにおいては、また機会が巡ってくることもあるでしょう。何より、事業やお金はなくなったとしても、経験は残ります。

逆に、「不退転の覚悟で挑戦する！」という考えには、あまり感心しません。気概は重要ですが、ほかならぬ自分の人生、たかだかひとつの失敗が致命傷になるようでは話になりません。

上手にリスクを取ることもまた、「志」を追求するうえでの重要な才覚です。リスクをうまくコントロールできなければ、思い切った勝負などできません。「世界を変える！」と壮語するのも結構ですが、あらかじめセーフティネットを自身で用意しておく程度のしたたかさは持ち合わせておきたいものです。

″安定″の担保は会社でなく自分に求める

代替案を用意したリスクマネジメントという点から派生して、私なりの「安定」に対する考え方に触れておきたいと思います。

私の風変わりな経歴を指して、「リスクテイカー」や「チャレンジャー」と評されることもあります。そう思っていただけるのはありがたいのですが、私自身は先ほど述べたように臆病な性格ですし、「安定」を大事にしたいと思っています。仕事が突然なくなることや、食うに事欠く状況というのは、誰にとっても恐ろしいことでしょう。ただ、ここで考えるべきは何に安定を求めるかということです。

「安定」と聞くと、「寄らば大樹」を思い浮かべる方も少なくないかもしれません。ですが、大企業をはじめとした組織に安定を求めることは、非常に危険なことだと私は思っています。新卒入社した会社に最適化した揚げ句、ある日突然、「明日からあなたの席はありません」と言われては困るからです。

右肩上がりの高度成長期ならいざしらず、これは実際に起こり得る話です。**大企業に安定を求めるのは、その企業が永続的に存続し、自分を雇用し続けるということへの「賭**

け」です。それを承知で組織に安定を求めるのであれば、それもまたいいでしょう。ですが、自分が負っているリスクを理解していないと、後々になって思惑と現実に大きなズレが生じかねません。

昨今は社員の約8割が管理職になれない時代だといわれています。「自分がいる会社はずっと安定しているし、勤続年数を満たせば一定のポストを得られる」という昭和的な会社員人生に賭けていた方にしてみれば、由々しき事態でしょう。

しかし当たり前の話ではありますが、いつの時代においても、安定を求めることができる対象は、「自分自身」にほかならないのではないでしょうか。規範論として、誰にも頼ることのできない社会が「正しい」とは申しません。それでも、目の前の現実がそうである以上、各自が各自なりに、どこに行っても自分の力でやっていける状態をつくり、自己防衛することが、一番安定に資するのだと思います。

だからといって、一足飛びに起業することを勧める気もしません。実際には、大企業のなかのほうが、個人にとってできることの幅がより広がるということもあるでしょう。問題は自分がどこにいるかではなく、どこにいようとも、放り出されたときに処していけるだけの自己鍛錬を行っておくべきだということです。この意味で、本書冒頭に申し上げたように、会社も個人も独立していなければならないのだと思うのです。

「やりたいことがない」のは恥ずべきことではない

就職活動時期の学生の方とお会いしていると、「自分が本当に何をしたいのか分からない」という悩みをお聞きすることがよくあります。ここまで「やりたいこと」がある程度固まっている方を念頭に、話を進めてきましたが、まずもって大多数の人々にとって、「やりたいことなんてない」という事実を受け入れるところから始めるべきではないでしょうか。社会経験の乏しい学生の方であれば、なおさらそうでしょう。別にそれは恥ずべきことではありません。

内省的に自分を振り返ってみるのもよいのですが、**空の箱のなかをどれだけ探ってみても、出てくるものなどありません。**「やりたいこと」を見つける点においても、また「安定」を得るための自己鍛錬という点においても、「自分探し」より「自分づくり」という気持ちで日々の生活に臨んでいくべきではないでしょうか。その過程で思いがけず、「夢」や「志」に出くわすこともあるでしょうし、結局見つからないまま終わることもあるでしょう。そんなものではないでしょうか。いたずらに「終生のテーマを見出さなければならない」などという強迫観念に囚われる必要もないかと思います。

夢破れても納得感と経験は残る

「動機」「選択基準」「代替案」という3要素を軸に、「安定」について触れつつ、話を進めてきました。ここで、かつて騎手を目指した私の身に何が起きたのか、簡単に述べておきたいと思います。

オーストラリアの競馬学校に進んだ後、私は減量に四苦八苦する日々を過ごしました。育ち盛りということもあって、身長が急に伸びてしまったのです。摂取カロリーを1000キロカロリー程度に控え、運動で脂肪を落としましたが、なかなか40キロ台の体重を維持することができません。結局、体脂肪率が1桁前半まで落ちきったところで体調を崩し、日本に帰国しました。

その後、職安通いを経て北海道の牧場に移り、デビュー前の競走馬の飼育や育成業務を行う調教助手として働きました。メジロマックイーン産駒の担当馬を持ち、やりがいを見出していたのですが、ここで交通事故に遭ってしまいます。この事故で、左足の大腿骨と下腿骨を粉砕骨折してしまったのです。激痛と40度の高熱にうなされながら4カ月間の入院生活を余儀なくされました。もはや肉体労働は続けられません。中卒の17歳にして失業者です。もう惨憺たる大失敗です。入院生活とリハビリのための通院を終えるまでは、肉体的にも精神的にも相当厳しい時期を過ごしました。

ただ、15歳で騎手を目指すという決断を下したことについては、一度も後悔したことがありません。甚だ残念な結果ではありましたが、思う存分チャレンジしたうえで当初想定していたようにレールの上に戻り、大学に進学することもできました。おかげさまでその後もなんとかサバイブし、それなりに日々楽しく過ごすことができています。

挫折はしたものの、15歳の頃の決断の結果として得た経験が、今の自分を形づくっていると断言することができます。良くも悪くも、入院時の苦しさと比べれば、ほとんどのことは大したことに感じられません。**若いうちにしんどい思いをしたことは、長い目で見れば実は良かったのかもしれない**。時を経るにつれて、そう解釈できる程度には辛い体験も風化しました。何事も捉え方ひとつです。過ぎてしまえばそんなものなのでしょう。「やりたいこと」を追求した結果、夢は断たれてしまいましたし、散々な目にも遭いましたが、それでもなお残るもの。それは、自分のなかの納得感と経験であると思います。

今になって振り返り、過去をこのように消化できたことに、あえて後付けの理由を求めるならば、それはここで述べた動機・選択基準・代替案という3要素を踏まえたうえでの決断だったからなのだと思います。

もっとも周囲にしてみれば、中学を出たばかりの子どもがひとりで家を飛び出した揚げ句、大けがを負って帰ってくるというのはたまったものではなかったでしょう。自由に挑戦が許される環境にいたことは、非常に幸運だったと思います。

人生はネタ集めの旅。面白いことを追求しよう

人は一体何のために働くのでしょうか。

なんだか哲学めいた問いですが、どれだけ確信を持っているかは別にして、人それぞれに、なんらかの理由があることでしょう。マズローの5段階欲求[1]を持ち出すまでもなく、働く理由を求めるならば、一義的には生きるため、食べていくためです。とにかく食べていくために目の前の仕事に一心不乱に打ち込むことは、「自分のやりたいこと」やキャリアなどという煩わしい悩みについてあれこれ考え続けるよりも、ある面においては気持ちが楽かもしれません。

こうした最低限の身の安全が満たされるにつれて、徐々に物質的な充足から精神的な充足を求め出すのが人間の性なのでしょう。

たとえば古代ギリシアの市民のように、生活のために一切働く必

1 アメリカの心理学者マズローによる、人間の欲求は低階層から5段階に「生理的欲求」「安全欲求」「社会的欲求」「尊厳欲求」「自己実現欲求」があり、低階層から満たされていくとより高次の欲求を欲するという説。晩年、さらに高次の欲求として「自己超越」の欲求があると定義した。

要がなくなったとしたらどうでしょう。それでもなお、目の前の仕事を続けるでしょうか。それとも別の活動にやりがいを見出すのでしょうか。遠くない未来、機械が人間の仕事の多くを代替する世界というのも、決して荒唐無稽な話だとは思いません。間もなく定年を迎える方々にとっては、現実としてわが身に起こる出来事でもあります。

10代の頃から、私は人生を長い川を転がり続ける岩のようなものだと捉えてきました。最初は角張って歪な形をした岩が、上流から下流に流れていくにつれて角が取れて丸みを帯び、最終的には真ん丸い玉になる。こうしたプロセスです。**人もまた、長い歳月のなかであるときは成功し、あるときは失敗しながら、段々と自分の生命を丸みの帯びた、より充実したものにしていく**のではないのでしょうか。生きることにあえて理由を求めるならば、こうした充実した生をつくっていくことではないかと思うのです。少なくとも、大過なく日々をやり過ごすことや長生きすることが、私にとっての人生の目的ではありません。

そう思えば、人生のなかに無駄な出来事など何ひとつ存在しません。失敗なんてものは、できることなら御免こうむりたいものですが、そうした苦い経験の数々も、自分の生を形づくる大切な要素です。

人生はネタ集めの旅。そう捉えて、純粋に面白いことを追求するのが理想的な生き方ではないかと私は思います。

おわりに

明治27年（1894年）、箱根のキリスト教徒夏期学校で「後世への最大遺物」と題した講演が行われました。講演者は、当時33歳の内村鑑三です。

ここで彼は、人間が後世に残すことができる遺物として、カネ、事業、思想の3つをまず挙げました。そのうえで、誰にでも残すことができ、なおかつ利益ばかりがあって害のない「最大遺物」とは、「勇ましい高尚なる生涯」であると述べています。

数奇な運命を辿った人物の自伝やルポタージュ、映画には心惹かれるものです。功成り名を遂げた人もいれば、志半ばで非業の死を遂げた人もいます。英雄と称えられた人もいれば、奇人変人、極悪人と呼ばれた人もいます。

いずれにしても、時代の波に揉まれながら何かに立ち向かい、勇ましく生涯を全うした人々の生き方には、なんとも魅力を感じるものです。

立志伝中の偉人たちだけでなく現代を生きるわれわれのなかにもまた、日々の暮らしにおいて挑戦すべきテーマを持つ方が、少なからずいることでしょう。

ある人にとってそれは、社会問題の解決に取り組むことかもしれません。ある人にとっては、自分が理想とする製品やサービス、作品を世に出すことかもしれません。またある人にとっては、崩れかけた組織を再興することかもしれませんし、携わるプロジェクトを成功させることかもしれません。

人によってテーマも立ち位置も、事の大小も異なりますが、今までの延長線上では起こり得ない何かを起こす行為は、どれも等しく「事をなす」試みと言えるのではないでしょうか。そしてまた、そうした過程に意思を持って身を投じる人のことを、われわれは「変革者」と呼ぶのでしょう。

この「事をなす」にあたって要となることについて、最後に考えてみたいと思います。

旗を掲げて発信する

事をなすにあたって何よりも大切なことは何か。私なりに考えるに、それは「旗を掲げる」こと、すなわち、自分の信念や大義を掲げて、周囲の人々に向けて発信し、巻き込んでいくことなのだと思います。

本来のあるべき姿を想像し、現実とのギャップを「おかしい」と捉える素直な感受性を持つこと。そして「おかしい」と感じたことについて、愚直に「おかしい」と訴え、行動で人に呼びかけること。

この点、『史記』に描かれる将が檄文《げきぶん》を飛ばして兵を集めるように、弾みをつける初動こそが、事をなすにあたり、何にもまして大切なことだと思うのです。

世の中には自分より優れた人物はごまんといます。当人の能力や才能、お金や知識といった資源は助けにはなるかもしれませんが、決定打にはなり得ません。

たとえ自身に才はなくとも、意義のあるテーマを掲げて歩みを進めれば、少しずつ共鳴する人が出てきます。共鳴が伝播《でんぱ》してさらなる共鳴を呼び、新たに協力者が現れ、そこにお金が集まります。

人はストーリーや夢を買うのでしょう。新規公開株も然り、ラグジュアリーブランドもまた然りです。

そうしたサイクルが回るうちに、最初はただの絵空事だったものが、少しずつ実体を伴うようになるのです。そのためには、坂道から雪玉を転がすような、最初の一押しこそが重要です。この大きなうねりを起こす最初の原動力は、誰かに命じられたものではなく、あくまで自主的な活動から生じるものではないでしょうか。

我流で言い換えるならば、それは聞く者が胸を躍らせる「ホラ」を吹くということです。何も他人を騙せと言っているのではありません。ただ、どれだけ理想を大言壮語しても、思い描く内容が実現しなければ、それはただの妄言にすぎません。ホラが本当になるのか、ホラのままで終わるのかは当人次第です。後になって結果で判断されることなのでしょう。

これを「ビジョン」と呼ぶこともできるかもしれません。ですが、「ビジョン」と呼ぶと、どうも常人には思いもつかない、壮大なグランドデザインを描かねばならないかのような印象を受けてしまいます。ハードルが高すぎます。それに、自分の言っていることが「ビジョン」であるとは、面映《おもは》ゆくてなかなか真顔では言えないのではないでしょうか。

ここで言う「ホラ」や「大義」とは、自分とは縁遠い世界の超人の専売特許では決してありません。拙くとも、何者でもない自分、凡人である自分の内面から発せられるものです。

どれだけ拙い言葉であっても、共鳴する人々が現れれば山をも動かします。また逆に、どれだけ秀でた人物であっても結局、ひとりでは何も成し遂げることはできません。

他人からは「嘘つき」呼ばわりされるかもしれません。まともな神経では恥ずかしくてとても口には出せないかもしれません。けれども、自分でも考えただけで恐く感じるような、そんな大きな「ホラ」に、人は魅了されるのではないでしょうか。

Independent と Dependent

この点に関連して思い出すのが、新卒で入社したコンサルティングファームを退職したときのことです。当時の私が思っていたのは、なるべく組織から独立した人間でありたいということでした。

組織人として規模の大きい仕事に取り組むことは、大変やりがいのあることに違いありません。社会生活を支える大きな事業を守ることは、非常に貴い仕事だと思います。すでに存在する、規模の大きな事業を担うということは、言うなればあり物のパイを守り続けていく仕事と言えるかもしれません。

一方で、当時の私は規模が小さくても、今はないパイを新たに生み出す仕事、これから広がるパイを育てる仕事に、独立した人間として取り組んでみたいと感じていました。

思案の結果、私は学生時代に友人たちと立ち上げたスタートアップに復帰しました。組織を離れてみて改めて感じたのは、「今まで随分と恵まれた環境にいたのだな」ということでした。組織の傘から飛び出て仕事をする以上、何から何まで自分の手でこなさなければなりません。

同時に、何から何まで自分の手でこなすということは、なりふり構わず周囲の人々の助けを乞わねばならないということでもあります。そのことを思い知らされたのです。もともとIndependent《独立・自由》でありたくて大組織を離れたはずなのに、気がつけば、どんどん周りの人たちにDependent《頼っている》になっている自分がいました。

幸いにして、親身に助けてくださる方々に恵まれました。特に自分で事業を営む方々は、温かく手を差し伸べてくれることが多かったように思います。

それはきっと、当人もまた、自分の生業で多くの苦労を味わっているからなのでしょう。助けを受けたぶん、なんとか相手にもお返しをせねばと感じるようになります。また同時に、自分と同様に困っている相手に対しても親近感を覚えるものです。

よく「起業家は内輪の世界でつるんでいる」と揶揄されます。確かにそういった側面もあると思います。ですが、それは互いの苦労を肌感で理解し合える者同士の間で、相互扶助的なコミュニティが自然と形成されていることの証しとも言えるのではないでしょうか。

出発点は心意気のほかにない

さて、事をなすためには旗を掲げることが重要だと申し上げましたが、ここで掲げる旗は、賛同する仲間を惹きつけるだけでなく、誰よりも自分自身が腹の底から信じられるものでなくてはなりません。

自分自身が熱狂できないことに、誰もついてくることはありません。何より自分自身が、信じてもいないお題目のために、全身全霊を傾けることはできないでしょう。ほかならぬ自分に、嘘をつき通すことはできないのですから。

そもそも事をなすとは、誰かに頼まれてやることではないでしょう。起業家も変革者も、誰かからの指示を受けて行動を起こすものではありません。誰からも頼まれもせず、指示もされず、それでも自分の内側からふつふつと沸き立つ熱意、やらずにはいられない衝動、使命感に突き動かされて取り組むものなのだと思います。

傍から見ると、「お前は何様のつもりだ」と感じられるかもしれません。けれども、自分が「やらなければ」と思ってしまったら、もうそれはどうしようもないことなのです。かつて倒幕運動に身を投じた吉田松陰は、性急な決起をいさめる桂小五郎や高杉晋作といった弟子たちに対して獄中から手紙を送り、破門を言い渡したそうです。そこで松陰が書いたのが、「僕は忠義をする積り、諸友は功業をなす積り」という有名な一文です。

解釈するならば、「自分は成功するか失敗するかに関係なく、自分がなすべき事をなそうとしている。君たちは手柄を立てることを目的にしている」ということでしょうか。弟子たちとは、そもそも動機や考え方が異なると指摘しているのでしょう。

松陰の高潔な人柄を示す例として、しばしば引用される名文句ですが、この箇所だけ切り取ってみると、少々おかしな主張にも思えます。幕府を倒すことが本来の目的であるはずなのに、忠義心か功名心かといった動機に、論点がすり替えられているからです。「白猫であれ黒猫であれ、ネズミを捕るのが良い猫である」とまでは申しません。ですが、極論すれば、結果を伴わない「忠義」は、自己満足でしかありません。150年前と現代とでは、拠って立つ信条体系や価値観が異なるとはいえ、10代の初めの頃に聞いたときには、随分おかしな言い草だと感じたものです。

けれども一周して改めて考えてみると、これはこれで一面の真理を突いているようにも思います。できる・できないは二の次で、後先を考えずにやらずにはおれないような衝動からしか、ステータスクオー（現状）を打ち破るような迫力はにじみ出てこないように思うからです。

誰から頼まれもせず、やめておけと言われても、振り切って挑むような心意気なくして、事をなすことはできないのではないでしょうか。

挑むからには勝たねばなりません。忠義より発して功業をなすべきです。けれども、そこまで心酔して挑んだ勝負であれば、仮に敗れたとしても、当人に悔いは残らぬことでしょう。

そこまでして没入できるテーマがあるということは、とても幸せなことです。人によっては、自分の奥底から出てくることもあるのでしょうが、得てしてこうしたテーマは、何かの拍子にふと巡り会うものではないでしょうか。

「男の順序」があるならば

薩摩には「男の順序」という教えがあるそうです。

一、何かに挑戦し、成功した者
二、何かに挑戦し、失敗した者
三、自分は挑戦していないが、挑戦する人を手助けした者

四、何もしない者
五、何もせずに批判するだけの者

誰が言ったのかは知りませんが、もしもこうした考えに共感するのであれば、自分が信じ込める大義に出会うために、もがいてみるのもいいかもしれません。一生涯かけてもこうしたテーマに巡り会うことができるかどうかは分かりません。けれども、いつ何時、巡り会ってもいいように、準備はしておくべきでしょう。私はそうありたいと思います。挑戦しないことには、失敗することすらできないのですから。

本書を書いている私が、何か取り立てて事をなしたというわけではありません。浅学非才の身であることは、ほかならぬ自分自身が誰よりもよく理解しています。

本書を通して、ひょっとしたら、大上段からの余裕ぶった物言いに聞こえる節もあったかもしれませんが、現場に身を投じている間はいつも半泣きです。見栄も外聞もなく、なりふり構わず必死でもがいています。これからもずっと、そうなのでしょう。

みなさんは、どんな旗を掲げますか?

本書は暗中模索のなかで私なりに考えたこと、感じたことを言葉に落とし込み、NewsPicks上で連載した『論語と算盤と私』に、加筆修正して完成したものです。改めて見てみると、内容のおおよそ7割方は経営に携わっていた当時やそれ以前に考えていたこと、3割方は後から振り返って得た気づきなどをまとめた内容です。私にとっては自分の体験と思考を棚卸しし、自分なりの「経営観」を整理する、得がたい機会となりました。

ところで、コラムでも述べたように、私は「3カ月前は黒歴史」を信条にしております。3カ月前を思い出すと自分の未熟さに赤面する程度のスピード感で、日々進化し、成長していかねばと思っております。そのため、本書も連載内容を振り返り、少なからぬ部分を書き直すことになりました。

また無責任に聞こえるかもしれませんが、ここまで述べた内容も、日々自身のなかで上書きすべき対象です。つまらない経験則や成功体験は、早々に捨て去らねばなりません。

ここまで、棚卸し作業にお付き合いいただいた読者のみなさんに、心より御礼申し上げます。

また執筆にあたり、貴重な経験談をお聞かせいただいたFC今治の岡田武史オーナーに御礼を申し上げます。岡田さんの実体験に則した貴重なリーダーシップ論を書籍として残すことが、本書を世に出す最大の意義だと思っております。

本書の元となった連載記事を掲載いただいたNewsPicksを運営するみなさん、また、ご意見やご感想をお寄せいただいたNewsPicksピッカーのみなさんにも、併せて御礼申し上げます。書いたものに的確な叱咤と激励をいただけたことは、執筆を続けるうえで大きな励みとなりました。

最後に、執筆、出版のいろはも分からぬなか、アドバイスをいただいたダイヤモンド社の柴田さんにも、この場をお借りして感謝申し上げます。

それでは、またどこかで。

2016年9月

朝倉祐介

各章のテーマをさらに掘り下げて知りたい方のための

ブックガイド

第1章

『君主論』❖（**ニッコロ・マキャヴェッリ著、岩波文庫など**）

☞「マキャベリズム」で知られるニッコロ・マキャヴェッリの著作。「権謀術数の書」として負のイメージを持たれがちであるが、冷静な現実の認識と鋭い人間洞察に基づいて、国家がどうあるべきか、またトップがどうあるべきかがまとめられている。

『貞観政要』❖（**呉兢著、守屋洋訳、ちくま学芸文庫**）

☞唐の太宗と臣下の問答集。源頼朝、徳川家康、明治天皇も学んだという帝王学の教科書。人材登用やトップの姿勢など、書かれている内容があまりにも現代的なテーマであることに驚かされる。

『クリトン』❖（**プラトン、岩波文庫など**）

☞死刑宣告を受けた獄中のソクラテスと老友クリトンとの対話。大衆の言説に向き合いながら、信念を貫くとはどういうことか、いかに「善く生きる」かについて考えさせられる1冊。

『リーダーシップの旅――見えないものを見る』❖（**野田智義・金井壽宏著、光文社新書**）

☞リーダーについて、「リードザセルフ（みずからをリードする）」を起点として「結果としてなる」プロセスとして捉える論考。リーダーとマネジメントの違いなどを俯瞰的に説明すると同時に、創造と変革を目指す人の背中をそっと押す内容でもある。

『HARD THINGS』❖（**ベン・ホロウィッツ著、小澤隆生など訳、日経BP社**）

☞シリコンバレーのVC、アンドリーセン・ホロウィッツの共同創業者の経営者時代の体験と学びを収めた1冊。浮き沈みの激しい新興企業の経営の最前線で起こった生々しいエピソードやその時々の感情について、赤裸々に語られている。

第2章

『論語と算盤』❖（**渋沢栄一著、角川ソフィア文庫**）

☞生涯を通して500社の育成に携わった「日本資本主義の父」渋沢栄一による論考。「論語」と「算盤」という一見、相容れない2つの概念を両立させようとした姿勢から現代人が学ぶべきことは多々あるように思う。一方で、進歩のためには争いも必要と述べているように、決して「護送船団」的な思想ではないという点にも注意が必要。

『一倉定の経営心得』❖（**一倉定著、日本経営合理化協会出版局**）

☞「事業経営の成否は社長で決まる」を信条に中小企業経営者の指導にあたったコンサルタントの引用集。お客様に買っていただける商品、サービスを提供するという会社本来の役割を今一度思い起こさせる、顧客中心の「地動説」の経営論。言葉選びに迫力があり、読むと背筋が伸びる。

第3章

『リーン・スタートアップ』❖（**エリック・リース著、伊藤穰一解説、井口耕二訳、日経BP社**）

☞不確実な事業立ち上げの現場において、いかに効率的に顧客に求められる製品、サービスを開発するかを具体的に解いた方法論。スタートアップだけでなく、GEのような大企業でも新規事業の教科書として広く読まれている。

『起業のファイナンス――ベンチャーにとって一番大切なこと』❖（**磯崎哲也著、日本実業出版社**）

☞会社の成り立ちや企業価値に関する概念論から、ストックオプションや優先株式といった具体論に至るまで、スタートアップのファイナンスに必要な最低限の情報が収められている。資金調達する起業家の必読書。

『社長失格』❖（**板倉雄一郎著、日経BP社**）

☞90年代後半に一世を風靡したハイパーネット社創業者による、栄光と転落の顛末をまとめた回顧録。スタートアップがデットで資金を調達することの意味を考えさせられる。浮沈の激しい起業家の日々を追体験できる、日本版『HARD THINGS』。

『追われ者――こうしてボクは上場企業社長の座を追い落とされた』❖（**松島庸著、東洋経済新報社**）

☞2000年に日米同時上場を果たし、後に親会社から放逐された起業家の回顧録。こちらはエクイティで資金を調達すること、資本調達は「部分的な身売りである」ということの意味を考えさせられる。『社長失格』との対比で読むと興味深い。

第4章

『ウィニング――勝利の経営』❖（**ジャック・ウェルチ、スージー・ウェルチ著、斎藤聖美訳、日本経済新聞社**）

☞20年にわたってGEの代表を務め、強引な経営手法から「ニュートロン・ジャック」とも呼ばれたジャック・ウェルチ氏による実践的な経営指南本。その手法に賛否は分かれるが、勝つことに対する執念とそのための具体的な方法論からは学ぶべき点が多々ある。

『V字回復の経営——2年で会社を変えられますか』❖（三枝匡著、日経ビジネス人文庫）

☞ミスミグループ元代表の三枝匡氏による企業変革のストーリー。事業再建の具体的なプロセスも有用だが、それ以上に現場で生じる軋轢といった起こりがちな現象が克明に描かれており、大いに参考になる。変革に立ち向かう人々の心の準備に最適。

『「空気」の研究』❖（山本七平著、文春文庫）

☞日本人の意思決定を左右する、論理を超越した原理の正体を喝破した1冊。作中では戦艦大和による海上特攻についても触れられているが、70年以上経った現在においても、この批判的論考が有効であることの意味を考えたい。『クリトン』と併せて読みたい。

『失敗の本質——日本軍の組織論的研究』❖（戸部良一・寺本義也など著、中公文庫など）

☞アジア・太平洋戦争における日本軍の6つの作戦の敗因についての分析。それぞれの敗因が、旧日本軍の組織的風土と密接にひも付いた構造的問題であることに気づかされる。特に情緒に衝き動かされて決行されたインパール作戦は、甚大な犠牲の規模とも相まって、意思決定者の責任を痛感させられる。

第5章

『イノベーションのジレンマ——技術革新が巨大企業を滅ぼすとき』❖（クレイトン・クリステンセン著、玉田俊平太解説、伊豆原弓訳、翔泳社）

☞業界トップの大手企業が陥るイノベーションの「ジレンマ」に関する詳説。大組織で働く人々であれば、思い当たる点が多々あるはず。この「ジレンマ」を打破できるかどうかは、究極的にはトップの腹づもり次第ではないだろうか。

『リクルートという奇跡』❖（藤原和博著、文春文庫）

☞戦後最大級の疑獄事件であるリクルート事件を経て、一時は1兆4000億円の有利子負債を抱えながらも自力で返済し、創業から60年近く経った今もなお輝きを失わないリクルートの奇跡的な成長について、新卒でリクルートに入社した藤原和博氏が解説した本。新規事業提案制度である「RING」についても触れられている。

第6章

『バフェットからの手紙』❖（第1版～第4版、ローレンス・A・カニンガム著、パンローリング）

☞「オマハの賢人」と呼ばれる投資家ウォーレン・バ

フェット氏の、株主向けの年次報告書をまとめた本。コーポレート・ガバナンスやファイナンスに関するユニークな思想がユーモアも込めて語られている。

『破天荒な経営者たち—8人の型破りなCEOが実現した桁外れの成功』❖（ウィリアム・N・ソーンダイク・ジュニア著、長尾慎太郎監修、井田京子訳、パンローリング）

☞バフェットもお薦めの1冊。優れたCEOを定量的に特定し、それぞれの個性的な経営者がどのような方法で会社の価値を高めていったのかが書かれている。ここで描かれている破天荒な経営者たちの姿は、まさに投資家と経営者が融合した姿ではないだろうか。

第7章

『後世への最大遺物』❖（内村鑑三著、岩波文庫など）

☞明治の思想家・内村鑑三のキリスト教徒夏季学校での講演録。過去の偉人たちを引きながら、果たして人間が後世に遺すことのできるものとは何かが語られている。

『君たちはどう生きるか』❖（吉野源三郎著、岩波文庫）

☞盧溝橋事件が起きた1937年、軍国主義の真っ只中で少年少女にヒューマニズムの精神を伝えるべく書かれた物語。多感な中学二年生のコペル君が、自身の体験を通じて社会についての考えを深め、成長していく様子が描かれている。世の中を「所与」として捉えるのか、「働きかける」対象として捉えるのか、その覚悟を迫られたように私は感じた。

［著者］
朝倉祐介（あさくら・ゆうすけ）
1982年生まれ。兵庫県西宮市出身。中学卒業後に騎手を目指して渡豪。身体の成長に伴う減量苦によって断念。帰国後、競走馬の育成業務に従事した後、専門学校を経て東京大学法学部卒業。在学中にネイキッドテクノロジーを設立。マッキンゼー・アンド・カンパニーを経て、ネイキッドテクノロジーに復帰し代表に就任。同社の売却先となったミクシィに入社後、2013年より同社代表取締役に就任し、業績の回復を機に退任。2014年よりスタンフォード大学客員研究員。複数企業の取締役、アドバイザーを務めるほか、起業経験者によるスタートアップ投資活動（Tokyo Founders Fund）も開始している。

論語と算盤と私
――これからの経営と悔いを残さない個人の生き方について

2016年10月6日　第1刷発行

著　者――朝倉祐介
発行所――ダイヤモンド社
〒150-8409　東京都渋谷区神宮前6-12-17
http://www.diamond.co.jp/
電話／03･5778･7236（編集）　03･5778･7240（販売）

ブックデザイン―小林 剛
写真――――（本文）疋田千里、（帯）福田俊介
校正――――聚珍社、加藤義廣（小柳商店）
ＤＴＰ―――桜井 淳
製作進行――ダイヤモンド・グラフィック社
印刷――――加藤文明社
製本――――加藤製本
編集担当――柴田むつみ

ISBN 978-4-478-06905-9